LES GRANDS ÉCRITS RÉFORMATEURS

A LA NOBLESSE CHRÉTIENNE DE LA NATION ALLEMANDE

LA LIBERTÉ DU CHRÉTIEN

MARTIN LUTHER

Les Grands Écrits réformateurs

A la noblesse chrétienne de la nation allemande

La liberté du chrétien

Traduction, introduction et notes
par
MAURICE GRAVIER

Préface de
Pierre Chaunu

GF
FLAMMARION

ISBN : 2-08-070661-6

PRÉFACE

Il faut savoir gré à l'éditeur de redonner présence et vie à ces beaux textes si remarquablement traduits, introduits et annotés par l'incomparable savant qu'est Maurice Gravier. Personne ne connaît comme lui la langue de Martin Luther. Il faut une familiarité, récompense d'une vie d'étude, pour redonner aux mots leurs couleurs et à la rage polémique, à la dramatique tension de ces instants qui ont été vécus comme autant d'éternités, alors qu'ils nous semblent, à nous, se bousculer, en un rythme haletant. On sent en ces textes encore chauds, une pensée qui cherche, se cherche, se laisse entraîner dans une spirale irrésistible d'associations qui mènent « plus oultre ». Martin Luther, manifestement, ne mesure pas très bien le torrent qu'il libère. Tout, théoriquement, était prêt ; il ne manquait que l'étincelle qui allait mettre en mouvement une masse critique de transformation, telle qu'il n'en existe aucune, de vraiment comparable, avant, ailleurs, après, d'expérience humaine, dans l'histoire des *religions*.

Aubier avait choisi deux des quatre grands traités, on dit parfois réformateurs, je préfère polémiques, — ils sont cinq en ajoutant le long *Sermon* (il s'agit, en réalité, d'un traité) *des bonnes œuvres*. Ces cinq traités inscrivent globalement une date telle qu'on serait, peut-être, avisé de l'offrir, quelques jours prochains, en holocauste, à notre rage commémoratrice.

Société amnésique — c'est la rançon de la croissance — nous commémorons à commémore que veux-tu. On a célébré le 450e anniversaire de la Confession d'Augsbourg (1980), la naissance de Luther (1983), le troisième centenaire de la Révocation de l'Édit de Nantes (1985), le 450e anniversaire de la publication de l'*Institution chrétienne et de la Réforme* à Genève (1986) ; 1989 a été le prétexte à une gesticulation *gallolâtrique*, deuxième centenaire oblige, qui montre que le sens de l'humour à l'égard de soi-même est aussi parcimonieusement réparti que le bon sens, si généreusement promis par Descartes.

Nous nous acheminons vers le cinquième centenaire d'une date ambiguë, 1492. Cinquième centenaire de la découverte de l'Amérique, certainement pas. Cinquième centenaire de la fin de la *Reconquista* et de la dispersion des juifs d'Espagne à travers l'espace méditerranéen, sans nul doute.

Si vous avez besoin de repères, si vous cherchez quelques bornes dans le flux de l'histoire qui, jamais, ne s'arrête, choisissez bien.

1609 pour le grand cru. Je ne connais vraiment rien de comparable au geste de Galilée tournant vers le Ciel la lunette. J'ai vu en un an, vingt fois plus de choses que tous les hommes n'en ont vu en 5 600 ans. Unification du *cosmos*, l'inertie joignant le fixe et le mouvant, la nature écrite en langage géométrique, un siècle avant les fossiles..., si le Dieu de notre Tribu réellement, — comment en douter ? — créa le monde (le Ciel et la Terre, saint Augustin commente la totalité), la grande page métaphysique attendra donc le XVIIe siècle ; elle n'a pas fini de troubler nos pensées.

Si 1520 ne me paraît pas tout à fait à la dimension de 1609, 1520 est la seule date courte, le seul repère que je puis placer, sans hésiter, dans la balance.

Nous nous apprêtons à célébrer l'Amérique en 1992 (1492 ne prend le sens que nous lui donnons qu'en 1520). La conquête de l'Amérique commence en 1520 avec la réduction par Cortès du plateau mexicain, porte d'entrée d'un sixième, voire un cinquième de l'humanité sur un quart des terres émergées. Voilà l'Amérique. Luther n'en a cure. Les dates en histoire se fabriquent après coup. L'Empire, l'Allemagne devenue fille de Luther, en 1617 a fabriqué 1517.

C'est en 1617 qu'apparaît, le 31 octobre, la célébration par l'Allemagne de la Confession d'Augsbourg des 95 thèses, dont l'érudition conteste maintenant qu'elles furent réellement affichées le jour même, sur la porte de la Schlosskirche à Wittenberg. Diffusées, sans nul doute, mais, affiché ce texte latin (?), ce texte qui sent l'école, rien de moins sûr.

1517 n'a bien évidemment de sens qu'après coup. Mais 1520 barre l'*histoire* de la pensée, de la spiritualité, du vécu chrétien d'un fort trait. Les cinq traités luthériens de cette année vraiment *tournante* fondent une vraie, une authentique, une incontestable grande date.

★

★ ★

Des enfants qui jouent à Middlebourg en 1600 avec des verres de lunette, ces lunettes qui viennent au secours du défaut d'accommodation des cristallins quinquagénaires ; et voici en promesse, télescope et microscope.

Maurice Gravier a scruté, je me bornerai à survoler. A lui le microscope, à moi la lunette. Elle attendra Herschel, presque deux siècles donc, pour engendrer le télescope à miroir que Newton avait calculé mais qu'aucun verrier de son temps n'avait su faire. A la lunette donc, et depuis Sirius.

★

★ ★

L'historien doit accepter de se laisser surprendre. Je me suis amusé, lors des commémorations des 450e anniversaires de cette autocélébration de la Réforme. Au nom de l'unique *commémorable*, la

Résurrection du Christ *(Verus Homo unitus Vero Deo)* la commémoration dominicale, du premier jour de la semaine, les premiers Réformateurs avaient rejeté toutes les scories des commémorations adjacentes, à leurs yeux parasites. Or l'autocommémoration de la Réformation est, dans la stricte perspective de la Réforme, contradictoire et choquante.

Certes, mais la commémoration, l'autocommémoration de la Réforme, deuxième naissance, particulièrement sensible dans la Tradition paradoxalement dite « luthérienne » fournit une indication précieuse à l'historien.

La surprise reçue de l'autocélébration conduit à une autre surprise de plus grande portée. La *Réformation* est unique. Toutes les grandes religions à vocation universelle ont une histoire arborescente, mais les grands clivages se produisent toujours au début : le grand clivage musulman (sunnites, chiites), la divergence bouddhiste (Petit et Grand Véhicule) ; et le christianisme ne fait pas exception ; les grandes divisions, les divisions durables interviennent au début.

Au début et pour le christianisme longtemps après. Les « hérésies » de la difficile construction dogmatique, lors du choc des cultures des premiers siècles : subsistent, résiduels, comme particularité culturelle autant que religieuse, monophysites, judéo-chrétiens, au flanc de l'orthodoxie dans son expression orientale sévèrement *trinitaire*.

Le schisme *oriental*, dit improprement de 1054, à phases multiples de ruptures et de rapprochements, résulte d'une imperceptible et insensible dérive de la sensibilité, des cultures, voire des traitements (l'Est grec et slave plus respectueux du passé, l'Ouest latin plus hardiment novateur) ; elle ne met en cause rien d'essentiel. Lyon et Pise-Florence l'ont montré, au XIIIe et au XVe siècle encore. On trouve, quand on s'applique, des formules de concorde qui ne tiennent pas la route par méfiance, jalousie, suspicion née d'un long éloignement.

Quel que soit l'effort de Martin Luther — il en

exprime l'espoir au début du premier des quatre traités, *stricto sensu*, « De la Papauté de Rome, contre l'Illustre Romaniste de Leipzig » — suivi plus tard de quelques docteurs de Wittenberg pour crier « Byzance/Constantinople et Moscou avec nous », l'orthodoxie orientale a refusé cette main tendue. Elle se sent quand même plus proche de Rome et de l'Église traditionnelle.

Ce qui se passe, en un laps de temps très court d'une génération, entre 1520 et 1550 est vraiment *unique*. Scruter ailleurs, scruter avant, après : jamais deux fois dans les mêmes eaux du fleuve.

Il n'y a pas de nouveaux territoires acquis hors de ces décennies (sinon par mission, on peut dire par acculturation), les frontières ne bougent presque plus ; une frange, tout au plus, est reconquise par l'Église traditionnelle ressourcée et restructurée à Trente.

Beaucoup ont rêvé d'un nouveau temps des Réformes. Il est vrai qu'en terre de Chrétienté « protestante », cette *Chrétienté bis*, les Églises avancent sur l'axe du temps, à un rythme saccadé, au souffle court. On appelle ces commémorations de Réforme, ces réactualisations, des « Réveils ». Émile G. Léonard avait rêvé d'un nouveau temps des Réformes. Il avait cru en déceler la trace au Brésil. « *Illuminisme* dans une Église de formation récente », titrait-il, en 1948. Ni le pentecôtisme brésilien qu'il avait connu et compris ni le pentecôtisme chilien dont l'heure et l'heur sont postérieurs à sa mort, n'ont contresigné le contrat. Le phénomène est unique, il résulte d'un ensemble infiniment complexe de conditions dont il est totalement exclu qu'elles se trouvent à nouveau rassemblées. Au sens propre, donc, à son propos, on peut écrire « jamais deux fois, dans les mêmes eaux du fleuve ».

Vous verrez avec Maurice Gravier le détonateur ; les deux traités : l'*Appel à la noblesse allemande* et *Le Traité de la liberté chrétienne* sont une pièce du détonateur. Reste la masse critique de transformation.

Avant de lire, donc, essayer de se souvenir. La

totale *Unicité* du phénomène constitue la première pièce du dossier.

* * *

Comptez du premier galet intentionnellement éclaté à nos jours, 85 à 90 milliards de destins, 85 à 90 milliards *d'homines religiosi*. Et un clivage capital, le clivage, de part et d'autre, symboliquement, du buisson ardent, un peu moins de 65 milliards du côté de l'Immanence, un peu moins de 25 du côté de la Transcendance.

La plus ancienne expérience religieuse est celle matricielle du *Sacré*. Le Sacré structure l'espace du bipède dressé sur ses pattes de derrière, le nez au vent, en panne de conduites complexes instinctives, en panne de retransmission purement génétique. Le Sacré c'est ce qui me donne le sens, le chemin du campement, de la tribu des cochasseurs en bandes. Le Sacré, éclaté en hiérophanies, s'anime. Les pierres dressées, les sources, les animaux *totems*, se sont revêtus d'une personnalité. Ce sont des *dieux* et les philosophes ioniens ont dit, ils sont tous vrais, mais ils émergent illusoires du seul vrai, le monde, le cosmos en sa totalité, dont ils sont comme nous sommes. Tous en un, tous pour un. La réalité est *inégalement* vraie, réelle, mais *rien* n'existe que je ne puisse rêver d'atteindre. En un mot, l'univers est immense, mais il est clos... et *au-delà*, il n'y a *rien*.

* * *

Il n'y a jamais eu qu'une novation essentielle. Elle est tout entière contenue dans le récit biblique du buisson ardent. Elle donne, accessoirement, une des clefs de lecture de la querelle de 1520.

Le *dieu* qui se révèle, une voix et un phénomène lumineux, ambigus, dont aucune trace ne subsiste qu'une tache clignotante dans la mémoire d'un homme, d'une tribu. Qui a fini par intoxiquer l'autre ?

Personne jamais ne tranchera. L'ambiguïté du signe, sa totale irreprésentabilité, font partie de la Transcendance. Tout autre, tout ailleurs, radicalement au-delà, de biais, comme par fraude et rien de plus, rien d'autre que la *mémoire*, d'un signe, d'une *Alliance (Berit)*.

De ce dieu d'une tribu, de l'Alliance qu'ils prétendent avoir été nouée avec Lui, par Lui, de ce lieu insaisissable où ce dieu nomade discernera progressivement les *Yo* se dégageant de la *circunstancia* de tout un peuple, quand la *tribu* s'étend à la dimension de la totalité humaine.

L'Alliance avec un Transcendant insaisissable est la particularité religieuse forte de cette tribu, dont Juifs, Chrétiens et Musulmans sont issus. Or voilà qu'après mille ans, le dieu de la *tribu*, qui veut être aimé comme Il aime ceux qu'Il aime, dit (fait dire, on dit) qu'il est aussi le dieu de l'*univers*. C'est-à-dire que le *cosmos*, le visible, accessible et ses prolongements à l'identique sont dépourvus de toute sacralité.

Au sein de l'espace-temps sans égard pour Rien, le devoir de l'homme est de dominer, de ne rien révérer, hiérarchiser surtout pas le soleil, la lune, et les étoiles. Ils sont du même côté que nous, par rapport à Lui. De l'autre côté, car il y a un autre côté, YHWH/Elohim, le Seul qui peut dire absolument « Je Suis », le Seul qui ait l'*être en soi*, et Celui qui, curieusement, aime ce peuple petit mais qui est appelé à se dilater comme l'univers créé, issu d'un dit, mystérieusement, de Lui. Lui dit, Il dit.

A partir de là, deux difficultés. La première est commune à tous les hommes depuis qu'ils se meuvent consciemment, dans la durée, le temps : la mort. L'étrange tradition que la Tribu rattache à Son Dieu dit que la mort est la conséquence d'un choix, d'une faute, au moins, d'une conscience que nous en avons.

Tous ceux qui ont expérimenté l'existence d'un Sacré tangible ont pensé que la mort redoutée ne détruisait pas tout. Quelque chose subsiste avec quoi il faut s'accommoder ; la protection des vivants contre les morts, et le confort des morts dépend donc d'un savoir et d'un effort. Les hommes de l'immanence, assiégés, accablés par les dieux de l'immanence consacrent beaucoup de temps à la mort (en Égypte, beaucoup plus que dix pour cent de tout). Celui qui est tellement transcendant qu'on ne peut prononcer son nom, on dit Adonaï, l'Éternel, donc, interdit que l'on gâche quoi que ce soit pour des chimères : chimère du double... ils en ont fait ici l'âme immortelle, le *samsâra*, la roue des renaissances, là.

Mais d'Alliance en révérence, et de révérence en amour de révérence, une curieuse relation se noue, et qui ne peut survivre, à moins que l'homme, objet de cette sollicitude, soit arraché et élevé jusqu'à Lui. De l'image de la résurrection d'Ezéchiel, encore mal digérée, on arrive au « Tu as la vie éternelle » de Simon-Pierre.

La *vie éternelle* est totalement hétérogène à tout et surtout à la sur-durée du double. Difficilement accessible, elle requiert un effort. En pratique, cette aspiration d'une minorité cohabite avec l'universelle attente d'un Schéol, d'un Hadès, où la vie se prolonge, terne, en s'atténuant comme le souvenir des morts dans l'esprit oublieux des momentanément vivants.

La *vie éternelle* est difficilement associable à la notion commune du Jugement. Le Jugement à la mort sur l'ensemble de la vie est une notion païenne. Elle est attestée, d'abord, en Égypte. Elle est, pour les pauvres, dans une société vaste, complexe, le substitut ou l'armée de réserve, le renfort de la protection, la consolidation du confort dont jouit le double dans l'Au-delà, assuré par le tombeau individuel ou le tombeau du chef (la pyramide de Khéops est l'exemple caricatural de cette conception). Le Jugement est tardif dans la tradition hébraïco-chrétienne.

Le Salut est assuré à des vivants par le Vivant. L'un et l'autre haïssent la mort. C'est la qualité du lien de l'Alliance qui entraîne une impossibilité d'enfermement dans le temps.

Le passage à la résurrection au sein de l'exil à Babylone n'est plus seulement l'effet d'une acculturation, mais résulte d'une contradiction : l'attente des exilés dans un exil qui se prolonge perd son sens. L'histoire d'amour qui se déploie entre la tribu et le dieu étrange, insaisissable de la tribu, ne peut, finalement, se conclure qu'ailleurs, que tout ailleurs, là où il est et où sont, par Son regard, portés ceux qu'Il a décidé d'aimer, au point Lui vivant de les vouloir vivants. Le Jugement dans cette tradition, je crois l'avoir montré [1], n'est plus qu'une *forme* plus élaborée, tardive, d'un *test* d'appartenance à la tribu des aimés. Il faut bien comprendre que, dans ce retour à la source, à l'essence du message biblique, réside toute la force du *sola fide* luthérien. Le *sola fide* est, face à la dérive individualiste, une formulation acceptable du salut collectif dont Philippe Ariès a prouvé, le regard penché sur le geste funéraire, que ce rite populaire était demeuré fidèle, lui, à la conception ancienne.

Quand la tribu s'élargit, progressivement, à la famille humaine tout entière appelée, le *test* du jugement devient essentiel. A l'angoisse de la mort se substitue progressivement l'angoisse du Jugement. D'autant plus que le débat sur l'éternité des peines à partir du IIIe siècle, du IIIe au VIe siècle, à partir de l'apocatastase d'Origène jusqu'à sa condamnation, contribue à renforcer l'Angoisse du Jugement. *L'éternité* a été comprise comme une sur-durée sans fin, une pérennité, une durée pérenne. La théologie chrétienne est donc la seule à envisager le châtiment dans une durée, sans fin, donc infinie, d'une faute nécessairement limitée, pour le moins, dans le temps. L'infinitude du châtiment, l'infinitude de la peine, quand elle est prise au sérieux peut devenir un instrument de torture. De cet instrument de torture psychologique, les textes luthériens de 1520 rendent témoignage. C'est cette *angoisse* qui avait conduit le jeune Martin Luther à deux doigts de la folie qu'Il exorcise.

Le premier détonateur de la fusée se place bien, la

1. Pierre Chaunu, *Brève Histoire de Dieu*, Laffont, 1992.

mémoire historique se laisse rarement piéger ; le 31 octobre 1517, les quatre-vingt-quinze thèses roulent autour de l'Indulgence, donc du pouvoir de l'Église sur l'Au-delà, via le Purgatoire. Jacques Le Goff a tout dit et bien dit sur la naissance du « Troisième Lieu » (l'expression méprisante est de Luther), mieux sur la localisation, sur l'institutionnalisation de l'épreuve purgatoire dont on peut trouver la première trace au troisième chapitre de la première épître de Paul aux Corinthiens.

Comme Judas Maccabée, les premiers chrétiens ont toujours pensé que l'appartenance au Peuple de l'Alliance suffisait pour être sauvé. Mais qu'advient-il de ceux qui, le moment venu, ne sont pas prêts à chanter le *nunc dimittis*, autrement dit, de ceux qui ont encore le cœur encombré d'autres désirs que le seul désir de Dieu, de ce que saint Augustin désigne sous le vocable de concupiscence. Luther en est douloureusement conscient. Il faut bien que cette scorie soit épurée, éliminée, consumée, comme par le feu. Le Purgatoire est donc construit sur la résolution de plusieurs difficultés.

L'insupportable angoisse des *peines éternelles*, entendues en contresens radical, comme *peines pérennes*, donc comme un *infinitum* de souffrances au sens propre, étymologique, proprement impensable, inimaginable, la perte du sens du salut collectif par intégration à un peuple dont les contours, les bornes, les frontières ne sont plus visibles. Si les bornes ne sont plus visibles c'est donc que tous sont sauvés. Mais alors le *salut* risque d'être dévalorisé, perçu comme sans *valeur*, si tous y sont admis.

La tradition ancienne interdisait aux vivants le souci des morts (« laissez les morts enterrer les morts »). Le Purgatoire permet de renouer le dialogue qui se déploie partout au sein de l'immanence qui lie la mémoire entretenue des morts au confort des vivants.

Le Purgatoire souligne un trait propre au christianisme latin, la dérive logicienne de l'exégèse. Il en va donc de l'épreuve par le feu dérivée en stratégie du troisième lieu comme du *Hoc est corpus meum* eucharistique en Transsubstantiation. J'ai souvent eu l'occasion de le dire, le troisième lieu dans la sensibilité commune devient le lieu unique, une sorte de Schéol, d'Hadès protecteur qui fait écran entre la mort et le si redoutable jugement. D'où les poussées de crainte de fin du monde, car la fin du monde c'est aussi l'imminence du jugement, l'écrasement de ce temps intermédiaire, incertain où les vivants aidant les morts peuvent espérer un ultime arrangement.

Le Purgatoire a explosé sous la pression d'une forte demande, avec la collaboration d'abord réticente puis de plus en plus chaleureuse des échelons supérieurs de l'*ecclesiole* des clercs qui par la dispense et l'indulgence reçoivent un supplément de pouvoir.

La dérive est énorme. Pour quiconque fait une lecture naïve, une lecture proche du texte des écritures canoniques, une lecture humaniste, donc, la distance semble proprement intersidérale entre le salut par grâce et l'étrange marchandage qui régit, *do ut des*, la comptabilité à partie double des dus et des avoirs dont le Pape est comptable... des vivants sur le séjour des morts. La souffrance était terrible, elle paraît désormais injuste, puisque les habiles qui savent peuvent échapper. On comprend difficilement, à quelle nécessité obéit ce résoluteur d'angoisse et ce garant du pouvoir imprudemment délégué par Christ à ses vicaires abusifs.

On ne peut comprendre Luther, la fulgurante dérive de 1520, l'impact des traités polémiques sans ce long *excursus* préalable.

Le Dieu de la Tribu est le Dieu de l'Alliance. L'Alliance implique le salut du peuple dans le temps et au-delà du temps là où Il est, c'est-à-dire, tout Ailleurs, là où Il conduit ceux qu'Il aime ailleurs, dans la vie éternelle, sous la forme de l'instant de lumière éclaté, à la mesure du regard de Dieu. La vie éternelle est telle qu'elle ne peut être gagnée, mais seulement donnée : *Sola Gratia*, voire *Sola Fide*, synonyme de *Sola Gratia* sur le versant des hommes. Le Jugement ne peut être plus que le test d'appartenance au Peuple tant que l'on répugnera à étendre à la totalité le bénéfice de l'alliance *(Berit)*.

Ce système d'une simplicité, au sens étymologique, biblique a dérivé, s'est complexisé, sous la pression du monde plein, de la cité devenue chrétienté, contamination de l'éternité, par une sur-durée pérenne, du test d'appartenante à l'Alliance au Jugement du *Do ut des*, en partie double des mérites et des peines. Contradiction en partie résolue par le système complexe d'un Au-delà, spatialisé, temporalisé, en communication constante avec la terre, sous la régie d'une judicature exigeante, tatillonne et parfois fantasque.

Tant que les affaires du Troisième Lieu se règlent dans le cadre de la paroisse par l'humble requête à Dieu des vivants pour leurs chers disparus, dans le cadre d'une tradition ancienne, heureusement floue et vénérable, tout est bien. Tout se dérègle avec les grandes campagnes, centralisées, tarifiées, d'indulgences, liées aux besoins financiers de la centralisation pontificale, au moment où la lecture humaniste entre en concurrence avec la construction scolastique.

Solidaire de l'Antiquité tardive, la culture écrite médiévale fonctionne sur une conviction qui, elle-même, découle d'une évidence. L'information dont nous disposons vient ou bien directement de l'observation de la nature, du livre donc de la nature et de la mémoire, entendez de la masse de l'information préalablement accumulée et depuis l'écriture, des écritures anciennes gardiennes d'une information limitée. La Réforme est liée à l'*humanisme*, et l'humanisme est nécessairement inclus entre deux butoirs.

En amont, un progrès décisif récemment mis à jour par les historiens, de la lecture et de l'écriture. L'écriture médiévale et la lecture sont beaucoup plus autonomes (lecture avec les yeux, lettres détachées). Il s'ensuit que le prestige relatif de l'*écrit* sur l'oral ne cesse de croître du XIIe-XIIIe siècle au XVe-XVIe siècle.

En aval, l'entrée en scène des multiplicateurs sensoriels à partir de 1609 justifie un retour à l'observation directe enfin valorisée de la nature. Si le prestige de l'écrit n'a cessé de croître, du livre des écritures anciennes par rapport au livre de la nature depuis l'apparition de l'écrit, la flambée des progrès des techniques de l'écrit depuis le XIIe-XIIIe siècle renforce l'avantage.

Conséquence des progrès des techniques de l'écriture, l'humanisme est un mode renouvelé de lecture. La lecture médiévale était devenue de plus en plus logicienne, éloignée du sens obvie du texte, indépendante des conditions objectives de la composition, insouciante de la langue, au seul profit d'un sens plus projeté que véritablement extrait. Entre le texte référant et le lecteur, un écran qui ne cesse de s'épaissir de commentaires et qui va du commentaire le plus proche du lecteur au commentaire le plus proche du texte qui a, de moins en moins, de chance d'être atteint. Cette lecture scolastique d'un *latin abstrait*, réduit aux schémas logiques de la pensée, incapable de dire la rosée du matin, le velouté du pétale d'une rose ou du sein d'une jouvencelle. Moins hardie, plus contrainte, la lecture humaniste rend aux écritures anciennes une dignité, une autorité que la désinvolture scolastique, sous prétexte de fidélité, lui avait retirée. La petite vibration de la lecture scolastique à la lecture humaniste se situe donc logiquement entre les progrès techniques de l'écrit au XIIe-XIIIe siècle, et avant le bouleversement galiléen de la lunette, de l'unité rendue au Cosmos et de la nature écrite en langage géométrique. Jamais l'écriture, toute écriture, donc l'Écriture n'auront joui d'autant de prestige qu'en ces horizons incertains entre le Moyen Age n'en finissant pas de finir (cela s'entend à travers Luther) et la vraie révolution du XVIIe siècle de toutes les authentiques novations.

Aucun terrain n'est, en outre, meilleur que celui de la tradition chrétienne. Le christianisme pour qui sait regarder, est la mémoire d'une histoire, Saga d'un peuple, de l'Alliance entre ce peuple et le Dieu de la tribu, histoire qui donne son sens à l'histoire et qui « bereshith bara Elohim » propose, aussi, son explication radicalement simple, du *Totum Universum*, de la totalité de l'étant/existant.

Ajoutez une dernière touche au paysage, elle a été apportée récemment par Denis Crouzet [1], l'effet jusqu'à ce jour totalement négligé du media — feuilles volantes — machine de Gutenberg. L'imprimerie aura été un fixateur des grands textes qui renforce la fiabilité du référant scripturaire (effet connu) et un multiplicateur d'une information panique (effet méconnu). Les feuilles vendues sur les foires diffusent, suivant la loi moderne du système médiatique, l'anormal, le sensationnel, en un mot, le mouton à deux têtes et le veau à cinq pattes. L'apparition des anomalies génétiques, la fréquence des aberrants est proportionnelle à l'étendue du champ balayé. L'effet media de la feuille volante à l'affût du sensationnel dépend de l'étendue du champ balayé ; vous êtes passés des 1 000 km² du petit pays tassé autour du marché hebdomadaire aux 3 millions de km² de Grenade à Varsovie et de Christiana à Naples et Messine. Tous les historiens sérieux avaient noté l'angoissement du début du XVIe siècle. Il est sensible dans les écrits luthériens — qui participent, même bien indirectement, à l'attente chiliaste qu'incarne le mouvement anabaptiste de 1525. Denis Crouzet a dessiné l'impact de cette paradoxale montée collective d'angoisse qui s'exprime par une attente de fin du monde ; elle repose sur l'interprétation d'une multiplication des signes dont personne bien évidemment ne comprend qu'elle est simplement l'effet mécanique d'un nouveau moyen : la première étape lointaine, l'archéologie de la révolution médiatique, par la feuille volante à quelques sols ou deniers sur la place du marché.

Denis Crouzet a vu dans cet angoissement le facteur décisif de la réussite de la vague calvinienne. Le calvinisme ajoutant au *Sola Fide*, un désenchantement

1. *Les Guerriers de Dieu*, Champvallon, 2 vol., 1 500 p., 1990.

du monde, une dévalorisation de la communication par signes cosmiques. Tous les signes sont dans l'Écriture, tout est contenu en Christ *alpha* et *omega*, « afin que quiconque croit en lui, ne périsse pas mais qu'il ait la vie éternelle ».

*

* *

Voici, en peu de mots, l'arrière-plan, le mélange détonant. Reste maintenant, le détonateur.

Pourquoi Wittenberg ? Pourquoi Martin Luther ? De Luther tout a été dit. Et l'angoisse et la force et le talent qui fait de lui ce moteur de l'histoire. De Wittenberg, il convient de souligner la situation. Non pas la partie vivante et agitée de l'Empire, l'axe rhénan, ni les parties périphériques et amorphes ; la Misnie constitue l'extrême Orient intelligent de l'Allemagne vivante, le beau dialecte de Misnie que parlent les chevaliers quand ils germanisent (renonçant au latin et au français), mais surtout ce morceau de Saxe déchirée est proche de la difficile Bohême. Je suis sûr que cette localisation explique la réaction surdimentionnée par l'ampleur et surtout la précipitation de Rome ordinairement si prudente. Tout paraît excessif d'entrée de jeu. Après la structure, la *conjoncture*, donc, en un mot, *l'Événement*, dont le coup de dé, jamais, n'abolira le hasard. Si tant est que le hasard existe. Ce dont je doute.

Bien plus importante que les quatre-vingt-quinze thèses du 31 octobre 1517, les quatre-vingt-dix-sept thèses de François Gunther de Nordhausen le 4 septembre, pour l'accession au baccalauréat biblique. Derrière Gunther, le jeune Augustin, étoile montante de la bien modeste université alors, de la très modeste Wittenberg, cette grosse bourgade. Cette charge à fond contre tout l'éventail scolastique montre que les ardeurs rhénanes enflamment désormais la Germanie profonde. A travers le texte du 31 octobre, la réaction pontificale vise aussi le texte du 4 septembre. C'est l'addition des deux qui inquiète. Plus que le contenu

— Érasme va aussi loin, peut-être même, au-delà, qui a mérité l'éloge du Pape, l'année précédente, pour le manifeste de l'exégèse humaniste du *Novum Instrumentum* (entendez *Testamentum, Instrumentum* est une provocation pédagogique et délibérée) ; c'est le ton qui a pu surprendre, heurter, le lieu et le terrain.

La proximité de la Bohême dont le cantonnement réalisé est fragile, et la grande Indulgence de 1517. Plus radicale au fond, les quatre-vingt-dix-sept thèses ne mettent pas aussi directement en cause le pouvoir de dispense, donc l'autorité déléguée, en un mot, le *Pouvoir.* Le conflit de 1517 éclate sur le pouvoir. Et c'est bien là la raison d'un manque de retenue.

Dans un champ pourtant miné, où les limites étaient encore bien mal posées. Au départ l'Indulgence (XIe siècle) se bornait aux peines imposées par l'église ici-bas. Elles avaient ensuite, à la demande, été étendues au Purgatoire et aux décédés, incluant peines canoniques et divines, donc. Or si la peine est nécessaire au Salut, ne faut-il pas la demander à Dieu avec tout au plus la force de la supporter ? Enfin que répondre à la question (thèse n° 82) : s'il en a le pouvoir « pourquoi le pape ne vide-t-il pas le purgatoire pour l'amour de la très sainte charité... » ? « ... espérer entrer au ciel, plus par de nombreuses tribulations que par l'illusoire assurance de la paix » (thèse 95). Les quatre-vingt-quinze thèses ne disent rien qui ne soit conforme à une tradition ancienne et confirmée ; tout au plus, dans la marge des divergences tolérées, mettent-elles en doute quelques extensions récentes.

Mais là est le problème. Ces extensions, le Pape qui concentre désormais la totalité du pouvoir indulgentiel jadis largement épiscopal, le Pape, les a tolérées, il accepte, désormais, d'en tirer profit, pour les travaux de la basilique Saint-Pierre, même s'il ne les a pas au départ formellement souhaitées. En reculant sur des positions plus sûres, c'est tout le pouvoir *curial* qui risque d'être ébranlé. Et le jeune et très scandaleux Albert de Brandebourg, primat simoniaque et cumulard, est engagé et derrière lui toute la jeune banque qui a anticipé le rendement de la *confiance* ou de la *crédulité* populaire dans le pouvoir délégué de Dieu au Pape sur l'en deçà et plus fondamentalement l'au-delà.

L'appel à débat public de ses pairs dans une ville dont le prince jaloux de son trésor de reliques a refusé l'entrée aux démarcheurs de la grande Indulgence papale de 1506, renouvelée en 1517, n'a rien que de traditionnel. Il fait partie du devoir d'état d'un docteur de la *Sacra Pagina*.

Deux fusibles sautent... Albert de Mayence qui réagit vite et fort, appelant Rome au secours dès le 13 décembre 1517. Il craint par contamination une menace sur son montage financier. La réaction de Rome qui confie l'affaire à la *Camara romana* en un mot, aux finances (investi des pleins pouvoirs par Innocent VIII depuis 1485) et non à la *Rota romana* l'instance théologique est un aveu. Et à l'intérieur de la *Camara* à Sylvestre Prierias, romaniste enragé dont les positions extrêmes en matière de pouvoir pontifical étaient connues, condamnées par tout ce que l'Église comptait d'instruit, de censé et de raisonnable. Le choix de Prierias au sein de la *Camara* manifestait l'affolement. Ordinairement si calme, Rome pensait qu'un fusible ayant sauté sur un point sensible, en un moment sensible, il fallait faire un exemple par la condamnation d'un petit à l'écart qui pouvait, laissé libre, devenir dangereux. On peut se demander si au-delà de la modération au fond et du latin des quatre-vingt-quinze thèses, certains conseillers avisés autour d'Albert n'avaient pas deviné la force redoutable de l'allemand de Luther.

Les quatre-vingt-quinze thèses pour qui sait la suite ont déjà le souffle et un peu de la fulgurance des traités polémiques.

Tout va donc se jouer en deux temps et à contretemps. Jusqu'au 11 janvier 1519, au pas de course. Puis du 11 janvier 1519 au 28 juin 1519, à petits pas un temps d'arrêt marqué dû à l'Élection impériale, et tout à nouveau vite et fort. L'Allemagne est loin, le pouvoir y est éclaté et fragilisé par l'interrègne, un interrègne commencé dès avant la mort attendue du faible Maximilien. Cela veut dire que l'action mal engagée de Rome ne peut aller jusqu'à la fin logique de l'arrestation de celui qu'on a décidé de faire taire. Parce qu'on le devine dangereux dans une conjoncture dangereuse.

Ce qui frappe dans les quatre-vingt-quinze thèses du 31 octobre 1517, c'est la modération du fond et la véhémence contenue et indignée du ton. Martin Luther est un polémiste né, la scolastique prépare à la dispute, mais il ajoute quelque chose qui vient du cœur, du cœur donc accroché à la *disputatio* universitaire. Modération du fond dû au fond même de sa conviction profonde. A travers l'exégèse des psaumes et de l'épître aux Romains, Luther a retrouvé à travers le *Par la Foi*, dont il a fait le *Par la Foi seule* le fond historique de la Révélation : le salut est collectif, c'est le salut du Peuple, d'Abraham et de sa smala, d'Abraham et Sarah et de leur descendance, collectif donc gratuit.

Dans le procès *d'individualisation*, le collectif ne passe plus. Il ne saurait être perçu, le *Sola Fide* est, dans cette conjonction l'équivalent modernisé du Salut du Peuple, du Salut gratuit de Toi et de ton Peuple.

C'est cela, que ne contredit pas le Purgatoire dépouillé de ses ajouts, comme marqué de la volonté du Salut pour son Peuple que Dieu veut, mais le Purgatoire épurateur, de l'inutile, de l'épreuve du feu qui débarrasse de l'écran de concupiscence, obstacle au pur amour requis pour la jouissance de l'éternité offerte par Celui qui dégage le dernier instant du temps écoulé, à jamais fixé en éternité.

Le *Sola Fide* peut théoriquement cohabiter longtemps avec un Purgatoire, point de convergence de la prière en vue du jugement des amours blessés de ceux qui restent cœurs mutilés d'une partie d'eux-mêmes. Mais à côté du *Sola Fide*, le Purgatoire est appelé à dépérir, condamné au vide d'un chômage technologique prolongé. Je ne suis pas sûr que Martin Luther en ait eu d'entrée de jeu, conscience, tout au bonheur d'une voie de liberté pour lui, ouverte devant lui qu'il entend partager avec d'autres, par l'enseignement, la prédication, la pastorale.

L'adversaire a compris la force et la naïveté de l'homme. Il a compris aussi que sur le terrain de la Foi, il était difficilement condamnable. Pour le frapper donc il fallait l'entraîner par la polémique sur la spirale de sa propre logique.

La tactique culmine à Leipzig. Le tournant décisif : la dispute de Leipzig titrait Henri Strohl [1].

Opposer à des paroles claires de l'Écriture, cœur de la tradition ancienne de l'Église, des décrétales et des décisions circonstantielles récentes, obliger donc Luther à choisir entre le roc central, l'évidence attestée au cœur, et des conséquences aventurées, de purs produits de l'autorité centrale visible dans l'Église au fil des circonstances, des jours et des heures. Poussé par la polémique, c'est alors, en juin 1519 que Martin Luther saute, sans trop s'en rendre compte, le pas. S'il le faut, ce sera contre le Pape et le Concile, Notre Seigneur premier servi.

Et c'est, peut-être, là sur ce point annexe qu'éclate le génie de Luther. Le Salut par la Foi, l'Église peut en arrondir l'expression, elle ne peut rejeter ce que dit toute la Bible d'Abraham à Paul, à Jean et à l'épître aux Hébreux que le XVIe siècle attribue encore à Paul.

L'originalité des *Traités polémiques*, dont Maurice Gravier vous présente le 2e et le 4e, 2 sur 4, voire 2 sur 5, en ajoutant le *Sermon sur les bonnes œuvres* : c'est d'offrir pour la première fois, aussi clairement, une ecclésiologie alternative, une autre formulation possible de la succession apostolique. A la succession apostolique concrète de la main posée du Christ à l'évêque de Rome ou de mon diocèse, via les apôtres, la succession apostolique spirituelle. C'est la conformité à la Foi des Apôtres attestée dans l'Écriture canonique depuis toujours reconnue qui fonde la légi-

1. Henri Strohl, *Luther jusqu'en 1520*, P.U.F., 1962, p. 302 sq.

timité de l'Église, je préfère dire *moins visible*, de l'apostolicité et catholicité spirituelles.

Voilà ce qui fait de l'année 1520, l'année charnière, l'année *zéro de la Réformation.*

A travers le texte et les sinuosités, ses avances et ses reculs, vous sentez une pensée cheminer, des choix s'opérer qui débouchent sur un tout étonnant, dangereux et cohérent, dont l'auteur autant que le lecteur l'un et l'autre semblent admiratifs et surpris et, peut-être, par ses prudences mêmes, non complètement convaincus.

Je vous laisse, désormais, à Maurice Gravier qui, mieux que moi, guidera votre lecture de l'*Appel à la noblesse allemande*, d'abord.

Avant l'*Appel*, grave et solennel pour se mettre en jambes, Luther provoqué par l'attaque minable d'un sot, Augustin Alveld ou Alfeld, carme déchaux, poussé sur le devant par quelques polémistes timorés et échaudés. Ce médiocre pamphlétaire entraîne une réponse fulgurante et drôle, où Rome poussée en avant écope une gigantesque volée de bois vert. Les coups volent bas, tant l'attaque est basse. Mais Luther s'affirme, en allemand, un prodigieux jouteur. *De la papauté de Rome* rode, pour le champ de foire, l'argument parfaitement maîtrisé de l'*Appel à la noblesse chrétienne de la nation allemande* et *a fortiori* fraie la voie aux très nobles *Prélude à la Captivité babylonienne* et à l'hymne intitulé *Traité de la liberté chrétienne.*

Si je résume et si je modernise, je vois un étrange et dynamique cocktail. L'homme est allemand, il s'adresse à des Allemands, entendez à des périphériques qui se sentent humiliés, parce qu'il leur manque un État qui, comme le Roi de France les protégerait, parce que leur incontestable réussite ne les met pas à l'abri du mépris d'une Italie arrogante qui les traite comme on disait jadis des colonies, nous dirons des sous-développés. Il n'y a beaucoup de Hans Luther dans ces lignes d'un fils de mineur dont la mère allait au bois mort et qui sait ce que la soupe sur la table entourée d'une nombreuse nichée coûte de peines et d'angoisses aux mains calleuses et aux cœurs rudes mais sensibles de *laïcs* que Dieu, peut-être, préfère aux moines dodus et aux prélats chamarrés. Beaucoup de démagogie, du populisme, d'étranges naïvetés. On mêle le somptuaire à des calculs farfelus qui me font penser aux arbitristes qui expliquent au Roi d'Espagne comment nourrir la poule aux œufs d'or.

Le prophète de l'Allemagne humiliée quand la *Germania* n'arrive pas à s'éveiller vient au secours d'un autre prophète, le grand, celui qui secoue, infléchit et propose ce qui devient pour un demi-millénaire la voie alternative pour le meilleur et pour le pire. La simplification, le repli au cœur que propose Martin Luther a cet inconvénient qu'on ne peut le faire qu'une fois. L'Église catholique après Vatican II découvrira les limites de la recette.

Notons cependant que sur deux points qui n'en font qu'un, l'*autorité (Sola Scriptura)*, (la non-délégation, le pouvoir de Dieu est retenu, non délégué) et le *sacrement* signe, *Hoc est corpus meum*, ce pain est mon corps ; maintenant parce que je le veux, mais que ce morceau tombe à terre et c'est du pain que vous piétinerez, un sacrement, un signe qu'aucune logique subséquente ne m'autorise, à la légère, à morceler, à dépouiller d'une partie *mon corps, mon sang* l'espèce est double et le geste requis devrait suivre, de préférence, ce que fit et enseigna de faire le divin maître.

Le sacrement est sacrement de la Parole toute puissante qui crée comme, au commencement, elle créa les cieux et la terre, le tout de la totalité cosmique et les consciences douloureuses de soi sous le regard de la mort qui regardent, comme Dieu aussi regarde, le monde, la totalité que Sa Parole a créée.

Luther, dans l'autorité et dans le signe de la *grâce*, de (7 ramenés à 3) fait, à travers une lecture à nouveau naïve, au sens obvie de la Sainte Écriture, un *come back* vers la Transcendance enseignée jadis d'Abraham via Jacob, à Moïse et aux prophètes.

Il ne peut déléguer sans retenir, on ne met pas la

main sur Lui, la Transcendance implique le flou, la grandeur de Dieu dissipe la peur du Jugement.

Inter finitum et infinitum, il est tellement vrai que *non est proportio* qu'il n'y a plus rien à craindre pour ceux qui en Sa promesse mette leur *fiance.* Dieu a tant aimé son peuple, qu'Il peut, sans crainte, attendre la venue imminente du Royaume.

Pierre Chaunu,
de l'Institut.

INTRODUCTION

I. — LES GRANDS ÉCRITS RÉFORMATEURS

Les religions ont presque toutes leurs textes sacrés. La religion luthérienne qui ne prétend être qu'une forme très pure du Christianisme tient sans doute la Bible pour le texte fondamental et les luthériens sont invités à la lire et à la méditer quotidiennement. Toutefois se proclamer luthérien, ce n'est pas seulement vivre dans la familiarité des textes bibliques, c'est aussi admettre une certaine interprétation de la Bible, celle que Luther donne pour la seule vraie. Donc aux yeux d'un luthérien orthodoxe, l'œuvre de Luther tout entière constituerait un ensemble de textes essentiels pour quiconque veut avoir de la religion une saine intelligence.

Tous les écrits de Luther n'ont pourtant pas la même importance aux yeux du croyant et de l'historien : certains d'entre eux sont des travaux d'exégèse rédigés en latin, ils ne sont plus guère lus que par les théologiens soucieux de découvrir la genèse de la doctrine luthérienne, d'autres sont des libelles dictés par les nécessités de la controverse et ils ont perdu tout leur intérêt d'actualité, mais il en est par contre qui constituent comme le Credo du luthérien et comme la charte de l'Église évangélique. Au premier rang de ceux-ci figurent le manifeste *A la noblesse chrétienne de la nation allemande*, l'ouvrage latin *De captivitate babylonica ecclesiae praeludium* et le traité *La liberté du chrétien* que les historiens allemands ont accoutumé d'appeler « les grands écrits réformateurs ». Tous trois furent rédigés au cours de cette année 1520 qui tient dans la vie de Luther, dans le développement de la pensée luthérienne et même de l'histoire d'Allemagne une place capitale.

LE MOMENT HISTORIQUE.

Dès leur parution, les grands écrits réformateurs eurent en Allemagne un profond retentissement : il sembla à beaucoup d'Allemands que la chrétienté et l'empire avaient enfin trouvé le prophète que depuis si longtemps ils appelaient de leurs vœux [1]. « L'Allemagne a besoin d'une réforme », tel était le mot d'ordre, vague en vérité, mais qui exprimait bien les désirs imprécis et les aspirations inquiètes de la Nation allemande. Le malaise dont souffrait l'Allemagne vers 1520 ressemble assez à celui que traversa la France avant 89, c'était moins sans doute, pour reprendre un mot célèbre, la « crise d'une conscience » que la « conscience d'une crise », l'Allemagne connaissait alors les maux qui accompagnent nécessairement la croissance.

Luther a plusieurs fois exprimé l'opinion que, s'il n'était pas intervenu avec énergie, son époque, suivant sa pente naturelle, aurait sombré dans l'épicurisme [2]. Les historiens de notre temps n'ont pas ratifié ce jugement sévère : sans doute, on peut relever dans la chronique des premières années du XVIe siècle des incidents et des disputes pénibles, tels que les affaires Reuchlin et Jetzer, qui révèlent un certain désarroi

1. Voir H. Preusz : *Luther der Prophet*, Gütersloh 1933. La formule « Deutschland bedarf einer Reformation » se trouve dans *Inspicientes (die Anschauenden)*, dialogue de Hutten, Böcking, IV.
2. Cf. Holl, p. 108, Berger, p. 304.

dans les esprits et dans les consciences, mais les passions qui se manifestent en ces circonstances et qui prennent généralement des allures moins choquantes témoignent de ce que les hommes de ce temps ne renoncent jamais à leur quête angoissée. Si la littérature s'attarde à des descriptions très réalistes, si l'idéalisme de l'époque courtoise fait place assez souvent à une inspiration plus terre à terre que les critiques qualifient volontiers de bourgeoise, certains textes sont animés d'un spiritualisme très pur.

La soif du vrai et le besoin de découvrir un remède aux maux dont souffrent la chrétienté et surtout le peuple allemand se manifestent sous des formes et dans des domaines très divers. Les humanistes révisent les résultats et critiquent les méthodes de la science médiévale. Les ouvrages d'Aristote et de ses lointains disciples, saint Thomas et Duns Scot, ont cessé pour eux d'être la source de toute connaissance. Au lieu de s'arrêter à étudier les sentences de Pierre Lombard, on préfère se reporter aux textes anciens eux-mêmes. Les humanistes appliquent aux textes sacrés les mêmes méthodes critiques qu'aux écrits des auteurs profanes. Ils souhaitent que l'Église renonce à ces cérémonies « plus que judaïques » qui ne sont d'aucun profit pour les prêtres ni pour les fidèles. Ils désapprouvent enfin la morale scolastique qui leur semble étroite et dictée par d'obscurs préjugés plutôt que par la raison saine et l'intention droite de l'homme sincère et du chrétien éclairé.

Dans le domaine de la politique, les Allemands sentent aussi qu'ils vivent régis par des institutions d'un autre âge, ou plutôt qu'aucune réalité solide ne s'abrite plus derrière les grands noms du Saint Empire et de la chevalerie. Le monde médiéval avec ses deux têtes, le Pape et l'Empereur, s'est effondré. L'Empereur n'est plus le maître du monde, il n'est guère non plus le maître des pays allemands, son autorité ne franchit presque plus les limites plus étroites de ses domaines héréditaires. Pourtant, à mesure que l'Allemagne perd son unité politique, le sens national s'exacerbe chez les Allemands. Certains veulent, malgré tout, faire confiance à l'Empereur et lui assigneraient volontiers un rôle spirituel, celui de réformateur [3] de la chrétienté, étant donné que le Pape tend à devenir un souverain temporel et surtout un prince italien. Les exactions auxquelles se livrent les représentants du Pape, l'insolence des légats pontificaux sont particulièrement désagréables à un peuple qui n'est pas protégé par un souverain fort et énergique (tel que le roi de France par exemple), et qui n'a jamais éprouvé à l'endroit des « Welches » une estime ni une tendresse excessives. Les humanistes de la jeune école, un Crotus, un Hutten, nourris de Tacite mais aussi hantés par la grandeur des premiers empereurs allemands, mettent leur plume au service de leur grande patrie et criblent de leurs traits Jules II le Pape-guerrier et sa suite fastueuse, arrogante et corrompue. A chaque réunion de la Diète à partir de 1486, les doléances de la Nation allemande sont consignées, réunies et parfois publiées sous le titre de *Gravamina germanicae nationis* ou de *Beschwerden der deutschen Nation* [4], — l'humaniste Wimpfeling se fera même le rédacteur de l'un de ces ouvrages — et Luther lira sans doute le dernier recueil issu des délibérations de 1518 —, or beaucoup de ces doléances ont trait aux vexations que les « courtisans » romains ou « Romanistes » comme on les dénomme, font subir aux naïfs Allemands. Ceux-ci se sentent atteints dans leur dignité et dans leur honneur national plus encore que dans leurs intérêts et leurs finances. Ils attendent celui qui viendra les défendre et les venger.

Quelles sont les causes du malaise religieux ? Les hommes du XVIe siècle commençant ne sauraient être accusés d'indifférence ni de tiédeur, la véhémence des

3. Cf. l'ouvrage d'allure prophétique : *Die Reformation des Kaisers Sigismund*, composé vers 1439, réédité par H. Werner dans l'*Archiv für Kulturgeschichte*, 1908.

4. Voir Bruno Gebhardt : *Die Gravamina der deutschen Nation gegen den römischen Hof*, 2e éd. 1895 et A. Werminghof : *Nationalkirchliche Bestrechungen im deutschen Mittelalter*, 1908.

querelles religieuses prouve au contraire qu'ils se passionnaient pour les problèmes théologiques. Faut-il s'en prendre à ce que Luther appelle « la sentine des vices personnels » ? Un Murner, un Hutten ont insisté avec une complaisance presque malsaine sur la dépravation des clercs. S'il existe une crise de la hiérarchie à cette époque — aussi bien de la hiérarchie temporelle que de la hiérarchie spirituelle — elle n'est pas due autant à l'indignité de certains individus qu'aux abus qui s'étalent de plus en plus scandaleusement et qui nuisent fort au fonctionnement des institutions. D'autre part, l'activité souterraine des anciennes sectes, toujours persécutées et toujours renaissantes, et le souvenir tout proche du drame hussite ne sont pas étrangers au discrédit qui pèse sur le chef de la chrétienté et ils n'aideront pas médiocrement Luther quand celui-ci voudra démontrer aux Allemands qu'une vie chrétienne peut s'épanouir en dehors de l'édifice hiérarchique de l'Église. Ils ne sont pas étrangers aux sectes non plus, les auteurs de ces nombreux écrits où est annoncé le prochain retour du Messie et dans lesquels certains papes sont comparés ou même assimilés à l'Antéchrist. Mais la propagande des sectes, les critiques des mécontents, la censure des écrivains satiriques constituent autant d'efforts dispersés, incohérents, ils sont nettement insuffisants pour ébranler les assises de l'Église catholique ou pour mettre en péril ses établissements et son influence morale dans les pays allemands.

Ainsi les Allemands attendent un message ; ils sont mécontents et ils cherchent un chef, une doctrine, un but autour desquels pourront se cristalliser leurs espoirs, leurs efforts et leurs ambitions. Les causes de leur mécontentement sont les unes très générales et les autres très précises. Ce qu'ils appellent de leurs vœux, c'est non seulement un programme de réformes concret et détaillé, c'est encore une foi qui réchauffe leurs cœurs et qui mette en œuvre leurs forces inemployées. Ces dispositions qu'un chef politique génial ou qu'un grand moraliste auraient pu exploiter à des fins toutes différentes, ce fut un réformateur religieux qui en profita, et le message qu'attendaient les Allemands, ce furent les grands écrits réformateurs et plus particulièrement l'appel *A la noblesse chrétienne.*

L'ANNÉE 1520 DANS LA VIE DE LUTHER.

Au moment où Luther s'engage dans la vie publique en affichant ses quatre-vingt-quinze thèses, par la méditation et l'étude des textes sacrés, il a atteint la certitude et clos les dramatiques débats intérieurs qui avaient bouleversé sa conscience. Maintenant que lui est révélée la véritable voie du salut, il veut la faire connaître à ses frères. Maintenant qu'il a résolu pour lui-même le problème du salut, il veut que ses frères profitent de la révélation qu'il a reçue. Il a d'abord fait passer dans son enseignement universitaire les éléments essentiels de sa doctrine. Mais, ouvrant les yeux sur le monde, il constate que les hommes souffrent et se perdent par ignorance. Il pense de plus que la vérité n'importe pas seulement aux individus mais à l'Église tout entière. Aussi publie-t-il sa découverte : c'est l'affichage des quatre-vingt-quinze thèses. Et naturellement il s'expose à la contradiction, il engage aux côtés de Carlstadt et contre Eck la dispute de Leipzig (1519), il polémique contre les partisans de l'ordre établi. Rome lui fait un procès, il discute pied à pied avec le légat Cajetan. Il apprend, avec indignation, mais, fort de sa conviction, supporte avec courage la nouvelle de sa condamnation en Cour de Rome, contenue dans la bulle « Exsurge Domine » (promulguée en juin 1520).

Tant de tribulations n'ont pas ébranlé l'âme de Luther ; non seulement elles ont ancré Luther dans la certitude, mais elles lui ont permis de systématiser ses idées, jusqu'ici dispersées dans ses notes de cours. En luttant contre des adversaires souvent habiles et acharnés, l'argumentation de Luther est devenue plus précise et plus incisive, sa conviction plus ardente. Ses adversaires sont les adversaires de la vérité, il n'en doute plus maintenant, ils ne peuvent être inspirés que par le Malin. L'Église visible, sous sa forme actuelle, n'est pas une institution divine, c'est une création des hommes et son chef, le Pape, n'a pas le droit de statuer sur la vérité et sur l'erreur.

Luther tient donc à éclairer les chrétiens et surtout ses frères allemands et il s'adresse à eux en langue vulgaire, il leur dit ce qu'il croit essentiel sur la vie religieuse des chrétiens et sur la nature véritable de la société chrétienne qu'est l'Église. C'est en l'année 1520, au cours de laquelle il fournit un travail énorme, que Luther adresse aux fidèles ses deux messages en langue vulgaire, le manifeste *A la noblesse chrétienne* et le traité *La Liberté du chrétien*, tandis que pour les théologiens il compose l'ouvrage latin *De captivitate babylonica ecclesiae praeludium*.

Jusqu'en 1520, Luther a lutté durement pour atteindre la certitude, il a mis à profit l'expérience et l'érudition bibliques acquises au cours de sept années d'enseignement universitaire et de disputes privées et publiques. Maintenant le drame va se jouer et, sous l'action de la nécessité, Luther saura exprimer avec force et foi les éléments de la doctrine qu'il avait lentement mûrie.

Ainsi les années antérieures à 1520 avaient été des années de méditation et de préparation. Après 1520, après Worms surtout, Luther sera davantage prisonnier de ses protecteurs, obligé de tenir compte des nécessités politiques, retenu par les problèmes que pose le gouvernement du peuple fidèle, il ne fait plus guère que développer et monnayer les grands principes proclamés en 1520. A partir de 1525, plus que jamais victime des circonstances et de son propre dogmatisme, il ne retrouvera plus jamais le jaillissement spontané ni l'idéalisme qui se manifestent dans les grands écrits de 1520.

Expression ramassée et souvent véhémente des résultats acquis par Luther en dix années de combats intérieurs et de disputes publiques et privées, les grands écrits réformateurs semblaient apporter aux contemporains tout ce qu'ils souhaitaient, un grand principe susceptible de rénover la vie intérieure des individus et de supprimer les abus dont souffrait la société chrétienne. Ainsi s'explique leur succès.

Les grands écrits réformateurs.

Les trois grands écrits se complètent mutuellement et constituent à eux trois comme un corps de doctrine. Tandis que le traité *La Liberté du chrétien* jette les fondements même de la religion luthérienne, définit la véritable économie du salut individuel et réfute la doctrine de la justification par les œuvres, les deux autres écrits appliquent ces principes non plus aux individus mais à la communauté chrétienne. L'ouvrage latin *De captivitate babylonica* dresse en face de l'image traditionnelle de l'Église qui, par des procédés presque magiques, administre le trésor des grâces accumulées par le Christ et dont elle est seule dépositaire, celle d'un corps mystique et invisible dont le Christ est le seul chef et où la Parole tient une place prépondérante, tandis que les sacrements, réduits au nombre de deux ou trois, ne jouent plus qu'un rôle subordonné et presque secondaire. L'appel *A la noblesse chrétienne*, écrit moins théorique que les deux précédents, établit et développe un seul principe, celui du sacerdoce universel, grâce à quoi il prétend résoudre tous les problèmes qui se posent en ce temps dans tout le domaine de la chrétienté et tout particulièrement il cherche à guérir les maux dont souffre l'Église allemande. Il y parvient en dégageant les fondements de l'autorité spirituelle et en définissant les rapports qu'elle doit entretenir avec le pouvoir temporel.

Ainsi, passant des problèmes éternels de la vie religieuse aux soucis plus brûlants de l'actualité, Luther tend à montrer que les principes théoriques de sa doctrine peuvent modifier la face du monde et porter remède aux abus dont les chrétiens d'Allemagne souhaitent ardemment la suppression. Il apparaît alors comme le prophète dont tous attendaient la venue.

II. — LE MANIFESTE A LA NOBLESSE CHRÉTIENNE DE LA NATION ALLEMANDE

LE MANIFESTE, SES ORIGINES, SON BUT, SON PLAN.

Le 7 août 1518, Luther avait reçu une citation l'invitant à comparaître devant les juges de Rome. Mais les habiles manœuvres de Frédéric de Saxe qui, en la personne de Luther, défendait son Université de Wittenberg, avaient obtenu que l'interrogatoire eût lieu en Allemagne, puis, usant de tous les subterfuges qui lui étaient suggérés par les juristes de son entourage, l'Électeur avait réussi à faire traîner les choses en longueur. La campagne électorale qui avait suivi la mort de Maximilien (12 janvier 1519) avait amené la cour pontificale à ménager la susceptibilité de Frédéric dont Rome rêvait de faire un empereur allemand. L'année 1519 s'était écoulée sans qu'on s'occupât davantage de l'affaire Luther. Ce fut seulement en juin 1520 que les ennemis de Luther obtinrent que, dans la bulle « Exsurge Domine » le pape condamnât quarante et une propositions de Luther et comparât l'hérétique « au sanglier de la forêt qui a l'audace de labourer les vignes du Seigneur ».

Luther était renseigné par des amis sur les décisions prises à Rome, mais il affectait de ne pas y croire et officiellement il n'avait pas encore été touché par le document pontifical [5], les autorités allemandes ne mettant aucune complaisance à publier la bulle. Depuis longtemps, Luther combattait ouvertement contre le Siège de Rome : dès le 18 novembre 1518,

5. La bulle ne devait arriver en Allemagne qu'en septembre 1520.

imitant en cela l'exemple récemment donné par l'Université de Paris, il avait lancé son *Appel au Concile* [6] et il avait ainsi marqué son peu de confiance dans la justice du Pontife romain. La dispute de Leipzig lui avait donné l'occasion de s'informer plus amplement sur les dispositions du droit canon et sur l'activité du Saint-Siège, d'autre part dans ses réponses à des adversaires catholiques, et particulièrement à Alfeld *(Vom Papstum zu Rom, De la Papauté de Rome)* il n'avait pas déguisé son opinion sur le Pape et ses Courtisans. Mais, même à ce moment, l'espoir d'un rapprochement entre Luther et ses adversaires ne s'était pas encore complètement évanoui. Désormais, la certitude de la condamnation était acquise, Luther ne doutait pas que le Siège romain fût une forteresse du Malin. Il n'avait plus rien à perdre en consommant la rupture, il avait tout à gagner s'il s'entourait d'amis, s'il convertissait l'Allemagne entière à sa cause et faisait de ce pays une seconde Bohême.

Or, au moment où Luther embouche sa « trompe de guerre [7] » (classicum meum), il se sait bien entouré d'amis : dès la fin de 1519, l'humaniste Crotus Rubianus l'appelle « le père de la patrie [8] » et l'invite à l'action, il lui écrit par la suite de nombreuses lettres d'encouragement, le chevalier de Schaumburg lui propose un asile si on le persécute [9], Hutten lui promet l'appui de Sickingen et la protection qu'offrent les murailles de l'Ebernburg. Luther ne songe pas, sans doute, à profiter de ces appuis, mais il se sent plus rassuré, il a conscience de l'intérêt que l'Allemagne prend à sa cause.

Constatant le succès que remportent les *Flugschriften* ou pamphlets dont les exemplaires se vendent

6. *Appellatio ad Concilium*, W. VII, 34-41.
L'appel au concile, lancé par l'Université de Paris le 27 mars 1518, protestait contre le concordat de 1516 dont les clauses ne respectaient pas suffisamment les libertés de l'Église gallicane.
7. Lettre du 5 août à Spalatin, Enders, II, 457-61.
8. Lettre du 16 octobre 1519, *ibid.* 204-9.
9. Voir cette lettre, *ibid.* 415.

sur les foires et les marchés, et tout particulièrement la faveur dont jouit le dialogue antipapal de Hutten *Vadiscus* [10], Luther se décide à ne plus écrire pour le cercle étroit des théologiens, il s'adresse alors en allemand à la nation allemande. Il vient de découvrir le principe du sacerdoce universel [11] : tout chrétien est prêtre et capable de juger par lui-même, aussi bien que les clercs, des choses de la foi. Donc tous les Allemands doivent avoir en main les pièces du procès, non plus le procès que la papauté intente à Luther, mais celui que Luther intente maintenant à la papauté.

Il veut démontrer à tous les Allemands, laïcs et clercs, savants et ignorants, que la cause défendue par lui intéresse toute la chrétienté et non pas seulement quelques théologiens et quelques docteurs en droit canon. Rejeter les principes de Rome, accepter les propositions de Luther, ce n'est pas décider d'une question théorique, c'est donner à l'Église, à la chrétienté, aux pays allemands en particulier, les armes nécessaires pour se libérer d'une tyrannie odieuse, leur permettre de s'amender, de procéder à la Réforme et aux réformes qu'ils appellent de leurs vœux.

Luther demande à la chrétienté de s'amender, il ne lance pas un appel à la révolte. Levée en masse contre les « Courtisans » de Rome, peut-être, mais non révolution violente et anarchique. Luther s'adresse à la *Noblesse chrétienne de la nation allemande*, c'est-à-dire à tous les chefs, à toutes les autorités : Empereur, princes, noblesse immédiate, conseils des villes libres (il ne songe d'ailleurs pas à s'appuyer particulièrement sur cette chevalerie aux forces déclinantes, malgré les invites de Hutten et de Schaumburg). Il leur demande d'amender l'*état chrétien*, c'est-à-dire la classe désormais unique des chrétiens, puisqu'il rejette la distinction entre clercs et fidèles sur

10. Cet ouvrage parut en avril 1520.
11. Lettre à Spalatin du 18 décembre 1519, Enders, II, 276-82.

quoi repose la conception traditionnelle de l'Église [12].

Luther souhaitait la réunion d'un concile, nous le savons, mais il craignait que le Pape s'opposât à la réunion de ce concile ou qu'il s'arrangeât tout au moins de façon à restreindre sa liberté ou à limiter la portée de ses décisions. Luther désirait donc préciser à l'avance ce que devait être le futur concile et de quelles matières il aurait à connaître. Pour que le concile fût libre, il fallait que l'Église, ou, si l'on veut, la chrétienté se libérât elle aussi. Or, aux yeux de Luther, l'Église est une captive, des hommes sans scrupule l'ont réduite en esclavage, comme firent jadis les Babyloniens qui gardèrent captif le peuple élu. L'Église est enfermée derrière une triple muraille, telle la citadelle du prince des enfers décrite par Virgile. Cette triple muraille, ce sont les lois humaines que les papes et leurs courtisans ont inventées pour faire oublier les commandements et l'Évangile. Le premier souci de Luther a donc été de renverser cette triple muraille, afin que les laïcs et plus particulièrement leurs chefs, détenteurs du glaive temporel, ne se laissent plus intimider ni arrêter par la distinction supposée entre clercs et laïcs, enfin qu'ils connaissent toute l'étendue de leur devoir et réforment l'Église si l'Église ne veut pas se réformer elle-même. Dans la première partie de son ouvrage, Luther se préoccupe de renverser la triple muraille (distinction entre état-laïque et état ecclésiastique, droit d'interpréter l'Évan-

12. Fixons quelques dates : il est impossible de déterminer avec précision le moment où Luther conçut l'idée de lancer son appel à la noblesse allemande. L'abbé Cristiani (*loc. cit.*, p. 137) admet que ce fut au reçu de la lettre de Crotus Rubianus, citée plus haut, soit à la fin de l'automne 1519. Il est certain qu'au temps où il rédigeait le traité *De la papauté de Rome* et le *Sermon des bonnes œuvres*, Luther avait déjà son plan dans la tête (cf. W. VI, 392). A la fin de mai 1520, il reçut l'*Epitoma* de Prieras qui fortifia encore sa résolution. Au début de juin, il se met à l'œuvre (cf. la lettre à Spalatin antérieure au 8 juin, Enders, II, 414). Le manuscrit est achevé le 23 juin. Le 13 août, l'Électeur n'avait pas encore l'ouvrage entre les mains ; mais le 18, on connaissait l'avis de la cour saxonne sur cet écrit, ce qui permet à Knaake de fixer la date de la publication au milieu du mois d'août (1520 W. VI, 392).

gile et privilège de réunir un concile réservé exclusivement au Pape). Dans la seconde partie de son ouvrage Luther apporte un ensemble de propositions précises et concrètes, il montre comment l'Église doit être réformée dans sa tête et dans ses membres.

Il énumère d'abord les tares dont est affligée l'administration romaine et plus particulièrement les roueries du droit canon qui lui semblent les plus scandaleuses. Dans un second développement, il définit les moyens dont le pouvoir séculier dispose et qu'il devrait mettre en œuvre pour faire disparaître ces tares et pour mettre un terme aux abus qu'autorise et que sanctionne même le droit canon. Il indique encore comment le pouvoir temporel pourrait travailler à rétablir l'unité au sein de l'Église universelle et réparer ainsi les fautes commises par les papes et les empereurs qui leur obéissaient trop aveuglément.

Les propositions du second groupe (12ᵉ et suivantes — il faut en excepter quelques-unes qui pourraient se rattacher au premier groupe) sont relatives aux maux dont souffrent les membres de la chrétienté et plus particulièrement les pays allemands. Luther y traite, sans suivre un ordre strictement logique, de toutes les institutions ecclésiastiques que les hommes ont inventées ou que la « brave cupidité » a détournées de leur but véritable et qui, sous leur forme actuelle, nuisent gravement au salut des chrétiens, leur faisant perdre le sens de la religion véritable et les empêchant d'accomplir les commandements de Dieu. Les deux derniers paragraphes traitent de problèmes proprement allemands : les rapports historiques entre papauté et Saint Empire romain germanique, les réactions des Allemands en présence de ces faits économiques nouveaux, l'extraordinaire développement de la richesse et du luxe, la naissance du grand capitalisme moderne.

Luther en terminant s'excuse de son audace. Il demande à Dieu de bien vouloir animer d'intentions pieuses et droites la Noblesse chrétienne de la Nation allemande, afin qu'elle puisse porter aide et secours à la malheureuse Église.

LE MANIFESTE A LA NOBLESSE CHRÉTIENNE ET L'ECCLÉSIOLOGIE LUTHÉRIENNE.

La première partie du manifeste, la destruction des trois murailles, peut être considérée comme la plus importante de l'ouvrage, tout au moins si l'on se place au point de vue du théologien. Luther ne se contente pas de saper les fondements de l'Église médiévale, comme on serait peut-être tenté de le croire à première lecture, il substitue au contraire à l'idée que ses contemporains se faisaient de l'Église une notion toute différente et qu'il croit plus conforme à l'idéal évangélique et à l'enseignement de saint Paul.

Luther mène l'assaut contre la triple muraille au pas de charge, si bien que l'on céderait volontiers à l'illusion que sa conception de l'Église a été improvisée pour les besoins de la polémique et qu'elle constitue comme une pièce à part dans le système luthérien. Les historiens de la pensée luthérienne nous mettent en garde contre cette double erreur [13]. Ils nous montrent au contraire que Luther a lentement mûri les idées maîtresses de ce qu'ils appellent son ecclésiologie. Dès la période où Luther, pour les nécessités de son enseignement universitaire, se mit à commenter les textes de l'Écriture (*Commentaire des Psaumes*, 1513-1515, *Commentaire de l'Épître aux Romains*, à partir de Pâques 1515), nous voyons apparaître, épars sans doute et non pas encore systématiquement présentés, les premiers linéaments de son ecclésiologie, et pourtant à cette époque, Luther était encore, dans toute la force du terme, un fidèle de l'Église catholique romaine. La dispute de Leipzig l'amène à réfléchir plus méthodiquement sur le problème de l'Église et le met en contact avec des repré-

13. Cf. Holl, p. 288, Strohl, p. 288.

sentants du schisme hussite. Les procédés dont usent à son endroit les juristes et les théologiens romains, enfin la polémique engagée avec Alfeld précipitent son évolution et l'obligent à admettre que, sous sa forme actuelle, la papauté n'est pas une institution divine, mais une création des hommes et que l'Église visible est fort différente de la communauté chrétienne, corps mystique du Christ, telle que la définit saint Paul, peut-être même est-elle dirigée par l'« homme du péché », l'Antéchrist [14].

La théologie de Luther a pour centre la notion de justification par la foi et par la foi seule. Dieu justifie l'homme par la foi, c'est par la Parole que Dieu donne la foi à l'homme, cette Parole vivante étant elle-même contenue dans l'Évangile. Quand le magistère de Rome enseigne que Jésus a confié à un organisme visible, l'Église, le privilège d'administrer les trésors de ses mérites et que l'Église assure la justification des fidèles non seulement en leur prêchant la vérité, mais encore en leur prescrivant des bonnes œuvres et surtout en leur administrant les sacrements, le moine Luther n'accepte pas longtemps cet enseignement et découvre au cours de ses lectures, chez saint Paul et chez saint Augustin, les notions de *corps du Christ* et d'*Église invisible* qui l'amènent à la conviction que la véritable Église diffère de l'Église visible, extérieure, et qu'elle est faite de l'union mystique des fidèles à travers le temps et l'espace. Tout homme qui appartient matériellement à l'Église visible n'appartient pas automatiquement à l'Église véritable. Et inversement — l'étude du problème hussite et du problème grec le lui a démontré — il n'est pas indispensable d'appartenir matériellement à l'Église romaine pour être membre de l'Église invisible. Non seulement il en conclut que la papauté

14. Luther assimile pour la première fois le pape à l'Antéchrist dans une lettre à Spalatin en date du 18 février 1520 (Enders, II, 328-29). Voir des expressions plus timides de la même idée dans une lettre à Spalatin du 11 décembre 1518 (*ibid.*, I, 316-7) et dans une autre lettre du 13 novembre 1519 (*ibid.*, 450).

n'est qu'une forme humaine et contingente de l'Église visible que l'on doit respecter comme Dieu veut que l'on respecte toute autorité humaine, et non pas une institution divine, mais encore il est amené à penser que le magistère de Rome exagère l'importance des sacrements pour négliger l'instrument essentiel du salut, la Parole, et qu'il accorde au prêtre une place trop considérable dans l'Église, en faisant de lui l'instrument indispensable et comme le canal unique de la grâce divine. Dans l'Église invisible de la foi, corps mystique composé d'âmes toutes égales entre elles, il ne saurait exister deux catégories de fidèles. C'est alors que Luther (peu avant d'écrire son manifeste *A la noblesse chrétienne*) découvrit le principe de sacerdoce universel : il fut frappé par cette parole de saint Pierre (I Pierre 2, 9) : « Vous êtes un sacerdoce royal et une royauté sacerdotale. » Il se rappelle en outre que l'Église autorise un simple fidèle à administrer le baptême en cas d'urgence. Il lui semble démontré que si un chrétien peut, en une circonstance grave, remplir l'office du prêtre, il n'est pas par nature différent d'un prêtre consacré et qu'en droit, sinon par leur fonction, tous les chrétiens sont prêtres, ayant tous reçu par le baptême des grâces égales. Dès lors tout le système d'exceptions et de distinctions édifié par l'Église de Rome s'écroule d'un coup, ou plutôt, pour reprendre la comparaison biblique de Luther, ces murailles dont s'entourent les Romanistes, moins solides encore que celles de Jéricho, s'effondrent au premier souffle, car malgré leur redoutable apparence, ce ne sont pas des murailles de pierre, mais de minces parois de paille ou de papier.

Ainsi quand les trois murs sont renversés, quand s'est évanouie l'illusion qui faisait du prêtre un homme différent des autres, supérieur aux autres, indispensable à la communauté, jouissant de deux privilèges, celui d'administrer les sacrements et celui de juger valablement des choses spirituelles, un être marqué à tout jamais d'un sceau particulier, le caractère indélébile, alors même qu'il viendrait à faillir, le lecteur du manifeste se trouve devant une société des fidèles qui délègue à certains de ses membres les pouvoirs que chacun possède mais que seuls exercent en fait les « ministres » ou serviteurs de la communauté. Ces pouvoirs qui ont été confiés au ministre, ils peuvent, d'un moment à l'autre, lui être retirés et le ministre redeviendra un fidèle comme les autres.

La distinction entre l'état ecclésiastique et l'état laïque étant abolie, les clercs perdent tous leurs privilèges ; en particulier, ils ne sont plus fondés à déclarer qu'ils ont seuls le droit d'interpréter l'Évangile et que leur dignité les met au-dessus des juridictions humaines et les soustrait aux réprimandes et aux châtiments auxquels n'échappent pas les simples laïcs. Luther proclame notamment que le Pape abuse de la bonne foi des chrétiens quand il affirme que, seul, il a le pouvoir de réunir un concile : l'histoire des premiers conciles montre que rien ne saurait justifier cette prétention. De même il est absurde qu'au sein de la chrétienté subsistent deux règles différentes, puisque le Christ n'a qu'un seul Corps mystique. L'existence de deux droits, le droit civil et le droit canon, ne repose sur aucun fondement scripturaire. Le droit canon n'est donc qu'un tissu d'inventions humaines.

Luther souhaite, sans doute, sans trop y croire, que l'Église visible se réforme d'elle-même ; mais si elle s'obstine dans ses erreurs et dans ses fautes, il en appelle au bon sens des laïcs éclairés et plus précisément à l'autorité temporelle. Celle-ci a le devoir de porter secours à l'autorité spirituelle au nom de la solidarité qui unit les membres du corps chrétien, et les représentants du soi-disant état ecclésiastique n'ont pas à protester au nom d'une prétendue supériorité : si l'œil est malade, la main ne doit-elle pas le soigner ? L'autorité temporelle peut aider l'autorité spirituelle à se réformer, car elle est chrétienne par le baptême et participe ainsi au pouvoir sacerdotal que tous les chrétiens reçoivent par le baptême [15].

Comment s'exercera la sollicitude de l'autorité temporelle ? Comment pourra-t-elle amener l'Église à se réformer ? D'abord en s'opposant de toutes ses forces aux exigences abusives des chefs ecclésiastiques et en obligeant ceux-ci à suivre ses conseils et ses ordres dans tout ce qui ne relève pas de l'autorité spirituelle. En second lieu, elle exigera la réunion d'un concile libre et, pour obtenir gain de cause, elle mettra en œuvre tous les moyens dont elle dispose. Luther rédige précisément son libelle pour indiquer à l'Église comment elle pourra et devra se réformer, ou à défaut, comment l'autorité temporelle l'y obligera, tant par sa résistance à la tyrannie qu'en aidant à réunir le concile où doit triompher le programme proposé par Luther [16].

La Réforme de l'État chrétien : I. — La tête.

Les reproches que Luther adresse à la tête de l'état chrétien, c'est-à-dire au Pape et à la cour pontificale, sont de trois sortes : les uns sont d'ordre moral, les seconds sont des griefs politiques et Luther les formule en tant qu'Allemand contre les Welches de Rome, les derniers sont des accusations contre l'attitude religieuse des papes et des romanistes.

15. Le Prince est chrétien personnellement, et non pas en tant que le représentant de l'autorité de l'État, souligne M. Holl qui explique aussi comment Luther résout alors en théorie le problème des rapports entre l'Église et l'État (Holl, pp. 345-50, Strohl, pp. 319-44). Remarquons d'ailleurs qu'ici Luther ne pense pas seulement au représentant de l'autorité monarchique, mais à quiconque détient une autorité légale. Luther ne nourrit aucune antipathie contre les petites démocraties municipales dont beaucoup adopteront la foi luthérienne et s'administreront sagement, comme Strasbourg, par exemple, sous le signe de la Réforme et de l'humanisme. Luther ne redoutera l'activité indisciplinée de « Herr Omnes » qu'après les événements qui l'obligeront à quitter la Wartburg et surtout après les luttes sanglantes de 1525.

16. Cette première partie du manifeste n'est pas seulement l'élément essentiel de l'œuvre, c'est aussi dans cette première partie que

C'est le mot de « cupidité » qui revient le plus souvent sous la plume de Luther quand il veut expliquer les agissements de la cour romaine : le but que poursuit Rome, c'est d'attirer tout à soi, l'or et la terre, c'est de tout faire sien. Ainsi s'explique la hâte avec laquelle le pape multiplie le nombre de ses cardinaux, des membres de la maison pontificale : de là vient l'ingéniosité avec laquelle le pape et les siens inventent de nouveaux subterfuges, de nouvelles « pratiques romaines » pour attirer à eux toujours plus de terre et toujours plus d'or. Les Romanistes n'hésitent devant aucun procédé pour s'enrichir : non seulement ils ont créé une fiscalité aux ressources inépuisables, non seulement ils accaparent ou détournent par des ruses indignes les bénéfices et les prébendes qui appartiennent à d'honnêtes ecclésiastiques, non seulement ils suscitent des querelles et des procès, mais encore ils font commerce de tout, ils vendent les valeurs spirituelles, les dispenses et les autorisations de toutes sortes, ils ont monté une boutique, c'est la maison du *Datarius*, ils vendent jusqu'au droit de trafiquer sur les bénéfices et les prébendes, bien plus, ils s'associent aux banquiers Fugger (que Luther ne porte guère dans son cœur) pour que ceux-ci spéculent encore sur l'objet de leurs spéculations. Gageons, ajoute Luther écœuré, qu'un autre viendra encore spéculer sur les affaires de la maison Fugger, et la mesure sera comble ! Pareil trafic dépasse l'imagination ! Mais la fourberie des Romanistes ne s'exerce pas seulement en faveur de leurs instincts cupides, elle sert aussi leur soif de domination. Le pape n'hésite pas à révoquer sa parole quand l'intérêt l'y pousse : Luther cite en exemple, outre la pratique de la *pectoralis reservatio*, la

Luther se montre le plus original. Luther a tiré presque tous ses principes de son expérience personnelle et de l'Écriture qu'il vient d'étudier de très près avec Mélanchton. Pourtant M. Strohl cite les opinions de quelques écrivains de l'école française du XIIIe et du XIVe siècle auxquelles peuvent être comparés les arguments de Luther. On peut encore rapprocher les principes de Luther de ceux de Huss et de Wiclif, bien qu'il les ait trouvés indépendamment d'eux (cf. Strohl, 334-5).

duplicité avec laquelle le pape a successivement fait accorder un sauf-conduit à Jean Huss, puis a dénié toute valeur à ce sauf-conduit, a fait arrêter, juger et brûler le malheureux théologien de Bohême [17]. Les légats du pape donnent des conseils perfides, ils mènent dans les cours des rois de tortueuses intrigues qui naguère ont causé la mort du brave roi Vladislas III de Pologne et qui, plus près de nous, ont déchaîné des guerres sanglantes et inutiles sur le sol italien. Au demeurant, le pape n'a pas acheté ses domaines temporels, le Christ et saint Pierre ne les lui ont pas légués non plus ; à qui les doit-il, si ce n'est à l'imposture de la *donation constantinienne* que le monde a si longtemps acceptée et que viennent de démasquer à propos certains humanistes d'Italie et d'Allemagne [18] ?

Plus que d'autres chrétiens, les Allemands ont lieu de se plaindre de la papauté. Luther ne cache pas son admiration pour le roi de France qui vient de signer avec le pape un concordat et qui a su protéger ses droits et ceux de ses sujets contre les ingérences de la curie. Les Allemands sont trop naïfs ou trop bons et les papes s'acharnent sur eux, parce qu'ils sont sans défense, et sur leurs empereurs, sous prétexte que ceux-ci se font sacrer et couronner par eux. Luther en appelle à l'intelligence et au sens de l'honneur national de ses compatriotes : non seulement les Welches (car l'administration pontificale tout entière est aux mains des Welches) drainent vers les caisses romaines tout l'or des Allemands, non seulement ils leur volent leurs bonnes terres allemandes, mais encore ils les bernent et les moquent, ils considèrent avec une ironie hautaine le spectacle d'une Allemagne appauvrie dont les églises et les monastères sont livrés

17. Le sauf-conduit n'était qu'un passeport, affirme l'abbé Cristiani, Huss n'était pas fondé à se croire en sécurité du fait de ce passepot (*op. cit.*, p. 159, n. 2).

18. *De donatione Constantini quid veri habeat*, ouvrage latin de l'humaniste florentin Laurent Valla, avait été récemment réédité par Ulrich von Hutten et Luther venait de le lire en février 1520.

à des mercenaires réduits à la portion congrue, où le culte divin périclite, tandis qu'eux-mêmes se gorgent des bénéfices arrachés à « ces fous d'Allemands ». L'empereur est obligé de se comporter envers le pape comme fait un vassal devant son suzerain, il doit lui baiser le pied et lui présenter l'étrier quand celui-ci part en promenade sur sa mule. Le pape est en effet le suzerain de l'empereur, expliquent les Romanistes, car c'est le pape qui le sacre, mais Luther objecte que le pape est lui-même sacré par trois cardinaux qui deviennent ses inférieurs. Les rois d'Israël furent sacrés par de saints hommes qui ensuite se comportèrent en fidèles sujets de ceux qu'ils avaient consacrés. Les Romanistes prétendent encore que les empereurs allemands ont reçu du pape la succession des empereurs romains et qu'en raison de cette donation, les Allemands doivent au pape reconnaissance et soumission. Luther oppose à cette tradition légendaire de solides objections : les papes ont donné là ce qu'ils ne possédaient pas eux-mêmes, ils n'ont pas fait ce cadeau sans arrière-pensée et les Allemands ne sont attachés à eux par aucun lien de gratitude. Bref, Luther veut rendre la fierté aux Allemands brimés et découragés par l'oppression romaine, il invite leur chef à redresser la tête et à ne pas céder devant l'imposture.

Mais les scandales de Rome choquent moins le moraliste et blessent moins l'Allemand qu'ils n'attristent le chrétien. Car les fautes les plus graves dont se rendent coupables le pape et son entourage sont des fautes religieuses. Le pape se prétend vicaire de Jésus-Christ et celui-ci a dit : « Mon royaume n'est pas de ce monde. » Nulle part les intérêts temporels et les affaires spirituelles ne font l'objet de confusions et de compromis aussi scandaleux que ceux qui chaque jour s'étalent à cette cour romaine : un évêque porteur d'une triple couronne y règne en prince temporel, et, comme un prince temporel, fait la guerre aux autres souverains. Or, pour suivre le Christ, il faut quitter tous ses biens et ne pas même prendre avec soi un simple manteau. Le pape se prétend le représentant du Christ [19], mais en fait il s'élève au-dessus de lui : il promulgue les lois de son droit canon qui peu à peu se substituent aux enseignements de l'Évangile, il ne veut pas être le successeur de Jésus crucifié, mais de Jésus exalté. Or, Jésus exalté voit tout du haut du ciel et règle tout sans avoir besoin sur terre d'aucun représentant. Le pape devrait être le vicaire de Jésus-Christ qui prit la forme d'un serviteur, prêcha et souffrit sur terre pour les hommes. Il devrait consacrer toutes ses heures à étudier et à prier pour toute la chrétienté. Le pape, au contraire, permet qu'on lui témoigne plus de respect qu'on n'en accorde à Dieu, il reçoit la communion assis, il n'a pas le courage de porter le Saint-Sacrement à la procession, il se fait porter lui-même, tandis que le Sacrement est posé sur une table « tel un pichet de vin ».

Qui donc est cet homme qui s'élève au-dessus de Dieu, qui substitue son autorité à celle de toute l'Église et qu'on ne pourrait déposer même s'il menait au diable les âmes en grandes foules ? Prudemment, sous la forme hypothétique habituelle aux théologiens, Luther l'assimile à l'« homme du péché », à l'Antéchrist : Luther lance cette grave accusation à cause des tares morales qui s'attachent à la papauté. Le pape devrait abandonner sa tiare et le luxe de sa cour à l'Antéchrist ; si les cardinaux accumulent tant de biens sur leur tête, c'est parce qu'il est écrit (Daniel, 2, 39) que les serviteurs de l'Antéchrist doivent un jour posséder le monde entier. Les actes d'orgueil que le pape accomplit quotidiennement sont des marques morales qui le rapprochent de l'Antéchrist. Mais c'est surtout à cause de ses crimes religieux que le pape est comparé à l'Antéchrist. Le souverain pontife a étouffé

19. Luther ne croit pas à l'origine divine de l'autorité pontificale. Le pouvoir des clés n'a pas été donné au seul saint Pierre, mais à travers sa personne à toute l'Église. D'autre part, le pouvoir des clés consiste à lier et à délier les péchés, ce n'est pas une délégation de l'autorité qui permet de gouverner la chrétienté. Cf. en particulier *Vom Papstum zu Rom*, W. VI, 321-2.

une réforme qui allait s'accomplir à Strasbourg : c'est pire qu'antichrétien. Si le pape songe, comme il est probable, à empêcher la réunion d'un concile, il accomplira un acte antichrétien et diabolique. Le désordre qui règne dans l'Église, depuis qu'elle est mise sous le commandement du pape, est tel que celui-ci mériterait sans doute d'être appelé « homo peccati » (II Thess., 2, 3). Le pape qui se révolte contre les Écritures, c'est évidemment le « jeu de l'Antéchrist ou de son plus proche précurseur ». Enfin Luther prononce sa condamnation la plus hardie à propos d'un acte qui intéresse la religion autant que la morale : le pape qui ose relever les hommes de leurs vœux ou de leurs serments moyennant finances se pose en Dieu, c'est un « homme du péché et un fils de la damnation » et Luther ajoute, cette fois sous une forme non plus hypothétique mais presque affirmative : « Il est absolument impossible que les choses deviennent jamais pires que le Siège romain ne les a faites : il foule aux pieds les commandements de Dieu, il dresse les siens à la place. Si ce n'est pas l'Antéchrist, qu'un autre vienne dire qui ce peut être ! »

*

* *

Ces doléances contre la papauté, ces observations critiques sur l'attitude qu'adoptent les Romanistes à l'égard des Allemands, cette terrible assimilation du pape à l'Antéchrist, Luther les a-t-il tirées de son expérience et de sa méditation personnelles ? Certes Luther s'était lui-même rendu à Rome en 1510, mais il ne semble pas que ce voyage ait laissé dans son esprit une marque profonde ni que le manifeste contienne aucun écho direct de cette expérience personnelle. Luther se souvient plutôt de ses démêlés avec les Romanistes dont il fit connaissance au cours de son interminable procès et pour lesquels il ne trouve pas assez de sarcasmes dans ses lettres. Mais il a sans doute lu les *Gravamina germanicae nationis*, ceux que Wimpfeling a rédigés en 1510 et ceux qui furent consignés après la diète d'Augsbourg en 1518 : depuis longtemps déjà les éditeurs ont pu relever dans l'appel *A la noblesse chrétienne* quelques réminiscences directes des doléances formulées par la diète contre les abus et les exactions de Rome. On ne saurait pas nier non plus que Luther a lu certains écrits satiriques contemporains : le terme de Romaniste dont Luther fait constamment usage appartient au vocabulaire des polémistes contemporains, on le rencontre en particulier dans les *Epistolae obscurorum virorum* [20].

Luther s'est-il inspiré de *Vadiscus ou la triade romaine*, dialogue de Hutten, l'un des auteurs des *Epistolae*, qui avait paru quelques mois avant le manifeste, en avril 1520 ? Cette question a fait l'objet de discussions ardentes ; jadis Kampfschulte, Maurenbrecher et Köstlin soutenaient que oui, Knaake, responsable de l'édition de Weimar, le niait passionnément. De nos jours, M. Paul Kalkoff [21] juge qu'une telle supposition est absurde et fait injure à la mémoire de Luther, tandis que des critiques aussi sérieux et pondérés que MM. Köhler et Strohl [22] n'hésitent pas à admettre que Luther a dû lire avec intérêt cette œuvre qui connut dès sa parution une si large popularité.

Si l'on compare les deux textes, on ne peut manquer de noter des ressemblances évidentes : beaucoup de thèmes traités sont communs aux deux œuvres, on a relevé même des analogies dans le plan d'ensemble [23] ; quant aux rapprochements de détail, ils sont si frappants que même les éditeurs qui, comme Knaake, nient l'influence de Hutten, se sont vu obligés de les indiquer ; ils se tirent d'affaire en déclarant qu'un sujet identique et des sources communes suffisent à

20. Luther les a certainement lues puisqu'il traite leur auteur de Hans Wurst, cf. Strohl, p. 394, n. 1.

21. Dans son ouvrage *Ulrich von Hutten und die Reformation*, passim.

22. Strohl, p. 393, Köhler, *op. cit.*, 303-17.

23. Cristiani, p. 148 et Werkshagen, *Luther und Hutten*, Wittenberg, 1888, p. 46 et s.

expliquer les ressemblances, sans qu'il soit nécessaire de supposer une influence directe.

D'autre part, il est non moins évident que l'indignation sacrée qui anime Luther est bien différente de l'humeur batailleuse qui oblige Hutten à prendre la plume et à pourfendre ses ennemis les Welches et les cagots. M. Kalkoff n'a pas de peine à prouver que la moralité de Hutten était douteuse et que des arrière-pensées politiques, en particulier le désir de sauver sa caste, la classe des chevaliers, menacée de périr misérablement, l'ont seules guidé dans son action, tandis que les préoccupations proprement religieuses lui étaient tout à fait étrangères. Hutten n'hésitait pas d'ailleurs lui-même à le reconnaître, puisqu'il écrira plus tard, 17 avril 1521, à Luther : « Pugna strenue pro Christo... Ego idem strenue conabor interim, sed in eo differunt utriusque consilia, quod mea humana sunt, tu perfectior jam totus ex divinis dependes [24]. »

Il est infiniment probable, à notre avis, que Luther ne s'est jamais fait d'illusion sur les intentions véritables de Hutten puisqu'il n'a jamais répondu aux avances de celui-ci. Mais il a lu son *Vadiscus*, il a eu connaissance du succès qu'a remporté cette œuvre littérairement assez médiocre mais dont la violence plaisait, et à cette heure où il cherchait à gagner à sa cause l'opinion publique tout entière, il a compris, en analysant ce succès, quelles étaient les inquiétudes du peuple allemand et par quels procédés il était possible d'attirer et de retenir l'attention de tous les lecteurs. Pour reprendre l'expression d'un théoricien de l'opinion publique, « Luther ne cherche nullement à déterminer des stéréotypes, mais à utiliser des stéréotypes existants [25] ». Ainsi, pour que les Allemands prennent conscience des tares religieuses dont souffre la

24. Combats vaillamment pour le Christ... Je ferai, moi aussi, tous mes efforts, mais nos desseins diffèrent en ceci que les miens sont humains, tandis que toi qui es plus parfait, tu appartiens déjà tout entier à la religion. » Ed. Böcking, II, 58.

25. J. Stoetzel, *Theorie des opinions*, Paris, 1943, p. 383. Cf. aussi la théorie des stéréotypes, *ibid.*, pp. 183-7.

papauté, — et celles-là seules lui importent — Luther reprend des griefs moraux et politiques que tant d'autres avaient articulés avant lui, et tout naturellement il s'inspire du dernier ouvrage où s'exprime la fureur de nombreux Allemands, du *Vadiscus*, le très populaire dialogue d'Ulrich von Hutten.

Quand Luther compare le pape à l'Antéchrist, il fait certes preuve d'une grande hardiesse mais sa véhémente condamnation est moins originale qu'elle ne peut le sembler à un lecteur moderne. Depuis longtemps déjà, les sectes avaient interrogé les textes qui prédisent la venue de l'Antéchrist (Daniel, chap. II, Épître aux Thessaloniciens, Apocalypse, chap. II) : dans les traditions de certains mouvements religieux hostiles à Rome [26], à l'image primitive du personnage unique qui, selon l'Écriture, doit passer sur terre un laps de temps limité, y accomplir un certain nombre de merveilles et y régner jusqu'au retour du Christ, s'était peu à peu substituée une croyance selon laquelle il n'existe pas un Antéchrist, mais une succession de précurseurs de l'Antéchrist, d'Antéchrist mineurs, précédant la venue du grand Antéchrist [27]. Des ennemis du pape et en particulier des hussites, avaient décerné le titre d'Antéchrist à tel ou tel pape personnellement à cause de leurs vices moraux. La conception que se fait Luther du pape Antéchrist est toute différente : celui que Luther assimile à l'Antéchrist, ce n'est pas Léon X personnellement pour lequel il conserve ou feint de conserver une certaine estime, c'est le pape, de quelque nom qu'il se nomme, en tant que détenteur de la fonction pontificale. Sans doute, Luther cite quelques marques morales de l'Antéchrist, — encore sont-ce des marques impersonnelles qui s'attachent à la fonction et non pas à l'homme — mais c'est sur les marques religieuses qu'il met l'accent. Le pape devient un Antéchrist du seul

26. Cf. Preusz, *op. cit.*, pp. 1-18 et Gr., pp. 114-6 et 265-6.
27. Luther fait allusion dans le manifeste aux précurseurs de l'Antéchrist, il emploiera une fois le terme Antéchrist au pluriel en l'appliquant au pontife et à sa suite (W. VI, 347).

fait qu'il monte sur le trône pontifical, non pas tant parce qu'il se charge des péchés inhérents à cette fonction que parce qu'il prétend occuper une place que nul homme ne devrait revendiquer pour lui : en tant que successeur de saint Pierre, le pape se déclare chef de l'Église, alors que l'Église n'a et ne peut avoir qu'un seul chef, le Christ [28].

Luther s'appuie donc ici encore sur une tradition déjà ancienne, mais il la transforme et il confère une signification nouvelle à des clichés que la propagande des sectes et l'agitation hussite avaient rendus populaires. Mais s'il use des mots courants et des images anciennes pour éviter de lasser ou d'effaroucher un public simple et naïf, il réussit néanmoins à composer un langage différent et à enseigner une doctrine toute nouvelle : alors qu'avant lui humanistes et sectateurs avaient bien souvent insisté sur l'aspect moral ou politique, pour Luther, c'est le religieux qui prime.

*

* *

Luther semble plus pressé de démontrer la nécessité d'une réforme que d'en indiquer les modalités. Il tient surtout à ce que cette réforme s'accomplisse dans les âmes et, pour parvenir à ce résultat, il souhaite avant tout faire la lumière dans les esprits. D'autre part, il sait que l'Église visible ne peut être parfaite et, en ce qui concerne les plans concrets de réformes, il fait preuve d'un certain quiétisme dont le traité *La Liberté du chrétien* nous découvrira les causes. Il veut avant tout mettre les fidèles en présence de la véritable Église qui est non pas l'Église visible, mais l'Église invisible. Il a, d'autre part, trop de respect pour toutes

28. Remarquer que l'opinion de Luther sur le pape Antéchrist n'est pas encore formée entièrement au moment où il rédige son manifeste. La publication de la bulle « Exsurge Domine » lèvera ses derniers doutes, et rendra son attitude plus nette et plus décidée encore. Cf. *Adversus execrabilam Antichristi bullam* W. VI, 597 et ss. et *Warum des Papstes und seiner Jünger Bücher von D. Martin Luther verbrannt sind* W. VII, 154 et ss.

les autorités humaines — et à ses yeux le pape est une autorité humaine que les hommes doivent respecter comme les sujets chrétiens du Grand Turc respectent l'autorité de leur maître — pour lancer un appel à la violence ou conseiller une solution radicale. Malgré le peu de confiance que lui inspire la papauté et bien qu'il ne croie guère les Romanistes capables de s'amender eux-mêmes ou de se laisser amender par d'autres, il explique comment la vie de l'Église redeviendrait possible si l'on transformait quelque peu les institutions existantes.

Il admet que le pape continue à diriger les destinées de la chrétienté, à condition qu'il réduise son train de vie, l'importance de sa suite, le nombre de ses cardinaux, l'importance de leur suite, et qu'il mette un terme à la multiplication des offices romains et au pullulement de leurs scribes : qu'il conserve tout juste assez de monde pour pouvoir répondre aux questions concernant la foi et les mœurs. En effet, si le pape veut demeurer l'autorité suprême de la chrétienté, il faut qu'il se fasse de sa fonction une idée toute différente de celle qui semble aujourd'hui être la sienne. Il faut qu'il renonce non seulement à toute sa pompe extérieure et à cette tiare qui le gêne quand il veut s'agenouiller devant Dieu, mais encore à toutes ces occupations et préoccupations étrangères à sa charge, à ces soucis temporels multiples, à cette puissance séculière qu'il aurait même dû refuser si on la lui avait réellement donnée, afin de pouvoir se consacrer entièrement à la prière et à l'étude pour le plus grand bien de la chrétienté.

Pour que le pape puisse être maintenu à la tête du monde chrétien sans que celui-ci ait à souffrir de sa domination, il faut encore qu'il manifeste moins d'intransigeance et reconnaisse ses erreurs et ses fautes : alors seulement l'unité de la chrétienté pourra se reconstituer. Seules des erreurs doctrinales dûment établies peuvent amener à exclure de la communauté un chrétien ou un groupe de chrétiens (et l'on ne peut convaincre un chrétien d'erreur qu'en lui opposant des arguments tirés de l'Écriture) : ainsi Luther admet que l'on exclue les Beghards de l'Église s'il est certain qu'ils errent en matière de dogme, encore faut-il chercher à les faire rentrer dans le commun bercail. Mais il ne faut pas que, pour des questions secondaires de discipline, telles que, par exemple celle de la communion sous les deux espèces ou le costume des prêtres, on déclare hérétiques des hommes qui, comme les utraquistes, possèdent sans doute la vraie foi. Il ne faut pas non plus que l'on condamne un chrétien sans l'avoir réellement convaincu d'erreur, comme on fit naguère pour Jean Huss. Il est évident qu'en 1520, Luther a l'intention de réformer l'Église catholique romaine ou plus encore de rassembler dans une Église à la discipline plus souple et plus équitable, à côté de ceux qui acceptent le primat de Rome, ceux qui l'ont déjà rejeté. Il s'est penché avec un intérêt particulier sur le problème hussite et sur la question grecque. Pour que se réalise son plan, Luther souhaite que l'autorité du pouvoir central se fasse moins durement sentir et que l'on rende aux primats et aux archevêques une autonomie relative. Il serait bon, pense-t-il, d'abandonner l'usage actuel d'après lequel tout évêque est confirmé dans ses pouvoirs par le pape lui-même et de revenir au mode antique selon lequel tout évêque est confirmé par les deux évêques voisins ou par l'archevêque dont il est suffragant. Luther aperçoit donc une Église universelle, composée d'églises nationales jouissant d'une certaine autonomie, et dirigées chacune par son primat. Dans l'église d'Allemagne, par exemple, — et c'est à elle déjà que Luther pense avant tout — le primat serait assisté d'un consistoire national comparable au consistoire romain, réunissant les prélats allemands assistés de juristes, et ce consistoire aurait à connaître des affaires allemandes et serait convoqué par le primat chaque fois qu'il serait nécessaire [29]. Quel serait alors le rôle du pape dans cette nouvelle Église universelle ?

29. Cf. la note 51 à la fin du volume.

Le pape et la cour romaine constitueraient l'instance suprême devant laquelle seraient portées en dernier appel les affaires que les évêques ne seraient pas parvenus à régler et les litiges qui opposeraient les uns aux autres archevêques et primats.

Tel est le plan très vaste sans doute, mais encore sommairement établi, que le moine Luther, « en sa folie », présente et soumet à la réflexion des autorités civiles et religieuses, faisant confiance pour le détail à la sagesse des experts. A ce moment, on le constate, Luther voit grand encore, il faudra qu'il passe par bien des déceptions, telles que les décisions prises par la diète de Worms, la révolte des iconoclastes et la guerre des paysans, avant qu'il se résigne à accepter cette solution bâtarde et étriquée que les théologiens allemands appellent « das landesherrliche Kirchenregiment [30] » (l'Église d'État dont le prince est le chef). Pour l'instant, avec un robuste optimisme, Luther croit encore qu'une grande réforme est possible, que les autorités temporelles en comprendront l'urgence et que cette réforme s'étendra à toute la chrétienté ou que tout au moins elle se réalisera d'abord dans le cadre du Saint Empire romain germanique.

LA RÉFORME DE L'ÉTAT CHRÉTIEN : II. — LES MEMBRES.

Les vingt-sept propositions de réformes qui occupent la seconde moitié du manifeste se présentent à nous « pêle-mêle », selon l'expression de M. Strohl [31]. Luther ne distingue plus entre les réformes qui ne peuvent être entreprises que par un concile et celles qui relèvent de l'autorité temporelle. Sans doute insiste-t-il sur la nécessité de séparer les pouvoirs et indique-t-il à chaque état ses devoirs : aux clercs de prier, aux nobles de protéger, aux roturiers de travailler. Mais dans la chrétienté médiévale, la dis-

30. Cf. Holl, pp. 326-80.
31. Strohl, p. 396.

tinction était moins aisée à établir qu'aujourd'hui entre le spirituel et le temporel aussi bien dans la théorie que dans la pratique.

Néanmoins à partir de la douzième proposition, Luther semble avoir abandonné les questions qui intéressent le gouvernement général de l'Église et il traite de problèmes qui touchent l'existence du moyen et du bas clergé, la vie religieuse des fidèles et plus particulièrement les problèmes qui retiennent l'attention du peuple allemand.

Sur le haut clergé allemand, Luther n'est pas prodigue de renseignements, lui qui est si ardent à dénoncer les abus dont la papauté se rend coupable, il est prêt à plaindre les évêques allemands plutôt qu'à les blâmer [32]. Il demande que soit restaurée leur autorité, trop souvent menacée par les indiscrètes interventions des courtisans romains. Il remarque toutefois que les officialités diocésaines s'occupent abusivement d'affaires temporelles et déclare qu'en ces matières elles feraient mieux de laisser agir la justice temporelle.

Les moines tiennent dans ses préoccupations une place beaucoup plus large et l'on sent comme l'écho de ses expériences personnelles dans le véhément réquisitoire qu'il prononce contre les vœux monastiques. L'institution monastique n'est pas mauvaise en elle-même, mais les hommes en ont déformé le sens et les statuts primitifs : les monastères étaient comme des écoles où l'on formait des hommes en vue de la prédication et du gouvernement spirituel ; chacun y entrait quand l'Esprit l'y poussait et en sortait librement, quand il le désirait. Que l'on retourne à l'usage ancien et, les vœux une fois abolis, les monastères pourront sans doute rendre à la chrétienté les mêmes services éminents que par le passé.

Pour les prêtres séculiers, Luther revendique le droit de contracter mariage, car le vœu de chasteté

32. Remarquons que les polémistes contemporains se montrent tout aussi discrets, sans doute la prudence et de secrets espoirs sont-ils à l'origine de ce silence circonspect. Cf. Gr. pp. 116-8.

que l'on exige des prêtres au moment de leur ordination n'est pas d'institution divine et c'est jouer avec le feu que de vouloir qu'un homme vive à côté d'une femme qu'il emploie comme servante sans être marié avec elle : la tentation est trop forte et beaucoup y succombent. Luther adresse ses consolations à ces âmes faibles qui souvent sombrent dans le désespoir, il leur assure que s'ils ont l'intention ferme d'observer la fidélité qui unit les époux, ils sont véritablement mariés aux yeux de Dieu [33].

Luther réprimande aussi les chrétiens qui ont perdu le sens de la véritable piété : de mauvais pasteurs leur proposent de prier des saints récemment canonisés ou de se rendre en pèlerinage dans telle ou telle chapelle privilégiée et, comme des bêtes échappées d'un pré, ces naïfs se précipitent, oubliant que, dans leur église paroissiale, ils trouvent tout ce qui est nécessaire pour alimenter leur religion, la Parole et le Sacrement, tout ce qui peut et doit consumer le feu de leur charité se trouve à leur portée : que ces chrétiens frivoles songent d'abord à soigner les leurs et qu'ils adoucissent le sort de leur prochain, avant de partir pour Ratisbonne, Wilsnack ou bien pour Rome !

Luther attire encore l'attention sur deux domaines de la vie publique où s'exerçait alors exclusivement l'autorité de l'Église : l'enseignement et l'assistance aux pauvres. Dans le programme de réforme universitaire qu'il ébauche dans sa vingt-cinquième proposition, Luther semble se faire l'écho des vœux qu'avaient formulés naguère les humanistes, il se montre avant tout hostile à l'enseignement de la doctrine scolastique, il parle certes en toute connaissance de cause, ayant lui-même pratiqué les traités d'Aristote aussi bien que quiconque et il se déclare prêt à le prouver. Au lieu de recourir sans cesse à des ouvrages païens, à des traités de théologie ou à des ouvrages de seconde main, on ferait mieux de retourner aux sources,

33. Cette revendication n'est certes pas nouvelle, Hutten avait récemment plaidé la même cause dans ses dialogues *Feber das erste* et *Feber das zweite*.

aux Pères de l'Église, dans la mesure où ils nous aident à comprendre l'Évangile, et surtout aux deux Testaments. Pourtant Luther n'est pas un humaniste ; sans doute il préconise l'étude des langues, mais il fait de cette étude non pas un but en soi mais un moyen qui permette de mieux comprendre le texte de l'Écriture ; il examine le texte avec les yeux du croyant et non pas avec ceux de l'archéologue [34]. C'est dans le même esprit que Luther esquisse un programme de réforme pour les écoles élémentaires. Se penchant avec pitié sur la malheureuse jeunesse d'Allemagne, que princes et prélats traitent avec tant de hautaine négligence, il demande que dans chaque ville et village soit ouverte une école pour les jeunes garçons et une pour les petites filles et que chaque jour, pendant une heure au moins, lecture leur soit faite, en latin ou en allemand, des principaux textes de l'Écriture [35].

Luther est hostile à la mendicité sous toutes ses formes. Il veut que les ordres mendiants soient supprimés et qu'on interdise aux clercs aussi bien qu'aux autres de vagabonder et de tendre la main. Chaque ville doit entretenir ses mendiants et les enregistrer. Une administration dépendant de l'autorité municipale veillera sur eux, un protecteur connaîtra le nombre des pauvres et leurs besoins exacts. Il sera pourvu à leur entretien de façon décente mais sans excès. Il serait choquant que ces mendiants qui, après tout, ne sont que des paresseux, se voient assurer des moyens d'existence plus larges que ceux dont disposent beaucoup d'honnêtes travailleurs. Luther s'inspire ici, paraît-il, de mesures prises par quel-

34. Notons aussi que Luther prend position, à propos de la réforme universitaire, dans la querelle qui oppose partisans de l'unification du droit et de l'adoption par tous du droit romain et défenseurs du vieux droit coutumier germanique. Luther opte en faveur de ce dernier et se range ainsi aux côtés des chevaliers : Ulrich von Hutten, par exemple, faisait campagne contre l'adoption du droit romain et classait parmi les plus grands bandits de l'empire les juristes qui, armés du droit romain, aidaient les princes à renforcer sans cesse leur pouvoir aux dépens des antiques libertés de la noblesse immédiate (Dialogue *Praedones*, Böcking, t. IV).

35. Luther développera plus tard ce programme scolaire dans son écrit *An die Ratsherrn*... W. XV, pp. 27-53.

ques villes, comme Strasbourg et Nuremberg, qui, dès le début du siècle, avaient commencé à créer, dans le cadre de la vie municipale, des institutions laïques chargées de soigner les pauvres et de réduire autant que possible le nombre des mendiants [36]. Ainsi Luther désire que l'on laïcise les institutions charitables et il considère la charité non plus sous son aspect religieux, comme une vertu, mais sous son aspect économique et social, comme un problème qu'il faut résoudre en prenant des mesures policières énergiques, car ces inutiles ruinent les villes ; il est facile de s'en rendre compte quand on fait un relevé exact de ce qu'un bourgeois doit débourser à cause d'eux chaque année.

C'est en moraliste par contre et en théologien que Luther aborde la question du luxe et celle de l'usure. S'il définit avec une grande précision le malaise dont souffre l'Allemagne dans le manifeste et dans les deux sermons contemporains sur l'usure, il n'a pas réussi à prescrire un remède ni à reconnaître que la crise dont souffrait l'Allemagne était profonde et nécessaire, ni à admettre le nouveau régime capitaliste qui était en train de s'instituer. Le théologien se borne à rappeler le précepte de l'Écriture qui interdit l'usure ; le fils de paysan ne peut se faire à l'idée qu'une somme d'argent puisse rapporter chaque année le même revenu, alors que chaque année, selon que Dieu les bénit ou non, les fruits de la terre rapportent des bénéfices différents. Il subodore derrière ce revenu constant et souvent énorme quelque ruse du Malin et ne veut retenir de tout ce trafic que la mauvaise apparence dont tout chrétien doit s'abstenir [37].

Enfin Luther donne aux autorités allemandes quelques conseils afin que les Allemands soient mieux pro-

36. Cf. Strohl, p. 405.

37. Eck, au contraire, avait soutenu dans des disputes publiques quelques années auparavant la thèse selon laquelle le commerce de l'argent était licite jusqu'au taux de 5 %, ce qui lui avait valu le surnom de « théologien des Fugger ». Calvin adoptera plus tard, lui aussi, une attitude beaucoup plus conciliante que Luther en présence du capitalisme naissant.

tégés contre leurs vices dominants qui sont l'ivrognerie et la goinfrerie. Il réclame encore la fermeture des maisons publiques. Si l'on veut éviter à la jeunesse les occasions de péchés, que l'on procure à chacun le moyen de se marier tôt, que l'on empêche les jeunes de prononcer avant l'âge de trente ans le vœu de chasteté et qu'on leur déconseille d'entrer dans la carrière ecclésiastique sans vocation et dans le seul but de s'assurer une existence facile et douillette. Si chacun était sûr de pouvoir se marier et entretenir un ménage, il y aurait moins de mauvais moines et moins de jeunes gens qui, sous prétexte de chercher à connaître la vie avant d'entrer au monastère, tombent dans le dévergondage.

Les réformes et la Réforme.

Ainsi, dans les quelque cent vingt pages d'un simple libelle, Luther réussit à évoquer tous les soucis des Allemands, depuis les graves problèmes qui tourmentent les princes et leurs conseillers jusqu'aux difficultés qui assombrissent la vie quotidienne de leurs plus humbles sujets, et l'on s'étonne de trouver en si peu de lignes une image si complète et si prenante des pays allemands au début du XVIe siècle. Mais Luther n'a nullement cherché à écrire une œuvre pittoresque, son récit tend à convaincre et non pas à plaire ou à édifier. Luther veut démontrer une thèse, il veut prouver que, si l'on pense bien, on agit bien. Toutes les fautes morales et tous les abus qui déshonorent et qui attristent les hommes proviennent de ce qu'ils se sont détachés de la religion véritable et toutes les difficultés les plus graves se trouveraient aplanies si les chrétiens savaient rayer de leurs statuts tout ce qui est loi humaine pour retourner aux prescriptions divines et s'ils renonçaient en particulier à une morale qui s'appuie sur la fausse doctrine de la justification par les œuvres. Bref, Luther cherche à prouver qu'il ne serait pas besoin d'un programme de réformes si l'on acceptait de procéder à la véritable Réforme, celle de la foi ; celle-ci se traduirait très vite en effets heureux dans tous les domaines.

Tous les arguments originaux de Luther se fondent sur ce principe : pourquoi les moines sont-ils malheureux ? Parce qu'ils ont prononcé des vœux. Ces vœux, qui leur a ordonné de les prononcer ? Personne, ils se conforment volontairement à une règle édictée par un homme, François, Dominique ou Augustin. Pourquoi s'y conforment-ils ? Ils croient faire ainsi une bonne œuvre et assurer leur salut. Pourquoi de pauvres gens ruinent-ils leurs familles ? Pour entreprendre de coûteux pèlerinages. Ce faisant, ils suivent des conseils humains et négligent les préceptes divins. Quel motif les pousse à faire de sembables pèlerinages ? Le désir d'accomplir une œuvre gratuite, c'est-à-dire non prescrite *(eigenwillig)* et de mériter le salut par cette bonne action et par des actions analogues.

Si toute l'argumentation de Luther pouvait se décomposer de la même manière, il serait permis de dire qu'il a parfaitement mené à bien sa démonstration, qu'il a pu prouver à ses lecteurs que leurs soucis et les siens coïncidaient complètement et qu'il leur apportait la solution de tous les problèmes qu'ils se posaient. L'on aurait pu alors affirmer que la Réforme de Luther permettait de réaliser toutes les réformes que les Allemands souhaitaient devoir s'accomplir.

Malheureusement, à ce qu'il me semble du moins, il n'en est pas tout à fait ainsi. Sinon nous n'aurions pas, en lisant le manifeste, cette impression de disparate : nous rencontrons souvent, à côté d'un argument proprement luthérien, un argument de bon sens qui ne nous étonnerait pas sous la plume de n'importe quel moraliste ignorant les fondements de la théologie luthérienne et les buts que Luther se propose d'atteindre. Très souvent aussi, Luther aborde des problèmes sur lesquels sa doctrine ne jette aucune lumière particulière et il se contente alors de paraphraser quelque passage des *Gravamina* ou de débiter quelques conseils moraux comme les prédicateurs du temps avaient accoutumé d'en dispenser à leurs auditeurs.

C'est pour cette raison, sans doute, que les propositions et les arguments de Luther semblent se présenter un peu « pêle-mêle » : Luther a voulu traiter dans un même ouvrage tant de problèmes si divers, pour prouver aux Allemands que sa sollicitude s'étendait à toutes les difficultés dont ils souffraient et que dans tous les cas il apportait une solution ou un remède. Mais dans sa hâte à achever son libelle — ou peut-être parce qu'il ne le pouvait pas — il n'a pas suggéré dans tous les cas une solution originale, ni surtout une solution vraiment religieuse et spécifiquement luthérienne. On sait quels malentendus séparèrent Luther et les Allemands dans les années qui suivirent la publication du manifeste : quelques-uns d'entre eux n'auraient-ils pas été évités, si Luther avait dès le début défini plus nettement les buts de son action et tenté de délimiter le champ des possibilités qu'elle ouvrait à la chrétienté et à la patrie allemande ?

LE SUCCÈS ET LE RETENTISSEMENT DE L'ŒUVRE.

Alors que ses amis effrayés mettaient Luther en garde contre les dangers auxquels l'exposaient les hardiesses de son langage [38] et que, par l'entremise de Miltitz, Rome faisait des représentations auprès de l'Électeur afin d'empêcher la publication du libelle, quatre mille exemplaires quittaient les presses de Melchior Lotther à Wittenberg (vers le 15 août 1520). Environ huit jours plus tard, Luther et Lotther songeaient à la préparation d'une seconde édition augmentée : Luther ajoutait en particulier tout un développement (la 26e proposition) sur la papauté et le Saint Empire romain germanique.

38. Cf. la lettre que lui adresse son supérieur dans l'ordre augustin, J. Lang, reproduite dans W. VI, 396.

L'ouvrage fut imprimé au moins une fois encore en 1520 par Lotther, puis copié par d'autres imprimeurs de Saxe, de Rhénanie, d'Alsace, et de Suisse : Knaake connaît 16 éditions en haut-allemand parues au XVIe siècle. L'ouvrage fut traduit une fois en bas-allemand et deux fois en italien [39].

L'extraordinaire succès remporté par le manifeste s'explique aisément : toutes les classes de la société allemande trouvaient à le lire leur satisfaction [40] : certains membres du haut clergé se réjouissaient de voir que l'opposition à la tyrannie romaine reprenait une forme et une force nouvelles. La haute noblesse était satisfaite de constater qu'un clerc protestait contre les ingérences du clergé dans le domaine temporel, d'autre part elle était flattée du rôle important que Luther lui réservait dans la réforme de la chrétienté. Les curés s'associaient de tout cœur aux attaques déclenchées contre les moines mendiants qui leur faisaient tant de tort et beaucoup d'entre eux approuvaient la proposition de réforme concernant la suppression du célibat ecclésiastique. Nombre de moines faisaient leurs les arguments de Luther contre l'institution des vœux perpétuels. La petite noblesse applaudissait quand Luther s'en prenait aux marchands et aux courtisans romains, accapareurs des bénéfices allemands. Les bourgeois ne partageaient peut-être pas tous l'opinion de Luther au sujet du luxe, mais ils étaient heureux de le voir adopter leur point de vue sur de nombreuses questions, notamment sur les problèmes relatifs à la mendicité et à l'assistance aux pauvres, à l'organisation scolaire et à la naissance du grand capitalisme. Les humanistes étaient remplis d'aise en voyant ce moine condamner l'aristotélisme et la scolastique et proposer une réorganisation de l'Université conforme à leurs vœux.

Les partisans de l'Église catholique romaine ne pouvaient laisser sans réponse un pamphlet aussi viru-

39. Cf. *ibid.*, 397-401.
40. Voir Berger : *Luther i. k. Darstellung*, I, pp. 331 et ss.

lent et aussi habile. Le grand adversaire de Luther, Eck, prit aussitôt la plume et démontra dans un ouvrage long et confus que Luther ne faisait que reprendre les vieilles théories de Huss naguère condamnées par un concile aux pouvoirs réguliers ; par conséquent Luther avait tort d'exiger la réunion d'un nouveau concile, puisque sa doctrine était à l'avance réprouvée [41]. L'autre ennemi de Luther, Emser, publiait de son côté une réponse bien composée, mais trop pathétique de ton et d'allure trop pédante pour atteindre le grand public [42]. Elle est divisée en trois parties : *recht, handel, wandel. Recht* : Emser proteste contre les raisonnements faux et les procédés iniques dont use Luther pour condamner l'institution catholique du clergé et fonder sa doctrine du sacerdoce universel. *Handel* : Emser procède à un examen critique des reproches que Luther adresse à la doctrine catholique. *Wandel* : Emser se demande si Luther est fondé à dire que les dogmes chrétiens ont été adultérés par l'invention humaine. Emser semble bien avoir découvert le point faible du manifeste : il tient à ce que l'on établisse une distinction nette entre le principe d'une institution et les abus qui l'ont défigurée. Une institution n'est pas obligatoirement mauvaise du fait que certains la déforment pour satisfaire leurs appétits les plus bas. Emser reconnaît la nécessité de lutter contre les abus. Mais il ne veut pas que, sous prétexte d'apporter aux institutions des améliorations pratiques, Luther en profite pour introduire les germes d'une révolution religieuse, et pour renier les dogmes que doivent révérer tous les vrais croyants. Et que pèse, après tout, l'opinion d'un moine isolé comme Luther, d'un hérétique (de celui qui a choisi, *Ketzer*, de *kiesen*, choisir, explique-t-il), si on la

41. Eck : *Des heilgen Concilij zu Costnitz...* Cat. de la Collection Freytag, n° 2828.
42. Cf. Luther und Emser : *Ihre Streitschriften aus dem Jahre 1521, hsg. von Enders, Neudrucke* de Braun, nos 83-4 et 96-98. — 2 vol. Halle a. S. 1892.

compare à la doctrine élaborée par tant de saints et de savants depuis quinze cents ans que l'Église existe ?

La réponse la plus brillante et à beaucoup d'égards la plus solide est due à la plume du franciscain Thomas Murner, prédicateur et poète populaire, qui jadis n'avait pas épargné le clergé dans ses satires et qui, jusqu'aux derniers mois de 1520 n'était pas intervenu dans le conflit. Sa réplique au manifeste passe pour la meilleure de ses œuvres polémiques en prose [43]. Très habilement, sinon très équitablement, Murner peint Luther sous les traits d'un dangereux agitateur, afin de mettre en garde les princes et les prélats qui commettent l'imprudence de pactiser avec lui. Luther, c'est le Catilina des temps modernes, l'homme qui veut mettre la chrétienté à feu et à sang, dresser le frère contre le frère et ruiner la patrie sous prétexte de répandre d'absurdes théories égalitaires : si l'on écoute Luther, il n'y aura plus désormais de distinction entre les hommes, qu'ils soient « rois, empereurs, évêques, porchers ou garçons de bains » ? Luther cite le texte : « Vous êtes un sacerdoce royal et une royauté sacerdotale » et il en conclut que nous sommes tous prêtres. Du fait que les Allemands constituent un empire, doit-on inférer que tous les Allemands sont empereurs ? Pour l'instant, ajoute perfidement Murner, Luther s'en tient à l'ordre spirituel, mais qui nous garantit qu'un jour il n'appliquera pas les mêmes raisonnements à l'ordre temporel ? Que deviendront alors les nobles, si les hommes du commun sont tout à coup considérés comme leurs égaux ? Murner reproche encore à son adversaire de mélanger du miel à son poison : il place côte à côte de vieilles propositions hérétiques empruntées aux écrits de Wiclif ou de Huss et de solides remarques de bon

43. Th. Murner : *An den Grossmechtigen und Durchlüchtigsten Ade tüttscher Nation*, Strasbourg, 25 décembre 1520. Édition moderne de Pfeffer-Belli, dans l'éd. Schultz, Strasbourg-Leipzig, à partir de 1918. Cet ouvrage qui restait malgré tout modéré ne fut pas réédité, il connut moins de succès que les écrits plus violents que Murner composa par la suite.

sens, auxquelles nul ne saurait opposer une objection valable. Mais qu'on ne s'y trompe pas : ces dernières ne sont là que pour faire accepter les premières, comme le lardon est posé sur le piège (« ein deckmantel und specklin uff die fellen »).

Pas plus qu'Emser, Murner ne repousse brutalement le programme de réformes que propose Luther, il serait mal venu à le faire, lui qui fut des premiers à signaler les maux dont souffrait l'Église. Il tient seulement à choisir parmi les propositions de Luther et à indiquer comment il faut procéder, si l'on ne veut pas causer plus de mal que de bien. Il distingue trois sortes de propositions : celles qui touchent à un point de foi, il les rejette résolument, car s'il accepte les réformes, il refuse la révolution religieuse ; celles qui concernent les institutions du monde laïque, ou encore la réforme de la cour romaine, il les renvoie à des experts plus compétents ; celles qui intéressent la discipline de l'Église, il les examine avec soin et le plus souvent les déclare acceptables, pourvu que l'on renonce à toute forme de violence dans leur application ; il faut provoquer une plainte motivée des autorités constituées, même des autorités laïques, les amener à solliciter du pape la réunion d'un concile, et obtenir de celui-ci une modification officielle (par « actio publica ») de la règle actuellement en vigueur. Ainsi l'Église pourra se réformer légalement, dans le calme et dans l'ordre, tout en préservant le trésor de ses dogmes et de sa tradition quinze fois séculaire.

Mais pour trois publicistes qui combattaient Luther, combien de poètes le célébraient, combien d'apologistes prenaient sa défense, combien d'officieux écrivains adoptaient et développaient les propositions essentielles du manifeste [44]. Presque tous les thèmes de la propagande luthérienne qui emplissent tant de sermons, d'épîtres, de poèmes, de dialogues, de jeux de carnaval et de drames viennent en droite

44. Cf. Gr., pp. 45 et 237.

ligne des vingt-sept propositions qui terminent le manifeste [45]. On peut d'ailleurs se demander en lisant ces brochures si nombreuses qui eurent tant d'action sur les masses populaires, combien d'hommes ont réellement compris le sens profond de la doctrine luthérienne : beaucoup d'écrivains se sont bornés à approuver le programme de Luther sans chercher à pénétrer les profondeurs de son enseignement. Ils sont heureux de constater par exemple que l'obligation du jeûne est abolie, mais ils semblent ignorer pourquoi Luther proteste contre cette obligation que Rome avait abusivement imposée. En un mot ils se laissent arrêter par l'aspect négatif du luthéranisme [46] sans être embrasés par la foi ardente de Luther. C'est sans doute un penchant naturel qui entraîne les hommes vers les solutions de facilité, mais le programme du manifeste, trop précis et trop alléchant à la fois, n'est-il pas à l'origine de cette grave méprise ? Après avoir lu le manifeste, beaucoup d'hommes ne se sont-ils pas précipités d'abord vers la religion luthérienne parce qu'ils n'avaient pas compris le sens de la liberté chrétienne que leur proposait Luther ?

Peut-on dire avec Leopold von Ranke [47] que le manifeste *A la noblesse chrétienne* n'est pas seulement un écrit prophétique, mais que c'est encore une de ces œuvres qui orientent et qui hâtent le développement de l'histoire universelle ? Il est sans doute un peu exagéré de prétendre que l'écrit de Luther a modifié le sort de l'univers. Il a, en tout cas, profondément transformé l'aspect de la chrétienté occidentale : dans les pays qui ont adopté la doctrine

45. Dans les notes placées à la fin du volume, l'on trouvera quelques rapprochements entre les propositions du manifeste et les textes satiriques et polémiques contemporains.

46. Les fidèles cèdent d'ailleurs à la même tentation, comme en témoignent les observateurs contemporains aussi bien catholiques que protestants tels que Murner, Hans Sachs ou Eberlin de Günzburg, Cf. Gr. 126 et ss.

47. Es sind ein paar Bogen von welthistorischen, zukünftige Entwicklungen zugleich vorberietendem und voraussagendem Inhalt », cité par Knaake, sans réf. W. VI, 397.

luthérienne, il a apporté une conception de l'Église et du prêtre tout à fait différente de celle que s'était formée le Moyen Age catholique. Si d'autres avant Luther avaient eu l'audace des idées, Luther était le premier à risquer publiquement un geste grandiose de défi à la papauté romaine. Sans doute le manifeste a-t-il exercé son action, indirectement et par choc en retour, même sur les pays restés fidèles à l'autorité du Souverain Pontife : les hommes qui ont procédé à la « Contre-Réforme » n'avaient certainement pas oublié les violentes critiques que Luther avait jadis lancées à la face du pape.

Ainsi s'effondrait définitivement la chrétienté du Moyen Age théoriquement unie sous le double pouvoir du pape et de l'empereur. Luther avait porté le coup de grâce à l'édifice déjà vermoulu et chancelant. L'écrit de Luther qui s'appuie sur des documents officiels tels que les *Gravamina* est sans doute la dernière pièce que l'on puisse verser au dossier de la querelle du sacerdoce et de l'empire. Le pouvoir temporel a remporté la victoire, bien plus, il est sollicité par un clerc d'intervenir pour mettre un terme aux abus ecclésiastiques. Il saura profiter de l'occasion : la publication du manifeste n'est que la première étape d'une évolution qui mène au césaropapisme.

Le manifeste *A la noblesse chrétienne* a contribué aussi à laïciser certaines institutions qui étaient jusqu'alors sous le contrôle des prêtres. Par là même il a transformé les coutumes et les sentiments des hommes. Jadis Dame Pauvreté était l'épouse de saint François, c'était un mérite de mendier, un mérite de donner aux pauvres. Or le terme de mérite a disparu du vocabulaire religieux. Le pauvre inconnu qui arrive dans une ville est un intrus qu'il faut pourchasser. Le pauvre de la ville est soumis à un contrôle administratif strict. *A priori* il est suspect de quémander par paresse. L'autorité doit s'efforcer d'assurer sa subsistance, sans plus. Le pauvre n'est plus, comme il l'était depuis la plus haute antiquité, un envoyé de Dieu, c'est un parasite déplaisant ; la pauvreté, vertu chrétienne, a disparu pour faire place au paupérisme, fléau économique et social. Jadis sur la terre d'Allemagne fleurissaient les pieux pèlerinages ; pour honorer la Vierge et les saints, les chrétiens élevaient de belles églises. Désormais on ne quittera plus son église paroissiale, car Dieu est le même partout, partout on lit le même évangile et l'on administre le même Sacrement. L'univers de Luther reste partout semblable à lui-même, il est plus homogène, plus proche du nôtre, si l'on veut, que le monde médiéval, mais il a perdu beaucoup de sa fraîcheur et de sa poésie. Ils sont fils spirituels de Luther, ces braves bourgeois allemands ; qu'ils devisent dans les dialogues de Hans Sachs [48], qu'ils défendent les froides et sèches doctrines de l'*Aufklärung* ou qu'ils emplissent de leurs répliques graves et sentencieuses certains chants de *Hermann et Dorothée*, leur sagesse est austère et solide, mais légèrement pédante et teintée de philistinisme. Quand les Allemands voudront retrouver le chemin de la fraîcheur et de la poésie, ils se retourneront vers les anciens âges, ils rêveront aux monastères et aux cathédrales d'antan : le pèlerinage romantique ramènera les poètes et les artistes jusqu'au porche de l'Église catholique et il s'achèvera par quelques retentissantes « conversions esthétiques ».

Ranke avait sans doute raison, mais si le manifeste *A la noblesse chrétienne* est un texte des plus importants pour qui veut étudier les destinées des peuples occidentaux pendant les trois derniers siècles, c'est surtout un ouvrage qu'il faut avoir lu si l'on veut comprendre l'évolution de l'Allemagne moderne, sa conception de l'Église et de l'État, sa civilisation et même son art et sa littérature.

48. Nous pensons en particulier aux personnages des dialogues relatifs à la Réforme, cf. Gr. p. 174 et Berger : *Sturmtruppen der Reformation*, Leipzig, 1930, pp. 281-91.

III. — LA LIBERTÉ DU CHRÉTIEN

POURQUOI ET COMMENT FUT COMPOSÉ LE TRAITÉ.

Des deux représentants que Rome avait envoyés en Allemagne pour y faire exécuter la sentence portée contre Luther, Eck et Miltitz, le premier tenait pour les méthodes d'autorité, tandis que le second faisait confiance aux ressources de la diplomatie. Le vicaire général des Augustins, Staupitz, avait convoqué le 28 août 1520 un chapitre de son ordre à Eisleben. Miltitz s'y était rendu et il avait exprimé le vœu que Luther changeât de ton et se montrât à l'avenir moins véhément dans ses écrits. Staupitz et Linck lui ménagèrent une entrevue avec Luther. Celle-ci eut lieu à Lichtenberg le 12 octobre. Il y fut entendu que Luther adresserait au pape une épître dont le contenu fut arrêté dans ses grandes lignes au cours de l'entretien. Conformément aux décisions prises à Lichtenberg, cette épître, dans laquelle Luther exprimait son estime pour la personne du pontife, expliquait que sa colère se tournait seulement contre les mauvais serviteurs de la papauté et traçait comme le portrait du pontife idéal : elle devait servir de préface à un ouvrage dont le ton serait calme et dont la matière ne prêterait pas aux développements polémiques. Luther devait y donner les marques de sa piété calme et profonde.

L'ouvrage que Luther dédiait ainsi au pape était un traité latin, *De libertate christiana* dont notre brochure *Von der Freiheit eines Christenmenschen* est la version allemande. Le texte allemand fut imprimé avant le texte latin et Miltitz put l'envoyer d'Erfurt le 16 novembre 1520 à Wilibald Pirkheymer [49].

49. Le texte latin est un peu plus long que le texte allemand. Un développement assez ample qui termine l'ouvrage n'a pas été traduit en allemand (W. VII, 69-73). D'autre part, le texte latin est plus riche en références, plus complet et parfois plus clair (nous renvoyons en note au texte latin quand nous avons cru que la comparaison pouvait être utile). Néanmoins, c'est le texte allemand

Luther faisait lui-même remarquer à la fin de sa missive au pape qu'il avait conscience d'avoir écrit sous un petit volume un grand ouvrage : « C'est un petit livret, si l'on considère le papier, mais toute la somme de la vie chrétienne y est contenue si l'on en comprend le sens [50]. » Les théologiens luthériens l'ont bien compris, puisqu'ils considèrent ce petit traité comme le troisième des grands écrits réformateurs. En fait, Luther y exposait pour la première fois sous une forme simple, presque schématique, les thèmes essentiels de sa théologie et les fondements de la pitié nouvelle afin que le simple laïc pût comprendre ce qu'était, aux yeux de Luther, le véritable christianisme.

Il faut lire cette œuvre dont le ton si calme contraste si vivement avec celui des écrits précédents en se rappelant qu'au moment où Luther l'écrivait, la bulle d'excommunication était déjà promulguée. Il risquait d'être privé de tous les bienfaits spirituels et d'être livré au glaive temporel. Le croyant serait donc tenté de souscrire à l'opinion qu'émet M. Strohl à propos de ce traité : « On ne dirait pas en le lisant que la tempête fait rage, que l'orage gronde, que la foudre risque d'abattre son auteur. On le croirait écrit dans un cloître, par une âme mystique exaltée par le parfum des roses et la suave odeur de l'encens [51] » et d'admettre avec lui que Luther donne, en écrivant son ouvrage avec tant de calme en de pareilles circonstances, un bel exemple de cette « maîtrise du

qui a valu à ce traité sa grande popularité. Knaake ne connaît pas moins de vingt éditions du texte allemand parues au XVIe siècle, cinq d'entre elles au moins parurent en 1520. Le texte fut également transposé en bas-allemand. Le texte latin fut édité huit fois au XVIe siècle. (W. VII, 15-19 et 39-40). Il existe une traduction française du XVIe siècle qui se trouve à la Bibliothèque nationale (voir *Renseignements bibliographiques*), Knaake n'en fait pas mention dans W.

50. « Es ist eyn klein büchle, szo das papyr wirt angesehen, aber doch die gantz summa eynisz Christlichen lebens drynnen begriffen, szo der synn vorstandenn wirt » (W. VII, 11).

51. Strohl, p. 373.

monde » que procure la foi et que Luther lui-même définit dans les premières pages de son petit traité.

La liberté du chrétien.

Le Christ apparaît à l'historien et au théologien comme un libérateur : il a réclamé pour lui la liberté en tant que fils de Dieu et il a reconnu aux enfants de Dieu la même liberté qu'à lui-même (Math. 17, 26-27). Il les a affranchis de toute autorité extérieure et leur a assuré la suprématie sur le monde, telle qu'il la possédait lui-même (Luc 10, 22) [52].

Saint Paul avait déjà défendu cette liberté du chrétien contre le légalisme juif et contre un individualisme excessif. Selon lui, la foi devait être pour le chrétien le fondement et la norme essentielle de la vie. La foi faisait de l'homme un enfant de Dieu, cette divine adoption lui conférait la liberté propre au chrétien. Cette liberté, issue de la foi, rayonnait sur la vie morale du chrétien. Affranchi de toute obligation légale, le chrétien devait spontanément faire le bien. Mais, si le chrétien était fort de sa liberté, il devait parfois s'abstenir d'en faire usage, afin de ne pas scandaliser ses frères plus faibles.

S'il ne fut plus nécessaire, après le siècle apostolique, de défendre contre le nomisme judaïque la liberté chrétienne, cette dernière courut par la suite de nouveaux dangers. Les théologiens luthériens expliquent que, malgré l'épître aux Hébreux, on vit « renaître l'idée sacerdotale de l'Ancienne Alliance ainsi que la notion corrélative de sacrifice dans les prétentions d'une nouvelle aristocratie ecclésiastique » [52 *bis*]. Tandis que l'organisation hiérarchique se renforçait et se complétait, l'Église tendait à se transformer en une organisation juridique ; ainsi une loi nouvelle, celle de l'Église, venait peu à peu remplacer l'ancienne loi juive dont saint Paul avait triomphé.

52. Pour tout ceci, cf. Will, pp. 1-52.
52 *bis*. *Ibid.*, p. 3.

Au cours des siècles, il se produisit des réactions contre ce que les adversaires de l'Église romaine appellent « la tyrannie spirituelle de l'Église », contre cet engourdissement de la vie morale qui pouvait devenir la conséquence d'une réglementation quasi administrative de la vie religieuse et contre les théories philosophiques qui venaient justifier cet état de choses, telles que le semi-pélagianisme qui divisait habilement les phénomènes religieux en une action libre de l'homme et une contre-action surnaturelle de la volonté divine. Parmi les mouvements qui tentèrent d'arracher le chrétien à son assoupissement, citons les efforts des diverses sectes rigoristes ou spiritualistes, les initiatives qui donnèrent naissance à l'institution monacale, sans oublier le mysticisme qui n'avait d'autre but que de réaliser la liberté parfaite en Dieu, ni les travaux de nombreux théologiens qui visaient au rétablissement de la liberté chrétienne : Occam, par exemple, que Luther ne prisait guère à cause de son volontarisme, avait été un des critiques de la doctrine catholique du salut et du système hiérarchique de l'Église ; tout près de Luther, Jean de Goch, auteur d'un traité intitulé lui aussi *De libertate christiana* (1473) avait construit sur certains aspects négatifs de cette liberté une théorie que l'on peut rapprocher de la doctrine luthérienne en cette matière.

Luther, quant à lui, n'aborde pas le problème sous son aspect historique ni même philosophique [53] dans son petit traité mais bien sous l'angle et avec les méthodes de la théologie : le premier paragraphe nous jette dans le vif du problème et nous met en face de deux propositions en apparence contradictoires au sujet de la liberté chrétienne. C'est précisément à résoudre cette contradiction interne du

53. Luther ne développera cet aspect corrélatif de sa doctrine qu'en 1525 quand il défendra contre Érasme qui tenait pour le libre-arbitre sa théorie du serf-arbitre. Si l'on n'admet pas la théorie du serf-arbitre telle que la défend Luther, on est obligé de rejeter en même temps sa doctrine de la liberté chrétienne dont elle est inséparable.

chrétien à la fois libre et serf que Luther consacre tout son effort. Il y parvient en établissant une distinction fondamentale entre l'*homme extérieur ou corporel* et l'*homme intérieur ou spirituel* [54]. Ainsi le plan de l'ouvrage nous apparaît-il comme très simple et très clair. Tandis que les deux premiers paragraphes posent et justifient par des citations bibliques les deux thèmes essentiels du traité, les seize suivants traitent de l'homme intérieur et de sa liberté, les §§ 14-18 étant plus spécialement consacrés à célébrer la royauté et le sacerdoce du chrétien, dons magnifiques que nous a faits le Christ en nous conférant la liberté chrétienne. Les douze derniers paragraphes traitent de l'homme extérieur et de sa servitude, ils expliquent pourquoi l'homme ne peut pas lui-même acquérir des mérites et ruinent la doctrine de la justification par les œuvres. Mais si l'homme ne doit pas faire le bien pour mériter le salut, il est tenu à observer une certaine discipline, ne serait-ce que pour tenir son corps en respect (§§ 19-25) ; et aussi par charité envers son prochain, pour agir envers celui-ci comme le Christ avait agi envers lui, il est amené à accomplir diverses bonnes œuvres (§§ 26-29). Ainsi Luther qui a nié que les œuvres soient nécessaires ou même utiles à l'homme pour se justifier ou faire son salut, expose que le chrétien les accomplira néanmoins spontanément par égard pour lui-même et par charité envers son prochain. Le traité se termine par une brève et sublime vision où le chrétien nous apparaît libéré par la foi du péché, de la loi et des commandements, vivant dans le Christ et dans son prochain, tandis que devant ses yeux « le ciel s'ouvre et les anges montent et descendent sur le Fils de l'homme. » (Jean 1, 51).

54. Luther avait déjà développé des idées analogues dans le *Commentaire sur l'Épître aux Romains* (Cf. Ficker : *Luthers Vorlesung über den Römerbrief* I, 2, p. 297). W. Braun a démontré dans son ouvrage *Luther und Tauler* (1918) que cette distinction se trouve déjà chez Tauler. Cf. Will, p. 117, n. 1.

L'HOMME INTÉRIEUR.

L'homme intérieur ne saurait souffrir quand le corps pâtit, si graves que puissent être les souffrances de celui-ci. Luther le proclame avec une énergie qui rappelle le ton ferme et résolu d'Épictète, son affirmation est particulièrement émouvante à l'heure où lui-même est menacé des pires supplices. Mais inversement, l'homme extérieur et corporel ne peut nullement exercer son activité en faveur de l'homme intérieur. Cette remarque s'applique aussi bien aux actes cultuels qu'aux bonnes œuvres. Les rites ne sanctifient pas l'homme intérieur, les bonnes œuvres ne justifient pas l'homme aux yeux de Dieu [55]. Les actes pieux et les bonnes œuvres ne peuvent aboutir qu'à un résultat, ils font de l'homme un cagot. Rien sur terre ne permet à l'homme de se sauver, si ce n'est le message que Dieu a envoyé et la fonction grâce à laquelle nous réussissons à le capter, soit la Parole et la Foi. Il faut donc écouter la voix du Christ qui dit : « Je suis la Vérité et la vie, celui qui croit en moi vivra éternellement » (Jean 11, 25) et s'en remettre à l'affirmation de saint Paul : « Le juste vivra par la foi » (Rom. 1, 17).

Le chrétien doit donc consacrer toute son étude à se pénétrer de la Parole, telle qu'elle est consignée dans la Bible. Or la Bible contient à côté du Nouveau Testament ou promesse l'Ancien Testament avec ses commandements. A quoi servent les commandements ? Ici nous entendons comme l'écho direct des luttes que le moine mena dans son cloître pour conquérir la certitude du salut. Il chercha à se l'assurer par la pratique des œuvres prescrites ou conseillées, il eut l'impression de ne pas y parvenir. La voie des commandements et des œuvres n'avait pu le mener qu'au désespoir. Ainsi, à ses yeux, les commandements ne sont là que pour que nous prenions

55. Dans le texte latin Luther assimile encore aux œuvres, pour les condamner avec elles, les spéculations mystiques.

conscience de notre indignité et de notre impuissance. Ils mettent devant nous un idéal sans nous fournir les moyens de nous y conformer. L'Ancien Testament est donc incomplet : il nous convie à lire avec plus de confiance le texte de la promesse et à nous abandonner entièrement à Jésus-Christ. Luther insiste sur l'aspect rédempteur du Christ : il ne suffit pas que l'on prêche le Christ en s'attendrissant sur ses malheurs, ou que l'on maudisse les Juifs de l'avoir tué, il ne faut pas même le représenter comme le modèle des vertus morales, il est dangereux d'insister exclusivement sur l'enseignement moral du Christ [56], le Christ doit être considéré non pas tant comme un exemple que comme le Médiateur, celui qui intercède pour nous auprès du Père. Au lieu de chercher vainement à accomplir dans le détail chacun des commandements, le chrétien se contentera d'avoir la foi, car Dieu a tout mis dans la foi et la foi contient, comme en raccourci, l'accomplissement de tous les commandements. Ainsi se referme le cercle : Dieu qui imposait les commandements fournit aussi le moyen de les accomplir, le Nouveau Testament couronne l'œuvre commencée par l'Ancien. Mais si l'Ancien Testament nous laissait sous l'impression de la servitude, le Nouveau Testament nous confère la liberté chrétienne, celle-ci étant comme un aspect de l'expérience religieuse chez l'homme qui possède la foi. La foi est la liberté, le chrétien justifié par la foi, c'est l'homme libre [57].

D'où vient que Dieu ait doté la foi d'un tel pouvoir ? Luther expose les quatre raisons qui font la grandeur de la foi :

1° La foi est la seule véritable bonne œuvre, parce que seule elle s'installe dans l'âme et la transfigure complètement, elle rend toutes les autres bonnes

56. Luther insiste sur cette idée surtout dans son texte latin.

57. Luther écrit toujours « frey und fromm », non sans doute pour le seul plaisir de juxtaposer des mots de même assonance, mais surtout parce que ce sont à ses yeux, comme le fait remarquer M. Will, des termes presque équivalents et néanmoins inséparables.

œuvres superflues. Grâce à la foi, s'établit l'union mystique de l'âme et de la Parole de Dieu, union que Luther compare à celle du fer avec le feu : le fer prend dans cette union la couleur ardente du feu.

2° Dieu est tellement sensible à l'hommage que lui rend l'âme en le reconnaissant comme véridique, qu'à son tour il reconnaît l'âme véridique, comme elle l'est en fait par la foi. La foi, fait remarquer le texte latin, est le véritable culte, le seul qui plaise à Dieu. Elle établit seule le contact entre l'homme et Dieu.

3° Grâce à la Parole, l'âme s'unit au Christ, comme l'époux est uni à l'épouse [58]. L'anneau nuptial est l'image de la foi qui unit l'âme au Christ. De même que les époux mettent en commun leurs biens, de même le Christ prend à sa charge tous les péchés de l'âme, l'âme partage les mérites infinis du Christ. Étrange et merveilleuse alliance que celle qui unit Jésus, noble et riche fiancé, à la « pauvre petite prostituée » qu'est notre âme ! Forte de l'appui de son

58. C'est saint Bernard qui a introduit l'image des épousailles du Christ et de l'âme fidèle dans le langage de la piété médiévale. On serait donc tenté de croire que Luther emprunte ici aux mystiques un élément essentiel pour le développement de sa doctrine. Pourtant Luther transforme le sens de cette union mystique, il en modifie aussi la forme, puisque, par son contenu, l'union du Christ et de l'âme signifie ici justification. Elle se réalise non par l'extase, mais par la foi. Luther a lu les œuvres des mystiques et spécialement celles de Tauler et du Francfortois, auteur de la *Théologie germanique* à laquelle Luther s'intéressera tant. Si les mystiques sont ses amis, ils ne sont pas ses maîtres : sa doctrine est déjà formée quand il fait leur connaissance. Sans doute leur doit-il une certaine atmosphère de piété, sensible même dans *La liberté du chrétien*, sans doute peut-on relever des ressemblances entre la doctrine luthérienne et la position religieuse des mystiques (attitude réceptive ou passive de l'âme chrétienne dans ses rapports avec Dieu, caractère absolument désintéressé de la religion) il n'en reste pas moins que des différences fondamentales subsistent à côté des ressemblances (Luther s'est entièrement séparé du mysticisme spéculatif, il ne fait aucun cas de l'expérience mystique de la « naissance de Dieu en nous » et ne recommande pas les exercices qui la préparent, il rejette la christologie des mystiques) et que les ressemblances, quand elles existent sont, pour ainsi dire, congénitales, plutôt que dues à l'imitation ou à l'inspiration directe, si bien que, quand Luther se sert d'une image mystique, comme c'est ici le cas, il en change la valeur symbolique et la portée. Cf. Strohl, pp. 120-144 ; Will, pp. 166-178.

Époux, l'âme pourra triompher du péché et de la mort. Ainsi, non seulement la foi nous libère des commandements, mais elle nous lave de la souillure du péché.

4° Seule la foi nous permet d'accomplir le premier de tous les commandements : « Tu honoreras un seul Dieu », puisqu'il n'est pas possible d'honorer Dieu sans reconnaître sa véracité. C'est en elle seule aussi que l'homme peut accomplir les autres commandements, puisqu'ils ne peuvent être accomplis sans que le soit le premier. Donc la foi qui accomplit les œuvres doit être supérieure aux œuvres mêmes. M. Will rapproche la foi supérieure aux œuvres de ce que Kant appelle la bonne volonté [59]. Les œuvres ne sont qu'un instrument entre les mains de la foi, c'est la foi qui est l'ouvrier. C'est donc bien la foi seule qui justifie l'homme.

Deux de ces arguments, le second et le quatrième, ne font pas intervenir la personne du Christ ni la Parole et ils apparaissent comme plus dégagés des données historiques, ils définissent plus généralement la foi comme la confiance en Dieu, les deux autres sont plus étroitement dogmatiques et se fondent plus directement sur le fait de la Rédemption et sur le message que constitue l'Écriture.

LES DEUX FONCTIONS DU CHRÉTIEN LIBRE.

Nous arrivons maintenant au point culminant du traité : la liberté chrétienne est définie et analysée. Luther en chante la louange et il en décrit les fonctions principales. La foi nous unit au Christ et nous confère les mêmes privilèges qu'à lui. Or il est le premier-né de Dieu et il partage les privilèges dont jouissaient les premiers-nés de l'Ancienne Alliance. Comme lui, nous serons rois et prêtres, saint Pierre l'a

59. Will, p. 120.

dit : « Vous êtes un sacerdoce royal et une royauté sacerdotale » (I Pierre, 2, 9) [60].

En tant que prêtres, nous partageons dans le domaine de l'esprit les privilèges que les prêtres détiennent dans le domaine de l'apparence. Alors qu'ils s'avancent pour prier au nom de tous, nous pouvons prier avec la certitude d'être exaucés et dans nos prières intimes nous pouvons intercéder pour notre prochain. Pour qui priera le chrétien ? Luther ne le précise pas, mais puisque le culte matériel n'est pas indispensable, il n'est pas besoin d'un intercesseur ou d'un sacrificateur, comme au temps de l'Ancienne Alliance, chaque chrétien pourra donc prier pour lui-même. Mais les fidèles prieront sans doute pour les âmes faibles ou égarées.

En tant que rois, les chrétiens sont maîtres du monde. Les biens du monde ne leur appartiennent pas comme s'ils les possédaient, mais tous doivent concourir à leur salut, aucun de ces biens ne peut leur nuire spirituellement ni les mener à la perdition. Le chrétien doit sans doute — et ceci n'est qu'une détermination négative — être indépendant vis-à-vis du monde : que le chrétien soit libre, cela signifie sans doute qu'il est affranchi de la loi, du péché, du diable et de la mort ; (« Welt Sünde, Tod und Teufel [61] » constitue une locution que l'on rencontre souvent sous la plume de Luther) ; sans doute le chrétien doit-il pratiquer cette forme d'ascétisme éclairé que Luther définit plus loin dans son traité et doit-il être détaché du monde, tout en vivant dans le monde, mais il ne doit pas fuir ni craindre le monde ; tout en renonçant au monde, il doit quand même affirmer sa royale possession du monde. Il s'assujettira les biens terrestres au lieu de se laisser assujettir par eux ; par

60. Le texte grec porte simplement *βασίλειον ἱεροάτευμα*. L'abbé Crampon traduit : « Vous êtes un sacerdoce royal. » Luther n'éprouve pas pour les textes un respect scientifique, il opère tranquillement cette disjonction, pour mettre en valeur l'idée de royauté. Cf. Will, p. 135.

61. Will, p. 142.

exemple en prodiguant à d'autres les biens de ce monde, on fait preuve de la plus haute liberté, on montre ce dont on n'a pas besoin. Bien plus, le chrétien s'asservira les biens de ce monde en en faisant usage, il se servira des biens créés en se souvenant de Dieu. Il en usera comme quelqu'un qui dormirait. Mais c'est surtout à l'heure de la tribulation que s'affirme la liberté du chrétien et qu'il prouve à quel point il possède le monde. La foi métamorphose la douleur qui devient une source de joie tacite. La patience enfin est une des plus nobles expressions de la liberté chrétienne. En face de la mort, le chrétien dominera la suprême inquiétude, la crainte de se sentir éternellement séparé de Dieu, il fait confiance à Dieu en cet ultime mouvement qui est la manifestation la plus sublime de sa foi et de sa liberté.

L'HOMME EXTÉRIEUR : LA FOI ET LES ŒUVRES.

Comme Luther rejette l'idée de la justification par les œuvres et de la collaboration de l'homme avec Dieu en vue de son propre salut, comme surtout il craint de prendre la vie religieuse dans les mailles de l'action morale, il se voit obligé d'instituer ce que l'on pourrait appeler avant la lettre une « morale sans obligation ni sanction », ou tout au moins une morale sans obligation religieuse. Ajoutons que dans le traité *La Liberté du chrétien*, Luther s'efforce avant tout de déraciner cette idée solidement implantée dans l'esprit du peuple fidèle par plusieurs siècles de discipline catholique que les œuvres humaines contribuent à notre salut, il a donc tendance à exagérer encore, s'il était possible, l'importance de la foi, mais aussi à réduire, dans toute la mesure de ses moyens, l'importance des œuvres. Il sépare trop radicalement sans doute la conscience qui accomplit les actes, l'intention qui les anime, des actes eux-mêmes qu'il considère comme des fruits extérieurs. Il souligne à dessein les oppositions et c'est ici tout au moins que l'on peut découvrir, même dans ce traité si calme de ton, une outrance qui doit être mise sur le compte des circonstances et qui dévoile les intentions polémiques de l'auteur. On se gardera donc de considérer la seconde partie du présent traité comme le résumé de la morale luthérienne ou même comme l'expression parfaite de l'opinion que s'est formée Luther sur les rapports de la morale et de la religion. Luther a sans doute conscience d'avoir dans cet écrit quelque peu déformé sa doctrine en la présentant sous un aspect trop particulier pour mieux démontrer sa thèse anticatholique. Aussi a-t-il indiqué plus tard que les enseignements fournis par le traité *La Liberté du chrétien* devaient être corrigés et complété par les données qu'apportait le *Sermon sur les bonnes œuvres*, paru quelques mois avant le traité [62].

Luther commence par affirmer (§ 19) que, loin d'être nécessaires à notre salut, les œuvres risquent de nous nuire, si nous commettons l'erreur de compter sur elles pour nous sauver. Ainsi, au lieu d'établir un rapport direct entre la foi et les œuvres, comme dans le *Sermon*, Luther tient avant tout à souligner ici que c'est la foi seule qui nous sauve et, de crainte que nous fondions le moindre espoir sur nos œuvres, il assigne à celles-ci une fonction exclusivement ascétique dans la vie du chrétien. Sans doute prévient-il l'objection de celui qui prétendrait se retrancher dans un complet quiétisme et s'abstenir de toute œuvre : une telle attitude, répond Luther, n'est pas conciliable avec notre

62. Dans une lettre au baron de Schwarzenberg, datée de 1522 (citée par Will, p. 220 sans réf.) Luther désigne le *Sermon sur les bonnes œuvres* comme le complément du traité *La Liberté du chrétien.* Dans sa biographie de Luther (1566), Johannes Mathesius notait, lui aussi, cette intime relation qui unit l'un à l'autre les deux écrits, en reconnaissant que lui-même, il avait appris seulement dans le « livre divin de la liberté chrétienne et dans celui des bonnes œuvres » « le principe même du Christianisme » (cf. Berger, p. 311).

Dans le *Sermon*, en effet, Luther, tout en développant l'idée que la foi est le critère des œuvres, démontre que la foi n'est pas et ne peut être impassibilité, qu'elle est née de la reconnaissance que l'homme justifié éprouve à l'égard de son Dieu et qu'elle s'épanouit alors en œuvres spontanées. Ainsi s'établit plus clairement et plus simplement que dans le traité le rapport de la foi et des œuvres.

nature double, corporelle et spirituelle à la fois : seuls des êtres purement spirituels peuvent mener une existence strictement contemplative, quant à nous, l'existence de notre corps et la fréquentation de notre prochain nous obligent à pratiquer les œuvres, quoi que nous en ayons.

En accomplissant de bonnes œuvres, l'homme devra, avant toutes choses, se garder d'attacher à ces actes la moindre signification religieuse, Luther y insiste à maintes reprises. Quel sera donc le motif qui le poussera néanmoins à pratiquer les bonnes œuvres ? La foi met l'homme dans des dispositions telles qu'avant toutes choses il désire complaire à Dieu. Comme il se sent en harmonie avec Dieu, l'homme souhaite tout naturellement que l'Univers tout entier vive aussi en harmonie avec Dieu, or il constate que la volonté de Dieu rencontre dans le monde des résistances et que ces résistances commencent déjà dans son propre corps. Celui-ci est sollicité par l'appel de la concupiscence, il faut donc mater la concupiscence et cet office sera rempli par les œuvres. L'homme accomplira les œuvres, il veillera, il jeûnera uniquement dans la mesure où il le jugera nécessaire pour venir à bout de la concupiscence pour mater son corps et le rendre docile et souple. Il s'abstiendra par conséquent de tous les excès auxquels ont pu se livrer certains ascètes qui pratiquaient la macération pour la macération et mettaient en danger leur existence corporelle. L'ascétisme est donc un moyen et non une fin en lui-même. Le chrétien ne considérera pas ses actes comme des œuvres mercenaires, ainsi que le fait celui qui croit par ses œuvres pouvoir assurer son salut, mais il agira par un mouvement spontané de son amour pour Dieu. Afin de mieux illustrer sa théorie, Luther fournit au lecteur deux comparaisons : le chrétien accomplit ses œuvres dans les conditions dont jouissait, avant la chute, Adam au paradis terrestre. Quand Adam avait été créé, il était à l'avance justifié, il n'avait pas besoin des œuvres, par conséquent. Adam n'était pas astreint à travailler, Dieu lui avait donné à cultiver le jardin pour l'occuper, il accomplissait l'œuvre librement et par amour de Dieu. Ainsi doit faire le chrétien. Il n'accomplit pas les œuvres pour se justifier, mais, ayant la foi, étant grâce à elle justifié, il se trouve dans de telles dispositions d'âme qu'il désire plaire à Dieu, et, pour ce faire, accomplit des œuvres bonnes, tout comme un évêque n'accomplit pas les œuvres de sa fonction pour devenir évêque ; étant évêque, il peut accomplir les œuvres de la fonction épiscopale ; s'il n'avait pas reçu la consécration épiscopale, ses actes seraient nuls et non avenus [63]. Ce qui revient à dire que seules ont quelque valeur les œuvres des hommes qui possèdent la foi, même les bonnes œuvres des infidèles et des mécréants ne sont que péchés mortels. Luther s'attache maintenant à définir les rapports entre la personne et ses actes. On se rappelle que Jésus avait invité ses disciples à juger l'arbre d'après ses fruits (Math., 7, 18). Il avait nettement établi une corrélation entre l'arbre et le fruit, entre la disposition intérieure et l'acte qui en découle. Luther, quant à lui, refuse de s'intéresser au fruit, sans doute par crainte de ne pas marquer assez nettement son opposition à la doctrine du salut par les œuvres ; même les critiques luthériens reconnaissent qu'ici Luther fait dévier la pensée du Christ [64]. Ce que Luther veut obtenir, c'est que la disposition intérieure soit vraiment droite, c'est-à-dire qu'elle ne soit pas souillée par cette malheureuse intention de gagner le salut par l'accumulation des œuvres. Tant que les œuvres ne seront pas accomplies tout à fait gratuitement, tant qu'il restera

63. Singulière image sous la plume de l'auteur du manifeste ! L'onction épiscopale aurait-elle donc une efficacité telle que seul l'Évêque puisse accomplir certains rites et administrer certains sacrements ? Ceci n'apparaît guère conciliable avec la doctrine du sacerdoce universel. Sans doute ne s'agit-il ici que d'une comparaison !

64. Will, p. 125.

L'abbé Cristiani déclare que Luther retourne la formule du Christ : « Pour Luther, écrit-il, ce n'est pas aux fruits qu'on juge l'arbre, c'est à l'arbre que l'on juge les fruits » (*op. cit.*, p. 201).

la moindre arrière-pensée qui rattache à l'œuvre l'idée de mérite ou de jugement, les œuvres ne seront ni bonnes ni spontanées, et, comme dit le texte latin, elles détruiront la foi et la liberté en imposant une contrainte à l'âme.

Tandis que l'existence des bas appétits oblige le chrétien à maîtriser son corps et à se soumettre à une véritable ascèse, les nécessités de la vie quotidienne le mettent en contact avec son prochain et par conséquent le forcent à accomplir des œuvres dans ses rapports avec celui-ci. Ici encore, le chrétien accomplira de bonnes œuvres, en se souvenant toutefois que ces œuvres ne sont nullement nécessaires à son salut et qu'il ne doit nullement chercher à se justifier en les accomplissant. Mais précisément puisque l'homme ne recherche pas sa justification dans les œuvres, il dispose de celles-ci plus complètement et, n'en ayant pas besoin pour lui-même, il peut les mettre tout entières au service de son prochain. Il rendra de la sorte au prochain les bienfaits qu'il a lui-même reçus du Christ, et comme le Christ s'est dépouillé lui-même pour prendre la forme d'un serviteur (Phil., 2, 1), de même chaque chrétien se fera librement le serviteur de son prochain tant et si bien que, suivant l'expression hardie du texte latin, « l'un deviendra le Christ de l'autre ». Luther met ici en lumière les liens qui unissent la foi à la charité. La foi fait jaillir notre amour pour Dieu, notre amour pour Dieu engendre à son tour « une existence libre, spontanée, joyeuse qui se met librement au service du prochain ». Ainsi les œuvres envers le prochain trouvent une place magnifique dans cette existence chrétienne que Luther célèbre avec un ardent lyrisme (§ 27) car en elle s'unissent harmonieusement et spontanément foi, amour de Dieu et charité envers le prochain, tandis que le fidèle, jadis mercenaire angoissé, est redevenu libre et heureux. Malheureusement, ajoute Luther, nul ne connaît actuellement cette vie chrétienne, nul n'en soupçonne même l'existence et il ne se trouve personne pour la prêcher.

Pourtant Luther ne se sent pas tenté, semble-t-il, après cette effusion lyrique, de s'abandonner aux récriminations. Il est d'humeur assez conciliante après l'entrevue avec Miltitz et, à ce moment, il ne songe nullement encore à son schisme. Aussi le voit-on envisager la grande vertu de charité non pas sous son aspect le plus général, mais sous un aspect assez inattendu, telle que la lui font voir les circonstances : de même que les premiers chrétiens avaient résolu, grâce à leur charité, le problème de leurs rapports avec les âmes faibles restées prisonnières du nomisme juif, de même les chrétiens libérés tenteront de vivre au milieu des chrétiens demeurés captifs de la tyrannie ecclésiastique, sans renoncer à la vraie foi et sans blesser leurs frères. Les chrétiens libérés se contenteront de s'assurer, vis-à-vis d'eux-mêmes, de la rectitude de leurs intentions. Ils accompliront les œuvres prescrites par les hommes non pour se justifier mais par amour pour le prochain, pour rendre service à leurs frères et aux autorités. Ils sauront se placer au-dessus des conseils humains et les juger, ils sauront reconnaître quels sont ceux que dicte une véritable inspiration chrétienne et ceux que suggère la doctrine du salut par les œuvres. Les vrais chrétiens se refuseront à suivre les conseils qui contreviennent directement à la volonté divine, ils se plieront par contre aux conseils suspects en faisant toutes réserves dans leur for intérieur et en s'affirmant à eux-mêmes que seul l'amour du prochain leur persuade de s'y soumettre [65].

LA LIBERTÉ CHRÉTIENNE ET LE MONDE.

Si l'on cherche à assigner une place au traité *La Liberté du chrétien* dans l'histoire de la pensée allemande, on est tenté de noter en premier lieu que

65. Cette idée est plus complètement exprimée dans le développement qui termine le texte latin et que Luther n'a pas transposé dans sa version allemande. Elle est illustrée également par les dialogues de Hans Sachs cités plus haut, n. 48.

Luther a marqué très fortement la suprématie de la vie spirituelle sur le monde entier. Ce n'est peut-être pas autant l'aspect confessionnel du luthéranisme qui s'est imposé le plus nettement à la pensée allemande que la religion personnelle de Luther qui revit non seulement chez les écrivains soumis à l'influence piétiste, mais encore chez les philosophes dégagés des dogmes, tels que Kant et Fichte, ou chez des poètes classiques comme Schiller. En proclamant la souveraine maîtrise du chrétien, Luther a frayé la voie à l'idéalisme moderne.

En fait la seule notion de la souveraine maîtrise du chrétien ne suffit pas à épuiser les divers aspects du problème « la liberté du chrétien et le monde » tel qu'il est posé par le traité *La Liberté du chrétien*. Étant donné son désir de séparer rigoureusement le religieux et l'éthique et son souci de réaliser sa réforme dans les consciences courageuses sans blesser les âmes faibles, Luther tend sans doute à s'enfermer dans une attitude que l'on a pu dénommer « solipsisme religieux » et à conseiller aux fidèles de préserver leurs consciences de l'erreur et de l'intention perverse, mais aussi d'éviter toute démonstration trop éclatante, si bien qu'il ne saurait échapper entièrement au reproche de quiétisme que lui ont adressé certains. Il apparaît donc que, pas plus que le royaume du Christ, la liberté du chrétien n'est de ce monde. A cette époque, Luther ne demande pas à ses fidèles d'intervenir en faveur de l'idéal évangélique par des actes ou même par des paroles, afin que celui-ci se manifeste dans le monde par des institutions transformées ou rénovées. Il ne demande même pas aux chrétiens de résister passivement aux conseils suspects, il les prie au contraire d'obéir aux consignes des supérieurs, pourvu qu'elles n'aillent pas directement à l'encontre des préceptes divins. A condition qu'il sache lui-même préserver les dispositions intérieures de sa conscience, le chrétien peut et doit se sauver au milieu d'un monde aux institutions perverties, et ce jusqu'à ce qu'il plaise à Dieu d'envoyer sa foi aux chefs aveuglés par l'erreur. Ainsi se justifie la tolérance religieuse dont Luther ne se départira jamais [66].

Faut-il donc admettre que Luther juge le monde mauvais, qu'il invite le chrétien à s'enfermer dans sa tour d'ivoire, sinon à fuir le monde comme le conseillaient certains maîtres de la piété antique et médiévale ? Il n'en est rien. A maintes reprises, dans ce traité, Luther démontre que le chrétien doit au contraire nouer amitié avec le monde et qu'il doit bien se garder de renoncer à toute activité extérieure. Luther ne méprise pas le corps, instrument de notre action dans le monde, puisqu'il tient à faire de lui un serviteur docile de l'homme intérieur à l'image de qui il doit se façonner. Il ne méprise pas le prochain, puisqu'il fait de notre confiance dans la parole du prochain l'image imparfaite de notre foi en Dieu. Il ne méprise pas le travail, puisqu'il rappelle qu'Adam travaillait déjà librement au paradis terrestre avant la chute et que le baptême nous a, pour ainsi dire, recréés et replacés dans le paradis terrestre. Certes, ce bas monde ne saurait être comparé au monde d'en haut, mais ici-bas, nous dit Luther, nous assistons à la naissance et à la croissance de ce qui ne s'épanouira que dans le ciel. Quel plus magnifique éloge pourrait prononcer un chrétien de cette terre en qui beaucoup ne veulent voir qu'une vallée de larmes ?

Ainsi ce traité, dans lequel Luther scinde d'une manière factice la nature humaine et sépare trop nettement la morale et la religion, laisse subsister une incertitude : Luther a refusé de choisir entre son amitié pour le monde et sa méfiance envers lui. Il n'a jamais renoncé à considérer le monde comme mauvais : au temps de sa jeunesse idéaliste, il le regardait pour le braver ; plus tard, la désillusion venue, il le

66. On pourrait aussi trouver dans ce quiétisme la source de cette indifférence que manifeste Luther dans le domaine de la politique : il n'est attaché à aucun régime. Il ne veut pas que les fidèles interviennent activement pour modifier la forme de la société au sein de laquelle ils vivent. Ils doivent accepter toutes les tribulations passivement, même la persécution religieuse.

contemplait avec une sérénité attristée [67]. Et pourtant il est celui dont la Réforme suggérait à Goethe cette pensée : « Nous avons retrouvé le courage de nous placer de nos deux pieds sur la terre de Dieu et de nous sentir dans une nature humaine dotée par Dieu [68]. » On peut sans doute reprocher à Luther cette contradiction ouverte, cette dissonance non résolue. Luther a voulu concilier par sa foi les exigences du repliement sur soi-même que connaît tout croyant et la nécessité où se trouve un homme moderne de regarder en face le monde avec sa beauté et ses dangers. A nous de chercher notre voie — d'aucuns voudront peut-être suivre la sienne — pour concilier ces exigences qui s'imposent à tout chrétien et même à toute âme religieuse.

IV. — LA LANGUE ET LE STYLE

On ne saurait imaginer deux œuvres plus différentes que le manifeste *A la noblesse chrétienne* et le traité *La Liberté du chrétien* : la première semble toute baignée par l'atmosphère des combats ; Luther, selon sa propre expression, y parle haut et fort. La seconde est une œuvre intime, — l'âme y parle à l'âme —, elle est faite pour être lue dans le mystère d'une chambrette, loin de la place publique et de ses rumeurs. Pourtant, en dehors même des affinités doctrinales, on pourrait rapprocher ces deux œuvres à cause de certaines ressemblances formelles. Toutes deux sont écrites dans la même langue qui doit être comprise par tous les Allemands et rédigées dans un style si simple et si parlant que les lecteurs les plus ignorants peuvent sans difficulté suivre l'auteur quand il les initie aux mystères du

67. Cf. Will, p. 200 et ss. : « la sérénité sous la Croix ».
68. *Conversations avec Eckermann*, cité par Will sans réf., p. 313, n. 1.

droit canon et aux problèmes les plus ardus de la théologie.

La langue.

Luther, cherchant à être compris de toute l'Allemagne, veut écrire dans une langue intelligible à tous les Allemands. Il profite des efforts accomplis par les chancelleries pour créer une langue écrite accessible à tous, il connaît en particulier la langue de la chancellerie saxonne et celles que se sont créées les chancelleries impériale et thuringienne [69]. Il a subi également l'influence de la langue commune que tend à fixer l'usage des imprimeurs. Toutefois, c'est surtout à partir de 1522 que Luther fait des efforts conscients pour rendre sa langue plus proche de cette langue allemande idéale dont rêvait déjà l'empereur Maximilien. Il y songe en effet principalement quand il traduit la Bible dans le calme de la Wartburg et ce n'est même que vers 1545, lorsqu'il donne une seconde édition de sa Bible allemande, qu'il réalise les principales simplifications orthographiques et qu'il achève de donner à sa langue un aspect vraiment clair et moderne. En 1520, au contraire, Luther n'a guère avec l'allemand qu'un contact oral, il parle allemand en particulier pour prêcher. Il est si pressé d'écrire et de publier que, quelque ardent que puisse être son désir d'être compris de tous, il n'a pas le temps de corriger lui-même les épreuves de ses opuscules et il doit s'en remettre au zèle des protes [70]. Plus tard, il prendra soin de normaliser son orthographe et de relire méticuleusement ses placards, ainsi que l'attestent les déclarations de ses imprimeurs. Plus tard, il s'efforcera d'éliminer l'influence du dialecte saxon et d'écrire dans une langue où l'on ne puisse plus percevoir le moindre accent de terroir. Maintenant, ce qu'il

69. Cf. Francke, *op. cit.*, I, 41 ss.
70. *Ibid.*, 8.

dit lui importe plus que la manière dont il le dit et le temps presse. Il écrit comme il aurait prêché : les inconséquences orthographiques abondent, les tournures de la langue parlée foisonnent, l'accord logique l'emporte le plus souvent sur l'accord grammatical, la syntaxe est très libre, mainte particularité morphologique nous rappelle que l'auteur est un homme d'Eisleben habitué à s'adresser à des Wittenbergeois [71], nous rencontrons des flexions du moyen-allemand à côté des formes plus fréquentes du haut-allemand, le tout contribue à rendre l'œuvre pittoresque, à lui donner couleur et vie, mais le lecteur qui n'est pas familier avec les textes du XVIe siècle risque d'être quelque peu décontenancé devant ces écrits de 1520, alors qu'il aborderait sans difficulté la seconde édition de la Bible qui parut vingt-cinq ans plus tard.

L'INSPIRATION POPULAIRE.

Jusqu'en 1520, Luther ne s'est guère servi de la langue allemande que dans la conversation et la prédication. On doit se rappeler en lisant ses premières œuvres allemandes que ses notes de cours et sa correspondance sont rédigées en latin. C'est donc à son expérience de prédicateur qu'il fait appel quand il écrit en langue vulgaire. Aussi rédige-t-il comme un homme habitué aux tournures orales bien plus qu'au style propre à la langue écrite. Ses libelles sont l'écho direct de ses sermons. On le voit recourir aux procédés dont use traditionnellement le prédicateur populaire : il donne la parole à un contradicteur supposé dont il réfute l'objection avec une brusquerie familière (Lib. d. Ch., § 19 — Man. prop. 14, ad finem). Il se fait poser des questions auxquelles il répond immédiatement (Lib. § 6). Ailleurs, c'est une prosopopée de la promesse divine s'adressant directement à l'âme chrétienne (*ibid.*, §§ 6, 9). Ainsi s'inter-

71. *Ibid.*, 39.

rompt la monotonie de l'exposé, l'humble lecteur reprend son souffle, comme l'attention du fidèle se ranime quand l'orateur sacré donne la parole à des personnages imaginaires.

Ce qui risque de lasser le simple laïc, c'est la langue abstraite, apanage habituel du philosophe et du théologien. Luther, au contraire, sait admirablement exposer en termes concrets les théories les plus ardues et le fonctionnement des institutions les plus compliquées : il procède de préférence en citant des exemples précis : les noms des lieux familiers au lecteur sont volontiers cités, afin d'apprivoiser ce dernier : si le Romaniste se présente, c'est dans le Rhin qu'on le jettera ; ce que Luther condamne, ce sont sans doute les pèlerinages en général, mais les noms de Wilsnack, Ratisbonne, Trêves et Sternberg rendaient l'évocation plus parlante pour les humbles ; Luther ne proteste pas contre la vente des pallium sans citer le récent exemple de l'archevêque de Mayence, Magdebourg et Halberstadt qui vient de payer au pape pour son pallium deux mille florins. Au lieu de parler du simple fidèle en général, Luther aime à le représenter sous les traits d'un travailleur, « un savetier, un forgeron, un paysan » (Man. destr. du premier mur) [72]. Un potier en sait plus qu'Aristote sur les choses naturelles (*ibid.*, prop. 25). Au lieu de dire que les Romanistes disposent de toutes les charges ecclésiastiques, Luther précise qu'ils se réservent même de nommer les sonneurs et les sacristains.

Luther se plaît aux images, même à celles qui parlent moins directement à l'humble lecteur : voici les trois murs qui nous rappellent les Enfers de Virgile, mais qui évoquent encore un épisode biblique, aussi Luther réclame-t-il une des trompettes de Jéricho pour les renverser. Les verges chrétiennes serviront à châtier les défenseurs. Il aime aussi les comparaisons

72. Voir un peu plus loin, dans le même développement, la longue énumération des artisans qui priveront les clercs de leurs services temporels si ces derniers refusent de se soumettre à l'autorité temporelle.

simples : le pape prétend garder pour lui la réalité du pouvoir impérial, tandis que les Allemands doivent se contenter des armoiries, du titre et des apparences vides : « le pape se gorge du fruit, nous jouons avec les écorces vides ». (Man. prop. 26). Les clercs ne veulent pas que la justice séculière se mêle de régler les affaires temporelles où sont impliqués des clercs : laissera-t-on brûler la maison du bourgmestre, sous prétexte qu'on ne possède pas les pouvoirs suffisants pour en violer l'enceinte ?

Luther s'amuse à des jeux plus simples encore et ses humbles lecteurs lui en savent gré : il aligne avec satisfaction ces allitérations chères aux peuples germaniques : « toll und voll », « tauschen, rauschen », « liegen, triegen » (lügen, trügen), « hurerey, buberey », « schetzerey, schinderey », « frid, freud », « fromm, frey », etc. Il joue avec les mots : on relèvera dans le manifeste de nombreuses variations et jeux de mots sur les expressions « geystliches recht » et « Endchrist-Widderchrist » pour lesquels il ne sera pas possible de trouver en français d'équivalent convenable. Il épuise le vaste répertoire de plaisanteries qui peuvent être faites sur le mot bulle et tout le vocabulaire qui se rattache à la bulle romaine (Man. prop. 19). Au besoin, il se contente d'à-peu-près : « gsetz, netz », « römisch, reubisch ». Quelquefois par contre, il nous tient sous un feu roulant de calembours : son indignation se soulage en déchaînant à peu de frais les éclats de rire : « so soll man die Deutschen teuschen und mit teuschen teuschen » (Man. prop., 26).

S'il emprunte quelques termes à la satire humaniste (Romanist, Cortisan), il utilise de préférence les expressions imagées du langage populaire : « die hant usz der suppen ziehen », « auf die hefen kommen », « so gar fürchten sie der haut ». Il aime la familiarité insolente du peuple « der liebe geiz, der zarte geiz » [des römischen Stuhles], mais aussi sa familiarité tendre, l'empereur jeune et noble est « ein edles blut ». Mais dans le domaine de l'ironie et de l'indignation, Luther prouve que son registre ne manque pas d'ampleur ni ses injures de véhémence : si les évêques ne sont que des idoles impuissantes (ölgötzen), ils le doivent aux roueries et aux mômeries (larven, spiegelfechten, comment und gleyssnerey) de ces coquins de Romanistes (buffen, heuchler, buben, gleyssner, gockelnarren) qui ne songent qu'à les berner (effen, narren) les malheureux Allemands. Quant aux activités habituelles des Romanistes, Luther ne manque pas de noms pour les caractériser, il se grise de mots, quand il veut les évoquer [73]. Luther cite à plusieurs reprises des proverbes familiers sur l'inlassable activité des moines, sur les pèlerins de Rome, sur le danger de mettre le feu à côté de la paille [74]. *La Liberté du chrétien* fait allusion à la fable d'Ésope *Le chien dans l'eau* que la plupart de ses lecteurs n'ignoraient sans doute pas [75].

Ce que Luther redoute avant tout, quand il écrit, c'est de n'être pas compris et d'employer des termes dont le sens échappe à ses lecteurs : pourtant il cherche au moins une fois à ne pas être compris de tous, quand il traite la scabreuse question du vœu de chasteté, il craint sans doute, en exprimant une opinion audacieuse, de scandaliser les consciences peu averties et il recourt au latin (Man., § XIII, cf. notes 84-5 à la fin du volume). Quelques expressions latines ou italiennes et quelques termes techniques n'ont été accompagnés d'aucune explication ni d'aucun commentaire (hominem peccati, Belvidere et Campoflore, impedimenta, das Valete, summa summarum, decretales, interdict, dignitet) sans doute faut-il mettre ces exceptions sur le compte de la hâte avec laquelle est écrit le manifeste, ou du fait que beaucoup de ces expressions étaient alors connues de nombreux lecteurs. Le plus souvent au contraire, Luther fournit à propos de chacun de ces termes étranges et propres à inspirer la crainte et le respect chez l'ignorant un commentaire bref et évocateur, destiné à dissiper tout malentendu et à mettre à l'aise le lecteur intimidé :

73. Voir plus bas, p. 217.
74. Voir p. 158.
75. Luther donnera plus tard lui-même une traduction d'Ésope. Il s'est toujours intéressé à ce que l'on appellera plus tard le folklore, voir à ce sujet Thicle, *op. cit.*, passim.

« *unio*, das ist voreinigung, das er solcher lehen viel zusammen koppelt als ein bund holtz, umb wilches koppeln sie all für ein gehalten werden ». Parfois ces traductions constituent comme de véritables arguments contre la doctrine romaine et ces commentaires militent en faveur de la thèse luthérienne : c'est le cas en particulier pour les termes *ministri, servi, oeconomi*, traduits par *diener, knechte, schaffner*, alors que d'ordinaire on désignait les clercs par les termes de *priester* et de *geistliche.* Avec le mot solennel, le respect s'envole et l'humble laïc se sent plus enclin à accepter la doctrine du sacerdoce universel.

Luther écrivait pour convaincre, mais nous avons le droit de nous arrêter un instant pour admirer la richesse et l'éclat de son style, l'extraordinaire spontanéité de son art si populaire, si dru, si sain qu'il nous fait songer, malgré la différence des inspirations, à celui de maître François Rabelais. Et nous considérerons avec amusement ces brefs tableaux qu'il nous brosse sans y penser et qui font revivre devant nos yeux, avec le réalisme un peu sommaire et l'humour un peu brutal des gravures contemporaines, quelques scènes de la vie romaine, telles que le pape partant pour sa promenade à mule ou véhiculé sur sa Sedia gestatoria un jour de procession, ou quelques épisodes de l'existence cléricale en Allemagne : voici, par exemple, la fondation noble où, pour s'adapter aux usages du jour, on commence à dire des messes d'anniversaire, et en ce noble lieu comme ailleurs, le chantre se met à glapir, l'orgue joue faux, les messes sont dites avec tiédeur et tout de travers, comme s'accomplissent toujours les œuvres mercenaires. (Man. § 21).

BIBLICISME ET POÉSIE.

La fréquentation de la Bible fait la grandeur des véritables écrivains sacrés : un Luther se rapproche ici d'un Bossuet. Comme Bossuet, il institue de grandioses comparaisons entre les événements les plus récents et les grands épisodes de l'histoire sainte, il est ainsi amené à considérer avec une complète sérénité les bouleversements dont sont victimes les peuples et les rois. Il invite les Allemands à ne pas tirer vanité de la puissance impériale qui a été confiée à leur chef dans des circonstances peu claires et peu glorieuses. Il demande aux princes de renoncer à la ruse, car la ruse a mené même les enfants de Dieu à leur perte. Pour avoir lu avec assiduité et ferveur l'Ancien Testament, cet homme encore jeune parle comme un vieillard plein d'expérience. Les contradictions et les scandales du temps présent ne peuvent pas non plus le troubler ni le jeter dans l'inquiétude, car il a lu le Nouveau Testament et il lui semble que tout a été prédit par Jésus et par les Apôtres. Pourtant parfois il frémit, car il perçoit les signes avant-coureurs du Jugement, il sait que les hommes se laisseront surprendre, comme les textes sacrés le font craindre, au milieu de leurs dérèglements par ce piège gigantesque. Et déjà l'Antéchrist a fait son apparition ou tout au moins son plus proche précurseur.

Mais cette nuance eschatologique, attristante et paralysante, n'apparaît que rarement dans les grands écrits réformateurs. Le plus souvent il ne feuillette pas la Bible comme on consulte un oracle redoutable, mais comme on interroge un conseiller familier. Il n'hésite pas même à traduire très librement le texte sacré [76], cherchant à rendre l'intention plutôt que les mots et s'arrêtant assez souvent à une interprétation extrêmement subjective. Sa pensée finit par faire corps avec les grandes sentences bibliques. Celles-ci se sou-

76. Si l'on veut se faire une idée des libertés que Luther prend avec le texte biblique, que l'on se reporte à une bonne traduction de la Bible et que l'on compare les citations de Luther dans *La Liberté du chrétien* avec le texte sacré pour les passages suivants : I Cor. 3, 22 (§ 5 de Luther), I Cor. 4, 1 (§ 17), I Cor. 9, 27 (§ 20), et Gal. 2, 20 (§ 26). On constatera alors que Luther n'hésite pas à tronquer une phrase, à découper hardiment dans le texte de saint Paul, ou même à substituer un mot à un autre. Citons encore la traduction de II Tim. 2, 4 dans la 11e proposition du manifeste : « Niemandt wickelt sich in die weltlichen geschefft, der gotlicher ritterschaft wartet », avec son curieux et pittoresque anachronisme.

dent si complètement dans l'ensemble d'un développement que parfois seuls les guillemets [77] nous permettent de deviner où commence et où finit la citation, tant le raisonnement est cohérent, tant est spontané le jaillissement lyrique où s'incorpore un verset de psaume ou un fragment de saint Paul.

Il serait donc injuste de considérer uniquement les grands écrits réformateurs rédigés en allemand comme d'intéressants documents religieux ; l'historien de la littérature doit reconnaître leur beauté abrupte et sauvage, il peut étudier dans ces constructions irrégulières, hardies, un peu étranges, l'action surprenante et imprévisible du génie.

LE TEXTE

En ce qui concerne le manifeste A la noblesse chrétienne, *le texte traduit ici est celui de l'édition originale, sortie des presses de Melchior Lotther à Wittenberg, et désignée sous le nom d'édition A par Knaake (W. VI, 397). Toutefois le texte de l'édition B, seconde édition augmentée de 1520, parue aussi chez Lotther, a été adoptée pour les passages que ne contenait pas la première édition et que Luther a rédigés en vue de cette seconde édition.*

Le texte de La Liberté du chrétien *est traduit d'après l'édition originale de Johann Grünenberg, imprimeur à Wittenberg, désignée par Knaake sous le nom d'édition A (W. VIII, 15).*

LA TRADUCTION

La traduction s'efforce avant tout d'être fidèle et claire. J'ai respecté les nombreuses répétitions que l'on rencontre

77. Dans une édition moderne, bien entendu, les textes du XVIe siècle sont dépourvus de guillemets.

dans le texte, sans chercher à rendre élégant ce que Luther n'a pas voulu élégant. Dans toute la mesure du possible, j'ai mis aussi des majuscules quand Luther en mettait, sauf dans les cas où l'usage français se trouvait trop nettement violé — Luther ne met pas de majuscule à Dieu et il en met à Apôtre — en particulier, je n'ai pas mis de majuscules aux adjectifs comme il le fait souvent. En revanche, j'en ai mis avec lui à des mots comme Pape, Évêque, Chrétien, Chrétienté, car il me semblait que ce respect de la communauté chrétienne et des autorités établies était typique et méritait d'être rendu sensible même dans la traduction. Malheureusement Luther — ou son prote — fait des majuscules un usage extrêmement irrégulier et capricieux. J'ai essayé d'être un peu plus logique, si je n'y suis pas parvenu entièrement, on trouvera dans la typographie de la traduction comme un reflet de cette indiscipline extraordinaire, propre aux débuts de l'imprimerie.

Les références dont Luther accompagne ses citations bibliques semblent forcément toutes incomplètes au lecteur moderne, la numérotation des versets n'ayant été introduite qu'en 1551 (dans la traduction de Robert Stephanus), de plus elles sont parfois inexactes et, assez souvent, elles font totalement défaut. L'édition de Weimar complète et rectifie les indications de Luther dans ses gloses marginales. Nous avons reproduit les indications marginales de l'édition de Weimar en les faisant figurer entre crochets [ ] et en les insérant dans le corps de notre traduction, tandis que les indications fournies par Luther lui-même sont données entre parenthèses ( ).

Il n'existe pas en France de traduction officielle de la Bible. Pour traduire les citations bibliques de Luther je me suis reporté à la traduction de l'abbé Crampon qui fait autorité dans les milieux catholiques. Toutefois, j'ai constaté à maintes reprises que les traductions de Luther étaient très subjectives et audacieuses. Très souvent, j'ai dû abandonner la version de l'abbé Crampon pour me tenir plus près de la version que Luther adopte dans le corps de son écrit.

Maurice GRAVIER.

An den Christlichenn Adel teutscher Nation: von des Christlichen standes besserung:

D. Martinus Luther.

Durch yhn selbs ge/
mehret vnd corrigirt.

Wittemberg.

A LA NOBLESSE CHRÉTIENNE DE LA NATION ALLEMANDE SUR L'AMENDEMENT DE L'ÉTAT CHRÉTIEN [1]

Au responsable et digne Seigneur, Monsieur Nicolas d'Amsdorf [2], *Licencié de la Sainte Écriture et chanoine à Wittenberg, mon très bienveillant ami.*

Docteur Martin LUTHER.

Que la grâce et la paix de Dieu, digne et cher seigneur et ami, soient, avant toutes choses, avec vous. Le temps de se taire est passé, et le temps de parler est venu, comme dit l'Ecclésiaste, [Pred. 3, 7]. Conformément à notre projet, j'ai rassemblé quelques articles qui touchent l'amendement de l'état Chrétien, afin de les soumettre à la Noblesse chrétienne de la Nation allemande, au cas où il plairait à Dieu de se servir de l'état laïc pour porter secours à son Église, puisque l'état ecclésiastique, à qui cette tâche devrait plutôt incomber, s'est montré tout à fait négligent de ses devoirs. J'adresse le tout à votre Seigneurie, pour qu'elle les amende ou les corrige, s'il en est besoin. J'imagine bien qu'on ne m'épargnera pas le reproche de m'être montré fort présomptueux, moi, misérable reclus [3], en osant m'adresser à d'aussi hautes et puissantes autorités au sujet d'aussi graves et importantes affaires, comme s'il n'y avait par ailleurs dans le monde personne d'autre que le Docteur Luther pour prendre soin de l'état chrétien et donner des conseils à des personnes aussi hautement douées de raison. Je remets à plus tard le soin de me défendre, me réprimande qui voudra. Je suis peut-être encore redevable d'une folie à mon Dieu et au monde et voici que j'ai entrepris, si je puis y parvenir, de m'acquitter honnêtement de ce devoir et, à mon tour, de me muer en fou [4] ; si j'échoue, j'ai encore un avantage : nul n'aura le droit de m'acheter un bonnet ni de me tondre le crâne [5]. Mais il s'agit de savoir qui accrochera à l'autre les grelots. Il ne faut pas que je fasse mentir le proverbe : « Quoi qu'il y ait à faire au monde, il faut qu'un moine en soit, quand bien même il faudrait le peindre [6]. » Plus d'une fois un fou a parlé sagement et bien souvent des sages ont agi comme de vrais fous, comme le dit saint Paul [I. Cor. 3, 18] : « Celui qui veut être sage, il faut qu'il devienne fou. » D'ailleurs, puisque je ne suis pas seulement un fou mais aussi un docteur assermenté de la Sainte Écriture, je suis heureux de ce que l'occasion s'offre à moi, fût-ce sous la forme d'un acte de folie, d'être fidèle à mon serment. Je vous en prie, veuillez m'excuser auprès des hommes de moyenne intelligence, car je ne m'entends pas à mériter les bonnes grâces ni la faveur des hommes par trop intelligents que j'ai si souvent, à grand peine tenté de capter, et que désormais je ne recherche ni ne prise plus aucunement. Dieu fasse que nous ne travaillions pas à notre gloire propre mais seulement à la sienne. *Amen.* A Wittenberg, dans le monastère des Augustins au soir de la fête de Saint Jean-Baptiste. En l'an mil cinq cent vingt.

A Sa Sérénissime et Toute-puissante Majesté l'Empereur et à la Noblesse chrétienne de la Nation allemande.

Docteur Martin LUTHER.

Qu'avant toutes choses la grâce et la force de Dieu

soient avec vous, Majesté Sérénissime, et vous, très gracieux et chers seigneurs. Ce n'est pas par pure malice et impudence que moi, misérable individu, je me suis enhardi à m'adresser à vos puissantes seigneuries. La misère et les épreuves qui pèsent sur tous les états de la chrétienté et particulièrement sur les pays allemands et qui ne m'ont pas incité tout seul mais ont amené tout le monde à crier maintes fois et à réclamer du secours, m'ont obligé en ce jour encore à crier et à appeler, pour voir si Dieu donnerait à quelqu'un l'inspiration nécessaire pour tendre la main à la malheureuse nation. Ces misères ont souvent été évoquées devant des Conciles, mais la ruse de certains hommes s'est bien vite opposée à ce qu'on les examinât, elles se sont toujours aggravées ; c'est l'astuce et la malice de ces hommes que je veux maintenant mettre en pleine lumière, afin, qu'une fois démasquées, elles ne soient plus en état de gêner ou de nuire. Dieu nous a donné comme chef un noble jeune homme [7], il a ainsi éveillé dans maint cœur un bon et grand espoir, par contre il conviendra que nous apportions notre contribution afin de mettre à profit les grâces du temps.

La première règle à observer avant tout en cette affaire est que nous nous gardions avec le plus grand soin de rien commencer en nous fiant à notre grande puissance ou raison, quand bien même toute la puissance du monde serait nôtre, car Dieu ne peut ni ne veut supporter qu'on entreprenne une bonne œuvre, en se fiant à sa seule raison et puissance. Il la jette à terre, sans qu'on y puisse rien faire, comme il est dit au psaume XXXIII [16] : « Aucun roi ne triomphera par sa grande puissance, ni aucun prince par l'étendue de ses forces ». Et c'est pourquoi, je le crains, il est advenu jadis que ces vaillants princes, les empereurs Frédéric Ier et Frédéric II et bien d'autres empereurs ont été foulés aux pieds et écrasés si lamentablement par les papes, bien qu'ils aient été pour le monde un objet de crainte. Ils se sont sans doute fiés à leur puissance plus qu'à Dieu, c'est ce qui causa leur chute. Et pourquoi, à notre époque, le vampire Jules II [8] a-t-il été élevé si haut, si ce n'est, je le crains, parce que la France, les Allemands et Venise ont compté sur eux-mêmes ? Les enfants de Benjamin battirent quarante-deux mille enfants d'Israël, parce que ceux-ci s'étaient fiés à leurs propres forces (Juges XIX) [20-21].

Afin que nous n'arrivions pas au même résultat avec le jeune prince Charles, il faut bien nous convaincre de ce que nous avons ici à faire non pas avec des hommes, mais avec les princes de l'Enfer, qui sont capables de répandre le sang et d'étendre la guerre au monde entier sans se laisser écraser pour autant. Il faut ici s'attaquer à cette affaire en renonçant à la puisance matérielle et en plaçant humblement sa confiance en Dieu, chercher son aide en Dieu par de graves prières, ne se rien mettre d'autre dans l'esprit que la détresse et la désolation de la malheureuse Chrétienté, sans songer aux châtiments que les scélérats ont mérités. Sinon ce jeu pourra sans doute débuter sous les meilleures apparences, mais si on le poursuit plus avant, les esprits mauvais provoqueront de tels désordres que le monde entier nagera dans le sang, sans pourtant qu'aucun résultat soit de ce fait obtenu : c'est pourquoi il nous faut agir dans la sagesse et la crainte de Dieu. Plus grande est la puissance, plus grande est la détresse si l'on n'agit pas humblement et dans la crainte de Dieu. Si les Papes et les Romains ont réussi jusqu'à présent avec l'aide du diable à semer la discorde parmi les rois, ils sont capables de le faire maintenant encore, si nous agissons sans l'aide de Dieu, avec notre puissance et notre habileté propres.

Avec une grande adresse, les Romanistes [9] se sont entourés de trois murailles grâce à quoi ils se sont jusqu'ici protégés et ils ont empêché que quiconque puisse les réformer, si bien que la Chrétienté tout entière, a, de ce fait, atteint un état d'effroyable décadence.

Premièrement, quand on leur a fait craindre le pouvoir temporel, ils ont posé pour principe et déclaré que le pouvoir temporel n'avait pas de droits sur eux, mais que par contre le pouvoir spirituel était supérieur au pouvoir temporel. *Deuxièmement*, quand on leur fait des remontrances avec la Sainte Écriture, ils établissent au contraire que nul n'a le droit d'interpréter la Sainte Écriture, si ce n'est le Pape. *Troisièmement*, qu'on les menace d'un Concile et ils inventent que nul ne peut convoquer un Concile si ce n'est le Pape. Ils nous ont ainsi dérobé secrètement les trois verges, si bien qu'ils peuvent échapper au châtiment et, s'étant mis en sûreté à l'abri de cette triple muraille [10], y déployer toute leur coquinerie et leur scélératesse, telle que nous la voyons aujourd'hui, et bien qu'ils aient été contraints de réunir un Concile, ils en ont au préalable affaibli les effets en obligeant les Princes à s'engager par serment, à les laisser subsister tels qu'ils sont, en outre à donner au Pape pleins pouvoirs sur toutes les décisions du Concile ; de la sorte, il est indifférent qu'il y ait de nombreux conciles ou pas de concile du tout si ce n'est qu'ils nous dupent avec leurs grimaces et leurs parades. Ils redoutent si fort pour leur peau un vrai Concile, agissant librement — et ils ont communiqué aux Rois et aux Princes cette inquiétude — qu'ils croient que ce serait aller contre l'ordre divin que de résister aux suggestions de leurs épouvantails artificieux et scélérats.

Que Dieu nous aide et nous donne une des trompettes par lesquelles furent renversées les murailles de Jéricho [Jos. 6, 20], afin que nous culbutions de notre souffle ces murs de paille et de papier et que nous détachions les verges chrétiennes du salutaire châtiment, que nous mettions en pleine lumière les ruses et les tromperies du diable, afin que par le châtiment nous nous amendions et que nous obtenions à nouveau la grâce divine.

Attaquons-nous d'abord au premier mur.

On a inventé que le Pape, les Évêques, les Prêtres, les gens des Monastères seraient appelés état ecclésiastique, les Princes, les Seigneurs, les artisans et les paysans l'état laïque, ce qui est certes une fine subtilité et une belle hypocrisie. Mais personne ne doit se laisser intimider par cette distinction, pour cette bonne raison que tous les Chrétiens appartiennent vraiment à l'état ecclésiastique, il n'existe entre eux aucune différence, si ce n'est celle de la fonction, comme le montre Paul en disant (I Cor. 12 [12 ss.]) que nous sommes tous un seul corps, mais que chaque membre a sa fonction propre, par laquelle il sert les autres, ce qui provient de ce que nous avons un même baptême, un même Évangile et une même foi et sommes de la même manière Chrétiens, car ce sont le baptême, l'Évangile et la foi qui seuls forment l'état ecclésiastique et le peuple chrétien. Ce que fait le Pape ou l'Évêque, l'onction, la tonsure, l'ordination, la consécration, le costume, diffèrent de la tenue laïque, peuvent transformer un homme en cagot, ou en idole barbouillée d'huile [11], mais ils ne font pas le moins du monde un membre du sacerdoce ou un chrétien. En conséquence, nous sommes absolument tous consacrés prêtres par le baptême, comme le disent Saint Pierre (I Pierre 2 [9] : « Vous êtes un sacerdoce royal et une royauté sacerdotale » et l'Apocalypse [5, 10] : « Tu as fait de nous par l'effusion de ton sang des prêtres et des rois. » Car s'il n'y avait pas en nous une plus haute consécration que n'en donnent le Pape et les Évêques, jamais la consécration du Pape et des Évêques ne produirait de prêtres capables de célébrer la messe, de prêcher et d'absoudre.

Aussi en consacrant, l'Évêque ne fait-il rien d'autre que si, aux lieu et place de toute l'assemblée, il choisissait quelqu'un dans la foule de ceux qui possèdent tous un égal pouvoir et lui ordonnait d'exercer ce même pouvoir à la place des autres, tout comme si dix frères, enfants royaux, également héritiers, choisissaient l'un d'entre eux pour régner à leur place sur l'héritage, ils seraient toujours rois et égaux en pouvoir, alors que la charge de gouverner serait confiée à un seul. Et, pour dire la chose plus clairement encore :

si une petite troupe de pieux laïcs chrétiens était faite prisonnière et déportée dans un lieu désert, s'ils n'avaient pas auprès d'eux un prêtre consacré par un Évêque et s'ils se trouvaient à ce moment d'accord à ce sujet, ils choisiraient l'un d'entre eux, qu'il soit ou non marié, et lui confieraient la charge de baptiser, de célébrer la messe, d'absoudre et de prêcher, celui-là serait véritablement un prêtre, comme si tous les Évêques et les Papes l'avaient consacré. De là vient que chacun peut, en cas de nécessité, baptiser et absoudre, ce qui ne serait pas possible, si nous n'étions pas tous prêtres. Cette grande grâce et puissance du baptême et de l'état chrétien, ils nous l'ont presque détruite et fait oublier par leur droit canon. C'est de la sorte qu'autrefois les Chrétiens choisissaient dans la foule leurs Évêques et leurs prêtres qui ensuite étaient confirmés dans leurs fonctions par d'autres Évêques sans toute cette pompe qui est aujourd'hui d'usage. C'est ainsi que Saint Augutin, Saint Ambroise et Saint Cyprien ont été faits évêques [12].

Mais puisque le pouvoir temporel est baptisé tout comme nous et qu'il a la même foi et le même Évangile, nous devons les laisser être prêtres et Évêques et tenir leur fonction pour légitime et utile à la communauté chrétienne. Car tout ce qui provient du baptême peut se vanter d'être déjà consacré prêtre et Évêque et Pape, encore qu'il ne convienne pas à tout un chacun d'exercer une semblable fonction. Car du fait que nous sommes tous également prêtres, nul ne doit se mettre lui-même en évidence ni entreprendre, sans avoir été autorisé ni choisi par nous, de faire ce dont tous nous possédons également le pouvoir. Car ce qui est en commun, nul ne doit le faire sien, sans le consentement et l'investiture de la communauté. Et s'il advenait que quelqu'un eût été choisi pour une semblable fonction, puis destitué pour abus de pouvoir, il redeviendrait exactement ce qu'il avait été auparavant. C'est pourquoi une classe sacerdotale ne devrait être rien d'autre dans la Chrétienté que ce qu'est un fonctionnaire : tant qu'il est en fonction, il a le pas sur les autres : une fois destitué, il est un paysan ou un bourgeois, comme les autres. Ainsi, en vérité, un prêtre n'est plus prêtre, une fois qu'il est destitué. Mais voici qu'ils ont inventé les « Caractères indélébiles [13] » et prétendent qu'un prêtre destitué est quand même autre chose qu'un simple laïc, et même ils s'imaginent qu'un prêtre ne peut jamais devenir autre chose qu'un prêtre et jamais redevenir un laïc. Tout cela, ce sont des discours et des lois inventés par les hommes.

De ceci, il résulte qu'entre laïcs, prêtres, Princes, Évêques et, comme ils disent, entre le clergé et le siècle, il n'existe au fond vraiment aucune autre différence si ce n'est celle qui provient de la fonction ou de la tâche et non pas de l'état, car tous appartiennent à l'état ecclésiastique ; ils sont vraiment prêtres, Évêques et Papes, mais tous n'ont pas la même sorte de tâche à remplir, comme parmi les prêtres non plus, tous ne se voient pas confier la même sorte de tâche. Et il est dit dans Saint Paul (Rom. XII [4, ss.] et I Cor. XII [12 ss.]) et dans Saint Pierre (II Pierre II [9]) comme je l'ai indiqué plus haut, que tous nous sommes un seul corps dont la tête est Jésus-Christ, chacun de nous est membre d'autrui. Le Christ n'a pas deux corps ni deux espèces de corps, l'un laïque et l'autre ecclésiastique, Il est une tête et il a un corps.

De même ceux que maintenant on nomme ecclésiastiques ou prêtres, Évêques ou Papes, ne se distinguent par aucun signe particulier ni aucune dignité spéciale, si ce n'est qu'ils doivent administrer la parole et les sacrements de Dieu — c'est là leur tâche et leur fonction — de même l'autorité temporelle tient en sa main le glaive et les verges qui lui servent à punir les méchants et à protéger les bons. Un savetier, un forgeron, un paysan ont chacun la tâche et la fonction de leur métier et pourtant tous sont également consacrés prêtres et Évêques, et chacun doit, en remplissant sa tâche ou sa fonction se rendre utile et secourable afin que, de la sorte, ces tâches multiples concourent à un but commun, pour le plus grand bien de l'âme et du corps, tout comme les membres du corps se rendent mutuellement service.

Or voici que l'on prétend poser comme principe chrétien que le pouvoir temporel ne s'exerce pas sur le clergé et n'a pas non plus le droit de le réprimander. Ce qui revient à dire que la main ne doit pas intervenir quand l'œil est en grande détresse. N'est-il pas contraire à la nature et bien plus encore antichrétien qu'un membre ne doive pas aider l'autre, ni parer à sa perte ? Même, plus le membre est noble, plus les autres doivent l'aider. C'est pourquoi je dis que, puisque l'autorité temporelle a été instituée par Dieu pour châtier les méchants et protéger les bons, on doit laisser son action s'exercer librement et sans entraves à travers tout le corps de la Chrétienté, sans considération de personnes, qu'il s'agisse du Pape, des Évêques, des curés, des moines, des Nonnes ou de qui que ce soit. S'il suffisait d'entraver l'exercice du pouvoir temporel, de façon que, parmi les fonctions chrétiennes, il fût inférieur à la fonction des prédicateurs et des confesseurs, c'est-à-dire à l'état ecclésiastique, on devrait aussi empêcher les tailleurs, savetiers, tailleurs de pierre, charpentiers, cuisiniers, sommeliers, paysans et tous autres ouvriers temporels de fabriquer pour le Pape, les Évêques, les Prêtres et les Moines, des chaussures, des vêtements, des maisons, des vivres et des boissons et de leur payer des impôts. Mais puisqu'on laisse les laïcs remplir sans entraves leurs fonctions, que viennent faire les scribes romains quand ils se soustraient à l'action du pouvoir temporel chrétien pour exercer en toute liberté leur scélératesse et accomplir la parole de Saint Pierre [II Pier. 2, 1-3] : « Il y aura parmi vous de faux maîtres, ils trafiqueront de vous avec des paroles artificieuses et vous livreront [14]. »

C'est pourquoi il faut laisser le pouvoir temporel chrétien agir librement et sans entraves, et ne pas considérer s'il s'en prend au Pape, aux Évêques, aux prêtres ; que celui qui est coupable pâtisse : ce que le droit canon dit à l'encontre de ceci n'est que pure invention et arrogance romaines, car Saint Paul parle ainsi à tous les Chrétiens [Rom. 13, 1 ss] « Toute âme (je pense : aussi celle du Pape), doit être soumise à l'autorité, car celle-ci ne porte pas en vain l'épée, c'est par là qu'elle sert Dieu, pour la punition des méchants et la gloire des bons. » Saint Pierre dit aussi : « Soyez soumis à toutes les institutions des hommes pour l'amour de Dieu qui veut qu'il en soit ainsi » [I Pierre 2, 13]. Il a aussi prédit qu'il viendrait des hommes qui mépriseraient l'autorité temporelle (II Pierre II, [10]), comme il advint ensuite, de par le droit canon.

Ainsi j'estime que ce premier mur de papier s'est effondré puisque l'autorité temporelle est devenue membre du Corps Chrétien et, bien qu'elle ait une tâche matérielle, elle appartient à l'état spirituel, c'est pourquoi son action doit passer sans être entravée dans tous les membres du corps, punir et agir comme la faute le mérite et comme la nécessité l'impose, sans considérer s'il s'agit de Pape, d'Évêque ou de prêtre, que ceux-ci menacent ou excommunient comme bon leur semble. De là vient que les prêtres coupables que l'on défère devant la juridiction temporelle sont d'abord destitués de leur dignité sacerdotale, ce qui ne se justifierait pas si, selon l'ordre divin, le glaive temporel n'avait pas eu auparavant pouvoir sur eux. Il est abusif aussi que le droit canon fasse si grand cas de la liberté ecclésiastique pour les personnes et les biens, tout comme si les laïcs n'étaient pas d'aussi bons Chrétiens et gens d'église qu'eux-mêmes, ou comme s'ils n'appartenaient nullement à l'Église. Pourquoi, votre corps, votre vie, votre bien et votre honneur sont-ils aussi libres et non les miens, alors que nous sommes également Chrétiens et que nous avons le baptême, la foi, l'esprit et toutes choses en commun ? Qu'un prêtre soit assassiné et l'interdit [15] pèse sur un pays, pourquoi n'en est-il pas de même quand un paysan est assassiné ? D'où provient une si grande différence entre les Chrétiens égaux ? Uniquement de l'imagination et des lois humaines.

Ce ne doit pas non plus être un bon esprit, celui qui

a inventé une pareille distinction, qui a libéré le péché et l'a soustrait à la punition, car si notre devoir est de lutter contre l'esprit malin, ses paroles et ses œuvres, de le chasser dans la mesure de nos moyens ainsi que le Christ et les Apôtres nous l'ordonnent, comment admettre que nous devions demeurer impassibles et silencieux, quand le Pape ou les siens prononcent des paroles ou entreprennent des actions diaboliques ? Devrions-nous, pour l'amour des hommes, laisser renverser les commandements et la vérité de Dieu auxquels, lors du baptême, nous avons juré de prêter assistance de toutes nos forces ? En vérité, nous aurions alors à répondre de toutes les âmes qui auraient été de ce fait abandonnées et séduites. C'est pourquoi le diable en chef doit lui-même avoir dit ce qui figure dans le droit canon : si le Pape était si dangereusement malicieux qu'il entraînât d'un coup les âmes en grandes troupes vers le diable, on ne pourrait quand même pas le déposer. C'est sur ce fondement maudit et diabolique qu'ils bâtissent à Rome et qu'ils sont d'avis qu'il vaudrait mieux laisser le monde entier aller au diable que de résister à leur scélératesse. S'il suffisait qu'un homme fût supérieur aux autres pour qu'il échappât à la punition, aucun Chrétien ne pourrait en punir un autre, car, selon le commandement de Jésus, chacun doit se tenir pour le plus humble et le plus petit de tous [Math. 18, 4, -Luc, 9, 48].

Où il y a péché, il n'existe déjà plus aucun recours contre la punition, comme l'écrit Saint Grégoire, en montrant que nous sommes certes tous égaux, mais la faute place l'un sous la dépendance de l'autre. Or nous voyons comment ils traitent la Chrétienté. Ils se rendent indépendants, sans présenter aucun argument tiré de l'Écriture, par un mouvement de leur propre impudence, bien que Dieu et les Apôtres les aient soumis au glaive temporel, tant et si bien que l'on peut craindre qu'il s'agisse là du jeu de l'Antéchrist ou de son plus proche précurseur [16].

Le second mur est encore moins solide et il tient

encore moins : à savoir qu'ils prétendent être seuls maîtres de l'Écriture, encore que, leur vie durant, ils ne l'étudient jamais, ils s'arrogent l'autorité exclusive et nous font accroire par des paroles impudentes que le Pape ne peut se tromper dans le domaine de la foi, qu'il soit méchant ou bon, mais ils ne peuvent pas apporter à ceci le moindre commencement de preuve. De là vient que le droit canon renferme tant de lois hérétiques et antichrétiennes, voire antinaturelles, il n'est pas besoin d'en faire mention, car du moment qu'ils croient que le Saint-Esprit ne les abandonnera pas, aussi ignorants et mauvais qu'ils puissent être, ils s'enhardissent au point de transformer en articles de loi leurs moindres caprices. Et dans ces conditions, en quoi la Sainte Écriture serait-elle nécessaire ou même utile ? Brûlons-la et contentons-nous des seigneurs ignares de Rome qui possèdent l'Esprit Saint, alors que pourtant seuls les cœurs purs peuvent le posséder. Si je ne l'avais pas lu, je n'aurais jamais pu croire que le diable pût se servir à Rome de moyens aussi grossiers pour recruter des partisans.

Pour ne pas les combattre par des paroles, apportons le témoignage de l'Écriture. Saint Paul dit (I Cor. IV [30]) : « Si quelqu'un a une révélation meilleure, alors qu'il est assis et qu'il écoute la parole de Dieu, le premier qui parle à ce moment doit se taire et le laisser parler. » A quoi servirait ce commandement s'il fallait seulement croire celui qui a la parole et occupe la place d'honneur ? Le Christ dit aussi (Jean VI [45]) que tous les Chrétiens doivent être enseignés par Dieu : s'il peut un jour advenir que le Pape et les siens soient mauvais, qu'ils ne se comportent pas en vrais Chrétiens, et que faute d'avoir été instruits par Dieu, ils ne possèdent pas la droite intelligence, si par contre un modeste fidèle détenait la droite intelligence, pourquoi ne devrait-on donc pas le suivre ? Le Pape n'a-t-il pas maintes fois été dans l'erreur ? Qui voudrait aider la Chrétienté quand le Pape se trompe, si on ne pouvait accorder à un autre plus de crédit qu'au Pape, alors que cet autre aurait pour lui l'Écriture.

Aussi est-ce là une légende que, dans leur impudence, ils ont fabriquée de toutes pièces et ils ne peuvent pas même citer une seule syllabe pour prouver qu'il appartient au Pape seul d'interpréter l'Écriture ou de confirmer leur interprétation ; ils se sont arrogé ce pouvoir. Et lorsqu'ils prétendent que ce pouvoir fut donné à Saint Pierre en même temps que lui furent données les clés, il est tout à fait évident que les clés ne furent pas données au seul Saint Pierre, mais à toute la communauté. En outre, les clés sont destinées à lier et à délier non pas en matière de doctrine ou de gouvernement, mais seulement en ce qui concerne le péché et ce qu'ils s'attribuent de plus ou d'autre au sujet des clés n'est qu'invention dénuée de fondement [Math. 18, 18 -Jean 20, 23]. Mais ce que Jésus dit à Pierre : « J'ai prié pour toi afin que ta foi ne défaille point » [Luc 22, 32] ne peut s'étendre au Pape, puisque la majorité des Papes n'a pas eu la foi, comme ils sont eux-mêmes obligés de l'avouer : ainsi le Christ n'a pas prié seulement pour Pierre mais aussi pour tous les Apôtres et tous les Chrétiens, comme il le dit (Jean XVII [9-20]) : « Mon Père je prie pour eux que tu m'as donnés et non seulement pour eux mais pour tous ceux qui, par leur prédication, croiront en moi. » N'est-ce pas là parler assez clairement ?

Réfléchissez-y donc ! Ils sont obligés de reconnaître qu'il existe parmi nous de bons Chrétiens qui possèdent la foi, l'esprit, l'intelligence, la parole, l'intention véritables du Christ, eh bien ! pourquoi devrait-on rejeter leur parole et leur intelligence et suivre le Pape qui n'a ni foi ni esprit ? N'est-ce pas la négation de toute la foi et de toute l'Église chrétienne ? De même, le Pape ne peut avoir seul toujours raison, si l'article : « Je crois en la sainte Église chrétienne », est bien fondé, ou alors il nous faut prier : « Je crois au Pape de Rome [17] », et réduire ainsi l'Église chrétienne à un seul homme, ce n'est rien autre qu'une erreur diabolique, et infernale.

De plus, puisque nous sommes tous prêtres, comme il a été dit plus haut, et que nous avons une seule foi, un Évangile, une seule sorte de sacrements, comment n'aurions-nous pas aussi le pouvoir d'apprécier et de juger le vrai et le faux dans le domaine de la foi ? Que devient la parole de Saint Paul (I Cor. II [15]) : « L'homme spirituel juge de tout et n'est jugé par personne » et (II Cor. IV [13]) : « Nous avons tous le même esprit de foi. » Comment n'aurions-nous pas, aussi bien qu'un Pape incrédule, le sentiment de ce qui convient ou ne convient pas à la foi ? D'après tout ceci et beaucoup d'autres paroles de l'Écriture, nous devons être libres et courageux et ne pas tolérer que l'esprit de liberté, comme l'appelle Saint Paul [II Cor. 3, 13], soit mis en fuite par les vaines paroles du Pape, mais jugeons hardiment tout ce qu'ils font ou omettent de faire avec l'intelligence de l'Écriture que nous donne la foi et contraignons-les à suivre l'inspiration la meilleure et non pas leur propre inspiration. Jadis, Abraham fut bien obligé d'écouter sa Sarah qui lui était pourtant plus durement soumise que nous ne le sommes à quiconque ici-bas [I Moïse, 21, 12] et l'ânesse de Balaam fut aussi plus sage que le Prophète lui-même [IV Moïse, 22, 28]. Si Dieu a parlé par l'organe de l'ânesse contre le Prophète, pourquoi ne pourrait-il pas encore parler par l'organe d'un homme pieux contre le Pape ? De même Saint Paul convainc Saint Pierre d'erreur (Gal. II [11 et s.]). C'est pourquoi il convient que chaque chrétien fasse sienne la cause de la foi, qu'il comprenne la foi, la défende et condamne toutes les erreurs.

Le troisième mur tombe de lui-même, si les deux premiers tombent, car, si le Pape agit contre l'Écriture, nous avons le devoir de porter assistance à l'Écriture de le réprimander et de l'obliger à obéir, selon la parole du Christ (Math. XVIII [15]) : « Si ton frère pèche contre toi, va et reprends-le en particulier entre toi et lui. S'il ne t'écoute pas, prends-en un ou deux encore avec toi, s'il ne t'écoute pas, dis-le à l'Église, s'il n'écoute pas l'Église, tiens-le pour un païen. » Ici il est commandé à chaque membre de prendre soin de son prochain, combien ne faut-il pas faire davantage encore quand un membre du gouvernement de l'Église agit mal et par son action cause beaucoup de dommage et répand le scandale parmi les autres chrétiens ? Si je dois l'accuser devant la communauté, il faut bien que je puisse réunir celle-ci.

Ils n'ont aucun argument tiré de l'Écriture pour prouver qu'il appartient seulement au Pape de convoquer ou de confirmer un Concile, si ce n'est leurs propres lois qui n'ont de valeur que dans la mesure où elles ne portent pas tort aux lois de Dieu, et de la Chrétienté. Or, quand le Pape encourt un châtiment, de telles lois perdent aussitôt toute valeur, puisqu'il est dommageable à la Chrétienté de ne pas le châtier par l'action d'un Concile.

Ainsi, nous lisons (Actes XV [6]) que ce n'est pas Saint Pierre qui a convoqué le Concile des Apôtres, mais tous les Apôtres et les Anciens. Or s'il avait appartenu au seul saint Pierre de les convoquer, ce n'aurait plus été un Concile chrétien, mais un conciliabule hérétique. Le plus illustre des Conciles, celui de Nicée, ce n'est pas non plus l'Évêque de Rome qui l'a convoqué ni qui l'a confirmé, mais l'Empereur Constantin et à sa suite beaucoup d'autres Empereurs ont fait de même et ce furent pourtant les plus chrétiens parmi les Conciles. Mais quand le Pape vint à exercer seul ce pouvoir, tous furent nécessairement hérétiques. Et quand je considère les Conciles que le Pape a réunis, je ne trouve pas non plus qu'aucun résultat particulièrement important y ait été obtenu.

C'est pourquoi, quand la nécessité l'impose et que le Pape est une cause de scandale pour la Chrétienté, le premier qui se trouve capable de le faire doit, en tant que membre fidèle de tout le corps, travailler à la réunion d'un véritable Concile libre, et nul ne le peut aussi bien que ceux qui ont en main le glaive temporel, surtout du moment qu'ils sont, comme les autres, Chrétiens, prêtres, gens d'église, qu'ils participent avec eux à tout leur pouvoir et que leur fonction et leur activité qu'ils tiennent de Dieu doit s'exercer librement sur quiconque, quand il est nécessaire et utile qu'elle s'exerce. N'adopterait-on pas une attitude peu naturelle si, au moment où, dans une ville, un incendie éclatait, chacun se tenait coi et laissait brûler de fond en comble tout ce qui pourrait brûler, sous le seul prétexte qu'on ne posséderait pas les pouvoirs du Bourgmestre ou encore que le feu aurait peut-être pris à la maison du Bourgmestre ? Est-ce que, dans ce cas, chaque citoyen n'a pas pour devoir de mettre en mouvement et de convoquer les autres ? Comme cette règle s'impose plus encore dans la cité spirituelle du Christ quand éclate l'incendie du scandale, que ce soit au sein du gouvernement papal ou en quelque endroit que l'on veuille ! Il en est de même encore quand les ennemis attaquent une ville, celui-là mérite honneur et reconnaissance qui, le premier, appelle les autres aux armes. Pourquoi ne mériterait-il pas d'être honoré, celui qui signale l'ennemi infernal et qui éveille et rassemble les Chrétiens ?

Mais quand ils vantent leur pouvoir auquel il ne sied pas de résister, ce sont là discours sans portée. Nul dans la Chrétienté n'a pouvoir de nuire ni d'interdire qu'on empêche de nuire. Il n'existe aucun pouvoir dans l'Église qui ne s'exerce en vue d'amender. C'est pourquoi si le Pape voulait user de son droit d'empêcher la réunion d'un libre Concile, et que, de ce fait, il devenait impossible d'amender l'Église, nous ne devrions tenir aucun compte ni de lui ni de son pouvoir, et s'il excommuniait et fulminait, on devrait mépriser sa conduite comme celle d'un fou et, forts de l'appui de Dieu, nous devrions à notre tour l'excommunier et le bannir comme nous le pourrions car un pouvoir aussi présomptueux que le sien n'est rien, il ne le possède pas non plus, il est vite renversé par une parole de l'Écriture, car Paul a dit aux Corinthiens [II Cor., 10, 8] : « Dieu nous a donné le pouvoir non de perdre, mais d'amender la Chrétienté. » Qui prétend passer outre à cette parole ? C'est la puissance du diable et de l'Antéchrist qui empêche alors ce qui contribue à l'amendement de la Chrétienté, aussi ne faut-il pas du tout lui obéir mais lui résister avec nos corps, nos biens, et tout ce qui est en notre pouvoir.

Et quand même un miracle se produirait en faveur du Pape contre le pouvoir temporel, ou si quelqu'un était frappé de quelque calamité, comme ils se targuent qu'il en advient quelquefois, il n'en faudrait tirer aucune conséquence, si ce n'est que cela est advenu de par le diable, à cause de notre peu de foi en Dieu, comme le Christ l'a prédit (Math. XXIV [24]) : « Il viendra en mon nom de faux Christs et de faux prophètes qui feront de grands signes et des prodiges, jusqu'à séduire même les élus, s'ils le pouvaient. » Et Saint Paul dit aux Thessaloniciens [II Thess. 2, 3] que, de par Satan, l'Antéchrist sera puissant en ses faux miracles.

C'est pourquoi il faut nous tenir fermement à ce principe que le pouvoir chrétien ne peut rien contre le Christ [18], comme dit Saint Paul [II Cor. 13, 8] : « Nous ne pouvons rien faire contre le Christ, mais seulement pour le Christ. » Mais s'il entreprend quelque chose contre le Christ, il est le pouvoir de l'Antéchrist et du diable, quand bien même miracles et calamités tomberaient dru comme grêle. Miracles et calamités ne prouvent rien surtout pendant ces derniers et terribles temps dont toute l'Écriture nous prédit les faux miracles [II Thess. 2, 9]. Aussi faut-il rester attachés avec une foi ferme aux paroles de Dieu, et le diable renoncera bien à ses miracles.

Voici donc que doit être dissipée je l'espère, la fallacieuse et mensongère terreur par laquelle les Romains avaient effarouché et affaibli nos consciences ; et il est établi qu'ils sont, tout comme nous, soumis au glaive temporel, qu'ils n'ont pas le pouvoir d'interpréter l'Écriture par un acte de pure autorité, mais bien par leur science, qu'ils n'ont pas le droit d'empêcher la réunion d'un Concile, de dépouiller arbitrairement celui-ci de ses droits, de le lier par des engagements préalables et de lui enlever sa liberté, et, s'ils le font, c'est qu'ils forment la communauté de l'Antéchrist et du diable et qu'ils n'ont rien du Christ sauf leur nom.

Examinons maintenant les questions que l'on devrait raisonnablement traiter dans les Conciles et dont les Papes, les Cardinaux, les Évêques, et tous les savants, devraient raisonnablement s'occuper nuit et jour, s'ils aimaient le Christ et son Église. Comme ils ne le font pas, c'est au peuple et au glaive séculier d'intervenir, sans prendre garde à leurs excommunications et à leurs fulminations, car une excommunication imméritée vaut mieux que dix absolutions méritées, et une absolution imméritée est pire que dix excommunications méritées. Aussi, réveillons-nous, chers Allemands, et craignons Dieu plus que les hommes, afin que nous n'ayons pas à porter la responsabilité des pauvres âmes qui se perdent lamentablement par la faute du scandaleux et diabolique régime romain et afin que le diable ne fasse pas chaque jour de nouveaux progrès, si tant est qu'un régime infernal comme celui-là puisse encore devenir pire qu'il n'est, ce que je ne puis croire ni imaginer.

Premièrement, c'est un spectacle effrayant et atroce qu'offre le chef suprême de la Chrétienté qui se vante d'être le Vicaire du Christ et le successeur de Saint Pierre quand il mène une existence si pompeuse et si mondaine [19] que sur ce point aucun Roi ni aucun Empereur ne peut l'atteindre ni l'égaler ; et de la sorte le « Très Saint et Très Spirituel Père », comme il se fait nommer, se manifeste comme un être plus mondain que le monde lui-même. Il porte une triple couronne, alors que les plus grands rois ne portent qu'une seule couronne : si c'est là s'égaler au pauvre Christ et à Saint Pierre, c'est une nouvelle manière de les égaler ! On s'exclame que c'est agir en hérétique que de protester encore là contre, mais on se refuse à se laisser dire à quel point cette existence est peu divine et peu chrétienne. Mais je prétends que s'il voulait prier et pleurer aux pieds de Dieu, il serait obligé de déposer ses couronnes puisque notre Dieu ne peut supporter le faste et l'orgueil. Or sa charge devrait seulement consister à pleurer et à prier quotidiennement pour la Chrétienté et à montrer l'exemple d'une complète humilité.

Quoi qu'il en soit, une telle pompe est scandaleuse et, s'il veut sauver son âme, le Pape est tenu d'y renoncer car Saint Paul dit [I Thess. 5, 22] : « Abstenez-vous de tous les gestes qui provoquent le scandale » et (Rom. XII [17]) : « Ayez soin de faire le bien, non seulement devant Dieu, mais devant tous les hommes. » Le Pape devrait se contenter d'une mitre semblable à celle des autres Évêques, c'est par la science et la sainteté qu'il devrait s'élever au-dessus des autres et abandonner à l'Antéchrist la couronne de l'orgueil comme l'ont fait ses prédécesseurs, il y a quelques siècles. Ils disent qu'il est le maître du monde, mais c'est un mensonge, car le Christ, dont il se vante d'être le délégué et le représentant, a dit à Pilate [Jean 18, 36] : « Mon royaume n'est pas de ce monde. » Un délégué ne peut avoir des pouvoirs plus étendus que son maître. Il n'est pas non plus le représentant du Christ exalté, mais du Christ crucifié comme dit Saint Paul [I Cor. 2, 2] : « Je n'ai point prétendu savoir autre chose parmi vous que le Christ, et le Christ crucifié » et (Phil. II [5]) : « Ayez en vous les mêmes sentiments qu'avait en lui le Christ qui s'est anéanti lui-même, prenant la forme d'un esclave » et de même (I Cor. I [23]) : « Nous prêchons Christ le crucifié. » Or ils font du Pape un représentant du Christ remonté au ciel et certains ont laissé le diable exercer sur eux une telle emprise qu'ils prétendent que le Pape est supérieur aux Anges du Ciel et qu'il a commandement sur eux, ce qui constitue, à proprement parler, les véritables œuvres du véritable Antéchrist.

Deuxièmement, à quoi servent au sein de la Chrétienté ces gens que l'on nomme les Cardinaux [20] ? Je m'en vais vous le dire. Les pays welches et allemands ont beaucoup de riches monastères, fondations, bénéfices et cures et on n'a pas trouvé de meilleur procédé pour les attirer à Rome que de créer des Cardinaux et de leur faire présent des Évêchés, monastères et prélatures et de ruiner ainsi le service divin. Aussi constate-t-on maintenant que le pays welche est presque désert, les monastères sont détruits, les Évêchés vidés de leur substance, les prélatures et les revenus de toutes les églises sont drainés vers Rome, les villes sont en pleine décadence, les pays et les gens sont corrompus car il n'y a plus ni service divin ni prédication. Pourquoi ? Il faut que les Cardinaux aient les biens. Jamais le Turc n'aurait pu à ce point ruiner le pays welche ni détruire le service divin.

Maintenant que le pays welche est sucé jusqu'à la moelle, ils arrivent en Allemagne et se mettent bien proprement à la besogne, mais prenez-y garde, l'Allemagne sera bientôt dans le même état que le pays welche. Nous avons déjà quelques Cardinaux : ce que les Romains cherchent à obtenir par ce moyen, il ne faut pas que ces ivrognes d'Allemands le comprennent avant qu'ils aient perdu tous leurs évêchés, monastères, cures et prébendes, et jusqu'à leur dernier heller et leur dernier pfennig. L'Antéchrist doit enlever les trésors du monde, comme il a été prédit [Dan. 11, 39-43]. Voici comment on procède : on écume d'en-haut les revenus des évêchés, monastères et prébendes, et, comme ils n'osent pas tout gâcher d'un seul coup, comme ils ont fait chez les Welches, ils recourent à quelque pieuse subtilité, par exemple, ils accouplent ensemble dix ou vingt prélatures, ils tirent de chacune un revenu tel que l'ensemble constitue une grosse somme ! Le prieuré de Wurzbourg rapporte mille florins, celui de Bamberg donne aussi quelque chose, puis Mayence, Trêves et ainsi de suite : on a pu ainsi ramasser un millier de florins ou dix milliers, pour qu'un cardinal puisse mener à Rome le même train qu'un puissant roi.

Une fois que nous en aurons pris l'habitude, nous ferons trente ou quarante cardinaux en un seul jour [21], et nous donnerons à un même homme le Mont-aux-Moines de Bamberg et en plus l'évêché de Wurzbourg en y joignant quelques riches cures, jusqu'à ce qu'églises et villes soient saccagées et nous dirons ensuite que nous sommes les Vicaires du Christ et les pasteurs des ouailles du Christ. Les Allemands fous et saouls seront bien obligés de le supporter.

Mais moi, je suis d'avis que l'on réduise le nombre des Cardinaux ou que l'on amène le Pape à les entretenir sur ses biens. Il suffirait qu'il en reste douze et que chacun ait un revenu annuel de mille florins. Comment en arrivons-nous, Allemands, à être obligés de supporter telle volerie et pillage de nos biens par le Pape ? Puisque le royaume de France a pu s'en défendre, pourquoi nous laissons-nous, Allemands, berner et piller de la sorte ? Tout ceci serait plus supportable s'ils se contentaient de nous voler nos biens, mais en même temps ils dévastent les églises et arrachent leurs bons pasteurs aux ouailles du Christ, ils ruinent le service divin et la prédication, et quand même il n'y aurait pas de Cardinaux, l'Église ne sombrerait pourtant pas, car ils n'accomplissent aucune besogne utile à la Chrétienté, ils ne s'occupent que d'affaires financières et des litiges relatifs aux Évêchés et aux prélatures, travail dont pourrait se charger n'importe quel brigand.

Troisièmement, si l'on ne laissait subsister de la cour papale que la centième partie et si l'on supprimait les quatre-vingt-dix-neuf autres, elle suffirait encore à répondre aux questions touchant la foi. Or c'est maintenant un tel foisonnement et un tel fourmillement — tout à Rome et ailleurs se vantant d'appartenir au Pape — qu'on n'a jamais rien vu de pareil, même à Babylone. A eux seuls, les secrétaires du Pape sont plus de trois mille ; qui comptera les employés des autres offices, alors qu'il existe tant d'offices qu'on parvient à peine à les compter ? Et tous guettent les prébendes et les bénéfices d'Allemagne comme le loup guette les brebis. J'estime que l'Allemagne donne maintenant bien plus au Pape que jadis aux Empereurs. Certains prétendent même qu'annuellement plus de trois fois cent mille florins quittent l'Allemagne pour Rome, en pure perte et pour rien, en échange nous ne recueillons que railleries et affronts et nous nous étonnons encore que les Princes, la Noblesse, les villes, les fondations pieuses, les pays et les gens s'appauvrissent ? Nous devrions nous étonner d'avoir encore à manger.

Maintenant que nous voici initiés au véritable jeu, arrêtons-nous un moment et regardons si les Allemands ne seront pas fous fieffés au point de ne pas chercher à connaître et à comprendre la pratique romaine. Je ne viens pas ici me plaindre de ce qu'à Rome les commandements de Dieu et le droit chrétien soient méprisés, car aussi bien ne convient-il pas maintenant dans la Chrétienté et particulièrement à Rome d'émettre des prétentions aussi élevées. Je ne me plains pas non plus de ce que le droit naturel ou temporel et la raison n'y aient pas cours. Toutes choses sont tombées plus bas encore. Je me plains de ce qu'ils n'observent pas leur propre droit canon qu'ils ont eux-mêmes inventé et qui pourtant, en lui-même, est tyrannie avouée, cupidité et pompe temporelle plutôt qu'un véritable droit. C'est ce que nous allons voir.

Les Empereurs et les Princes allemands ont autorisé autrefois le Pape à percevoir des Annates [22] sur tous les bénéfices de la Nation allemande, c'est-à-dire la moitié de la première annuité rapportée par chaque bénéfice mais l'autorisation a été accordée afin de donner au Pape le moyen de rassembler, grâce à cette importante contribution, un trésor pour mener la lutte contre les Turcs et les infidèles, pour protéger la Chrétienté afin que la lutte ne pèse pas trop lourdement sur la seule noblesse mais que le clergé puisse aussi fournir un peu d'aide. Cette bonne et naïve intention de la nation allemande, les Papes l'ont si bien exploitée que, depuis plus de cent ans, ils perçoivent cette contribution et qu'ils en ont fait un impôt obligatoire et un revenu régulier ; ils ne se sont pas contentés de la lever, mais ils s'en sont servi pour fonder des charges et des emplois à Rome, et en rémunérer chaque année les titulaires, comme on ferait avec les revenus d'un legs. Quand on reparle de faire la guerre contre les Turcs, ils envoient une délégation pour ramasser de l'argent ; combien de fois aussi n'ont-ils pas promulgué des indulgences, toujours sous couleur de faire la guerre contre les Turcs, car ils pensent que les Allemands resteront indéfiniment des archifous fieffés qui ne cesseront pas de donner de l'argent et alimenteront leur cupidité sans nom, bien qu'ils voient clairement que ni les Annates, ni l'argent des indulgences, ni aucun autre, que pas un heller n'est employé contre les Turcs, mais que tout tombe dans le sac qui n'a pas de fond. Ils mentent et dupent, ils contractent et concluent avec nous des traités que pas une seconde ils ne songent à respecter. Et après cela, c'est le nom sacré du Christ et celui de Saint Pierre qui sont mis en cause.

Or il faudrait maintenant que la Nation allemande, les Évêques et les Princes se considèrent aussi comme des Chrétiens et protègent le peuple dont ils ont pour tâche de régler et de défendre les intérêts matériels et spirituels contre ces loups ravisseurs qui, revêtus de la dépouille des brebis, se donnent pour des pasteurs et des monarques. Et du moment que l'on abuse des Annates sans aucune vergogne et que les engagements pris ne sont pas tenus, ils ne devraient pas tolérer qu'au mépris de tout droit le pays et les gens soient écorchés et ruinés si pitoyablement, mais décider par un édit de l'Empereur ou de toute la Nation que les Annates soient réservées ou au contraire abrogées. Car du moment qu'ils ne tiennent pas les engagements pris, ils n'ont pas droit aux Annates ; et les Évêques et les Princes ont pour devoir de châtier leur pillage et leur brigandage, ou du moins de les rendre impossibles, ainsi que l'exige le droit. Il faut que par là, ils prêtent le concours de leur force au Pape qui peut-être se sent trop faible en présence d'un pareil désordre, ou alors, s'il prétendait consolider et maintenir cet état de choses, il faut qu'ils résistent et s'opposent à ces efforts comme à ceux d'un loup et d'un tyran, car il n'a pas de pouvoir pour faire le mal ou défendre une mauvaise cause. Quand même on voudrait amasser contre les Turcs un trésor de cette sorte, nous ferions bien d'ouvrir un peu les yeux et de comprendre que la Nation allemande serait plus apte que le Pape à conserver ce trésor, puisque la Nation allemande a suffisamment d'hommes pour faire la guerre, une fois que l'argent est réuni. Il en est des Annates comme de la plupart des prétextes fournis par les Romains.

De même, par la suite, l'année a été répartie entre le Pape, les Évêques et les suzerains régnants, de telle sorte que le Pape dispose de six mois dans l'année, à raison d'un mois sur deux, pour donner les bénéfices qui sont tombés en commise pendant son mois ; de la sorte, presque tous les fiefs sont attirés vers Rome, surtout les prébendes et les dignités [23] les plus avantageuses. Et celles qui sont une fois passées au pouvoir de Rome ne lui échappent jamais plus, même si par la suite elles ne tombent plus jamais en commise pendant le mois du Pape, ce qui ne fait pas du tout l'affaire des suzerains : c'est là une véritable friponnerie qui tend seulement à tout enlever sans faire de reste. Elle a presque abouti à ses fins et il est grand temps que l'on abroge complètement les mois pontificaux et que l'on arrache de nouveau à Rome tout de qui est tombé en son pouvoir. Il faut donc que les Princes et la Noblesse travaillent à ce que les biens volés soient restitués, les voleurs punis, et que ceux qui abusent des pouvoirs accordés se les voient retirer. S'il est admissible et acceptable qu'au lendemain de son élection, le pape dicte la règle et la loi dans sa chancellerie, de façon à faire main basse sur nos fondations et nos prébendes au mépris de tout droit, on admettra encore bien plus facilement qu'au lendemain de son couronnement, l'Empereur Charles fixe comme règle et comme loi que dans toute l'Allemagne aucun fief ni aucune prébende ne tombera plus au pouvoir de Rome grâce au mois pontifical, et que ce qui y est tombé redeviendra libre et sera enlevé aux bandits romains, ce à quoi l'autorise sa charge, puisqu'il détient le glaive.

Voici que le Siège romain de cupidité et de rapine n'a pas pu attendre le temps nécessaire pour que tous les bénéfices lui reviennent les uns après les autres, grâce aux mois pontificaux, mais dans sa hâte à remplir son insatiable panse, il a fait en sorte qu'ils lui reviennent tous par les voies les plus rapides, et, en plus des Annates et des mois pontificaux, il a inventé une ruse qui lui permet de conserver à Rome les bénéfices et prébendes par trois moyens différents. En premier lieu, quand le détenteur d'une prébende libre meurt à Rome ou sur le chemin de Rome, celle-ci doit rester à tout jamais la propriété du Siège romain — du Siège de rapine, devrais-je dire — et malgré tout ils ne veulent pas qu'on les traite de bandits, alors que pourtant on n'a jamais entendu parler de pareille rapine, ni lu rien d'approchant [24].

En second lieu, il en est de même pour celui qui, appartenant à la maison du Pape ou des Cardinaux, détient ou acquiert un bénéfice, ou pour celui qui précédemment détenait un bénéfice et par la suite est attaché à la maison pontificale ou à celle d'un Cardinal. Qui donc ira compter les suivants du Pape et des Cardinaux, alors que le Pape, même quand il fait sa promenade, est entouré de trois ou quatre mille muletiers, comme pour défier tous les Rois et Empereurs ? Car le Christ et Saint Pierre allaient à pied, pour donner à leurs représentants l'occasion de se pavaner et de parader davantage. Mais la cupidité s'est montrée plus ingénieuse encore et elle a imaginé qu'à l'extérieur aussi beaucoup de gens porteraient comme à Rome le titre de membres de la maison pontificale, afin qu'en tous lieux ces simples petits mots coquins : « maison pontificale » attirent tous les bénéfices vers le siège romain et les y fixent à tout jamais. Ne sont-ce pas là procédés odieux et diaboliques ? Si nous regardons sans rien dire, Mayence, Magdebourg et Halberstadt [25] prendront bien gentiment le chemin de Rome et le Cardinalat aura été payé un bon prix ! Après quoi nous ferons Cardinaux tous les Évêques d'Allemagne, afin que rien ne reste en dehors de Rome.

En troisième lieu, quand une discussion s'est élevée à Rome au sujet d'un bénéfice, ce qui est, à mon sens, la voie la plus large et la plus communément empruntée pour amener à Rome les bénéfices (car quand il n'existe ici aucune querelle, on trouve à Rome des farceurs sans nombre pour faire jaillir du sol des querelles et attaquer les prébendes comme ils l'entendent, de ce fait, maint bon prêtre en est réduit à perdre son bénéfice, ou à verser une somme d'argent pour se débarrasser de son procès, au moins pour quelque temps) un bénéfice qui est ainsi l'objet d'une contestation justifiée ou non doit rester à jamais la propriété du Siège romain. Il n'y aurait pas lieu de s'étonner si Dieu faisait pleuvoir du ciel le soufre et le feu de l'enfer et précipitait Rome dans l'abîme, comme il fit jadis pour Sodome et Gomorrhe [I Mos. 19, 24]. A quoi bon avoir un Pape dans la Chrétienté, quand on n'utilise son pouvoir qu'en faveur d'une scélératesse aussi capitale et s'il ne s'emploie qu'à la couvrir et à l'exploiter ? O nobles princes et seigneurs, pendant combien de temps laisserez-vous ces loups ravisseurs disposer en toute liberté de vos terres et de vos gens ?

Comme une telle pratique s'était montrée insuffisante et que la cupidité commençait à trouver le temps long, avant qu'elle eût pu faire main basse sur tous les évêchés, ma brave cupidité a tout de même trouvé le moyen d'obtenir que les évêchés restent nominalement à l'étranger tandis que, pour ce qui est des titres de propriétés, ils revenaient à Rome. Voici comment ils s'y sont pris : aucun Évêque n'est confirmé dans sa charge, s'il n'achète à grands frais le pallium [26] et ne s'engage par d'effroyables serments à devenir l'esclave du Pape. De là vient qu'aucun Évêque n'ose agir contre le Pape. C'est bien ce que voulaient obtenir par leurs serments les gens de Rome et les plus riches évêchés sont perdus de dettes et marchent vers la ruine. Mayence, à ce qu'on me dit, rapporte vingt mille florins [27]. Tels sont les vrais Romains, ce me semble. Ils ont pourtant admis jadis dans leur droit canon qu'il fallait accorder sans frais le pallium, réduire la suite pontificale, diminuer le nombre des querelles, laisser leur liberté aux Évêques et aux fondateurs ; mais avec ces principes, l'argent ne voulait pas rentrer, alors on a retourné la feuille et toute puissance a été enlevée aux Évêques et aux fondateurs, ils restent inertes, comme des symboles [28], ils n'ont ni charge, ni puissance, ni action ; mais ce sont les maîtres coquins de Rome qui règnent sur toutes choses et ils disposent même des charges des sacristains et des sonneurs dans toutes les églises ; tous les procès sont attirés vers Rome, chacun fait ce qu'il veut en s'appuyant sur le pouvoir papal.

Qu'est-il arrivé cette année ? L'évêque de Strasbourg [29] voulant administrer son diocèse comme il se doit et introduire des réformes dans le service divin, promulgue quelques articles divins et chrétiens destinés à cette fin. Mais mon brave Pape et le Saint-Siège romain renversent et condamnent une aussi sainte et spirituelle ordonnance, tout à fait d'accord pour satisfaire le désir du clergé. Voilà ce qu'on appelle paître les brebis du Christ, c'est ainsi que l'on soutiendra les prêtres contre leur propre évêque, et que l'on couvrira leur désobéissance aux lois divines. L'Antéchrist n'entreprendra pas, j'espère, de faire à Dieu pareil affront public [30]. Vous avez bien là le Pape, tel que vous l'avez voulu. Pourquoi en est-il ainsi ? Eh ! Si une église se réformait, ce serait une brèche dangereuse et il faudrait bien, sans doute, que vienne le tour de Rome ; on ferait mieux de ne pas laisser un prêtre s'accorder avec autre prêtre à ce sujet, de même que jusqu'ici ils ont accoutumé de semer la dissension parmi les princes et les rois, de remplir le monde avec le sang des Chrétiens, afin que l'union des Chrétiens n'aille pas causer de souci au Saint Siège romain avec des souhaits de réformes.

Jusqu'ici nous avons vu comment ils s'y prennent

avec les prébendes tombées en déshérence ou devenues vacantes. Or notre douce cupidité trouve les vacances trop rares et c'est pourquoi son esprit de prévoyance s'est aussi manifesté sur les bénéfices qui sont encore entre les mains de leurs administrateurs, de sorte que ceux-là aussi deviennent forcément libres même quand ils ne le sont pas, et ceci de plusieurs manières différentes. En premier lieu, on se met en quête de trouver les grasses prébendes ou les évêchés que possèdent un vieillard ou un malade ou un homme frappé de quelque prétendue incapacité. A un prélat de cette sorte, le Saint-Siège donne un Coadjuteur, c'est-à-dire un auxiliaire imposé contre sa volonté et son gré pour favoriser ledit Coadjuteur, parce qu'il appartient à la suite du Pape, ou parce qu'il donne de l'argent à cette fin, ou encore parce qu'il l'a mérité en s'acquittant de quelque corvée pour Rome. Ici doit donc disparaître la libre élection par le chapitre ou le droit de celui qui jusqu'alors avait conféré les prébendes et le tout ne profite qu'à Rome.

En second lieu, il existe un petit vocable qui se prononce « commende [31] », il s'emploie quand le Pape ordonne à un Cardinal ou à l'un quelconque des siens de conserver un riche et opulent monastère ou une église, tout comme si je vous donnais l'ordre de conserver cent florins. Cela ne signifie pas donner ou octroyer le monastère, cela ne veut pas dire non plus le détruire ni démolir le service divin, mais seulement ordonner de le conserver, non pas afin qu'il l'entretienne et le fasse fructifier, mais pour qu'on en chasse la personne et mette à profit les biens et les revenus et qu'on y installe quelque moine apostat échappé à son cloître et qui touchera cinq ou six cents florins par an et passera sa journée à l'église à vendre aux pèlerins emblèmes et images, tant et si bien que jamais plus office n'y sera chanté ni lu. Car, si cela voulait dire détruire les monastères et démolir le service divin, il faudrait appeler donc le Pape destructeur de la Chrétienté et démolisseur du service divin, car à vrai dire, il y travaille puissamment. Mais ce serait un langage trop brutal pour Rome, aussi doit-on dire « commende » ou ordre de conserver le monastère. De ces monastères, le Pape peut en transformer quatre ou plus en commendes dans l'espace d'un an, alors que l'un d'eux a un revenu supérieur à six mille florins. C'est ainsi qu'à Rome ils favorisent le service divin et entretiennent les monastères. Voilà un procédé avec lequel nous avons aussi fait connaissance dans les pays d'Allemagne.

En troisième lieu, il existe certains bénéfices qu'ils appellent « incompatibilia » et qu'on ne peut pas conserver en même temps, selon les dispositions du droit canon, comme par exemple deux cures, deux évêchés et ainsi de suite. Ici le cupide Siège de Rome se dégage des prescriptions canoniques, en y ajoutant des gloses [32] dénommées *« unio »* et *« incorporatio »*, c'est-à-dire qu'il incorpore les uns dans les autres beaucoup d'*« incompatibilia »* et qu'ils deviennent comme partie l'un de l'autre et sont ainsi considérés comme formant une seule prébende, de la sorte, ils ne sont plus des *« incompatibilia »* et l'on vient ainsi au secours du saint droit canon qui ne lie plus que ceux qui n'achètent pas de telles gloses au Pape ou à son *« Datarius »*. Telle est aussi l'*« unio »* ou réunion qui permet d'attacher ensemble beaucoup de ces bénéfices comme on fait un fagot de bois ; grâce à ce lien, ils sont tous considérés comme formant un seul bénéfice. On trouve ainsi à Rome un courtisan qui, à lui tout seul, possède vingt-deux cures, sept doyennés et de plus quarante-quatre prébendes ; une telle situation est possible par cette glose magistrale grâce à laquelle elle n'est pas contraire au droit. Chacun pourra imaginer lui-même ce que possèdent les Cardinaux et autres prélats. C'est ainsi qu'on prétend vider la bourse des Allemands et leur faire passer le goût de la fanfaronnade.

L'*« administratio »* est aussi une de ces gloses, elle établit que quelqu'un peut avoir, outre son Évêché, une abbaye ou une dignité et posséder tout ce bien pourvu qu'il n'ait pas d'autre titre que celui d'*« admi-*

nistrator [33] », car il suffit à Rome que les vocables changent et non la réalité, c'est comme si j'enseignais que la tenancière devrait être appelée la bourgmestre, tout en restant aussi vertueuse que par le passé. Saint Pierre a prédit ce régime de Rome en déclarant (II Pierre II [3]) : « Il viendra de faux maîtres qui régneront sur vous dans la cupidité avec des paroles inventées dans le but de s'enrichir. »

La brave cupidité romaine a inventé l'usage qui permet que l'on vende ou octroie une prébende sous des réserves telles que le vendeur ou le négociateur conserve la dévolution et puisse exiger qu'à la mort du propriétaire le bénéfice revienne à celui qui l'avait précédemment vendu, octroyé ou cédé. Ils ont ainsi transformé les prébendes en domaines héréditaires si bien que nul ne peut les obtenir, sauf celui à qui les destine le vendeur ou à qui le propriétaire cède ses droits à titre posthume. A côté de cela, maint détenteur ne cède de son bénéfice que le titre dont l'acquéreur ne tire pas un heller. Il est maintenant admis aussi que l'on cède à autrui un bénéfice en se réservant un revenu annuel d'un certain montant, ce qui jadis passait pour simonie [34] ; il existe tant d'autres petits tours de cette sorte qu'on ne saurait les énumérer ici et ils en usent de façon bien plus scandaleuse avec les bénéfices que jadis faisaient les païens sous la croix avec les vêtements du Christ.

Mais tout ce qui a été dit jusqu'ici est presque passé dans la tradition et dans la coutume à Rome. La cupidité romaine a encore inventé un tour, et c'est de cette dernière trouvaille, j'espère, qu'elle crèvera un jour. Le Pape use d'un noble et délicat artifice qui s'appelle « *pectoralis reservatio* », c'est-à-dire les réserves qu'il formule en son cœur, et « *propius motus* », et l'expression spontanée de son pouvoir [35]. Voici donc comment joue cet artifice : quand à Rome un personnage obtient un bénéfice qui lui est publiquement et honnêtement attribué, selon l'usage de là-bas, et qu'il arrive alors quelqu'un d'autre qui apporte de l'argent ou qui a acquis quelque autre mérite dont nous ne dirons rien, et qui réclame ce même bénéfice au Pape, celui-ci le lui donne et l'enlève à l'autre. Que l'on vienne alors dire que c'est une injustice et le Très Saint Père en sera réduit à se défendre pour n'être pas convaincu publiquement d'avoir fait usage de sa puissance contre le droit, et il dira qu'en son âme et conscience il s'est réservé le fief à lui-même et à ses pleins pouvoirs, alors que, de sa vie, il n'y avait jamais pensé et n'en avait jamais entendu parler, et il a ainsi trouvé une petite glose qui lui permet de mentir et tromper en propre personne, de berner et duper tout le monde — le tout impudemment et publiquement — et il se prétend quand même le chef de la Chrétienté, alors que par ses mensonges publics il se livre au pouvoir du Malin.

Cet arbitraire et ces réserves mensongères du Pape créent à Rome un état de choses qui défie toute description. Ce ne sont que ventes, achats, opérations de change et d'échange, agitation, mensonges, tromperies, pillages, voleries, forfanteries, fornications, tours de coquins, Dieu est méprisé de toutes les manières si bien qu'il serait impossible à l'Antéchrist de régner de plus scandaleuse façon. Venise, Anvers, Le Caire ne sont rien comparés à la foire et au marché de Rome, avec cette différence que là-bas on observe la raison et la justice tandis qu'ici tout marche au gré du diable lui-même. Et voici que, franchissant les limites de cette mer, ces mœurs aimables se répandent à travers le monde entier. Ces gens n'auraient-ils pas toute raison de craindre la réforme et un Concile libre et ne serait-il pas préférable pour eux d'impliquer tous les princes dans une même querelle plutôt que de les voir s'accorder pour provoquer la réunion d'un Concile ? Qui peut supporter que l'on révèle sa friponnerie quand elle est si grande ?

Enfin, pour toutes ces opérations commerciales, le Pape a établi un comptoir particulier, c'est la maison du « *Datarius* [36] » à Rome. C'est là que doivent se rendre tous ceux qui opèrent des transactions de cette sorte sur les bénéfices et les prébendes, c'est là qu'il faut acheter ces gloses et le droit de négocier, et obtenir l'autorisation d'exécuter ces énormes tours de coquin. Jadis Rome était encore plaisante, au temps où il était possible d'y acheter le droit ou de l'étouffer avec de l'argent. Mais maintenant le raffinement y est devenu tel que l'on ne permet à personne le droit de jouer semblables tours de coquin sans que l'on en ait préalablement acheté le droit un bon prix. Si ce n'est pas là un b... pire que tous les b... que l'on puisse jamais imaginer, je ne sais pas ce que c'est qu'un b...

Dans cette maison si vous avez de l'argent, vous pouvez obtenir non seulement tout ce que nous venons de dire, mais plus encore : moyennant finances, toutes les formes d'usure deviennent honnêtes, tout bien acquis par vol ou par rapine devient légitime. Ici on se fait relever de ses vœux, les moines se font octroyer la liberté de quitter leur ordre, l'accès à l'état de mariage est vendu aux ecclésiastiques, les enfants de p... peuvent être légitimés, tout déshonneur et tout opprobre retrouvent leur dignité et leur noblesse. Ici on peut admettre à l'état de mariage même quand le degré de parenté ou quelque autre irrégularité s'y oppose. Oh ! quel régime de taxations et de vexations s'est là instauré ! Il apparaît clairement que toutes les lois ecclésiastiques sont instituées pour devenir autant de pièges à argent dont il faut se dégager si l'on prétend être chrétien. Certes, ici le diable devient un saint et même un dieu. Ce que ne peuvent faire le ciel et la terre, cette maison peut le faire. C'est ce que l'on nomme « *compositiones* [37] », bien sûr « *compositiones* » et même « *confusiones* [38] » ! Quelle médiocre richesse représentent les douanes du Rhin, comparées à cette sainte maison !

Que personne n'aille croire que j'exagère ! Tout cela est public au point qu'à Rome même, ils doivent avouer que cela passe en horreur tout ce qui peut se dire. Je n'ai pas encore touché — et je ne veux pas toucher non plus — à la véritable et infernale sentine des vices personnels. Je ne parle que des choses courantes et je ne parviens quand même pas à en rendre compte avec des mots. Les Évêques, les prêtres et surtout les Docteurs des Universités qui sont rétribués à cette fin, s'ils avaient fait leur devoir auraient dû, d'un commun accord, protester bien fort contre ces abus verbalement et par écrit. Eh bien ! Tournez la page et vous trouverez !

Il y a encore quelque chose à dire en guise d'adieu et il ne faut pas que je manque de le dire. Comme la cupidité sans limites ne pouvait encore se contenter de toutes ces richesses dont à bon droit trois puissants rois se seraient satisfaits, elle commence à mettre en gages ses affaires commerciales et à les vendre à Fugger [40] d'Augsbourg ; de la sorte l'octroi, l'échange, la vente des Évêchés et des bénéfices et l'aimable trafic des biens ecclésiastiques se sont maintenant installés dans le lieu qui leur convient et le trafic des biens temporels et des biens spirituels est désormais unifié. Maintenant j'aimerais bien trouver un esprit assez puissant pour imaginer ce qui pourrait encore arriver du fait de la cupidité romaine qui ne soit déjà arrivé, si ce n'est que Fugger à son tour fasse accepter en gage ou vende à quelqu'un son double et maintenant unique négoce. Je crois que nous sommes parvenus au terme.

Car ce qu'ils ont volé en tous pays et continuent à voler et à extorquer avec les indulgences, bulles, lettres de confession, lettres de beurre et autres « confessionales [41] », je le considère comme simple bricolage, c'est comme s'ils tiraient sur l'enfer avec un diable. Cela ne signifie pas que ces procédés rapportent peu (car ces revenus suffiraient largement à l'entretien d'un puissant roi), mais il ne s'en retire pas des revenus comparables à ceux que produisent les sources de richesses déjà nommées. Pour le moment, je ne dis rien encore du chemin qu'a pris l'argent des indulgences, je poserai une autre fois la question, car le Campoflore et le Belvédère [42] et certains autres endroits ont sans doute quelques renseignements à fournir à ce sujet.

Ainsi donc, puisque non seulement ce régime diabolique est une entreprise avouée de piraterie, de duperie et de tyrannie au service des portes de l'Enfer, mais puisqu'elle mène encore la Chrétienté vers la ruine matérielle et morale, nous avons ici pour devoir de déployer tout notre zèle dans la lutte contre pareille misère et pareille destruction. Si nous voulons combattre les Turcs, commençons la guerre ici où ils sont pires que partout ailleurs. Si nous avons raison de pendre les voleurs et de décapiter les brigands, pourquoi laisserions-nous les mains libres à la cupidité romaine, le plus grand de tous les voleurs et de tous les brigands [43] qui soient venus ou qui puissent venir sur cette terre, et le tout aux saints noms du Christ et de Saint Pierre ? Qui pourra donc, à la longue, supporter tout ceci en silence ? Presque tout ce que le Pape possède est le fruit du vol et du pillage, il n'en est pas autrement, ainsi que le prouvent les témoignages de tous les historiens. Le Pape n'a jamais acheté des biens d'une telle importance qu'il puisse percevoir de ses offices près de dix fois mille ducats, sans compter les trésors déjà nommés et ses terres. Le Christ et Saint Pierre ne les lui ont pas non plus laissés en héritage, personne ne les lui a donnés ni prêtés, ils n'ont pas non plus été acquis par longue possession ou prescription. Dites-moi d'où il peut bien les tenir ? Que ceci vous aide à voir quel est leur but et leur intention quand ils envoient des légats pour ramasser de l'argent contre les Turcs.

Bien que je ne sois pas de taille à faire des propositions utiles à l'amélioration de cet affreux état de choses, je veux débiter jusqu'au bout ma complainte de fol et dire, pour autant que le permette mon intelligence, quels changements souhaitables devrait produire l'intervention du pouvoir séculier et du Concile universel.

Premièrement, en tous lieux, tous les Princes, la Noblesse, l'autorité municipale doivent interdire sans tarder de livrer à Rome les Annates et aussi les abolir complètement. Car le Pape a rompu le pacte et a fait des Annates une entreprise de piraterie pour le dam et la honte de toute la nation allemande ; il les donne à ses amis, les vend pour de grosses sommes, fonde des offices avec l'argent qu'il en tire. Aussi y a-t-il perdu tout droit et mérite-t-il punition. Le pouvoir séculier a pour devoir de protéger les innocents et de les défendre contre l'injustice, ainsi que l'enseignent Saint Paul (Rom. XIII [4]) Saint Pierre (I Pierre II [14]) et même le droit canon (16, 9, 7 *de filiis* [44]). De là vient que l'on dit au Pape et aux siens : « *tu ora*, toi, tu dois prier », à l'empereur et aux siens ; « *tu protege*, toi, tu dois protéger », au vilain : « *tu labora*, toi, tu dois travailler ». Ce qui ne signifie pas que chacun doive prier, protéger, travailler, car toute l'œuvre de prière, de protection et de travail est accomplie quand chacun s'exerce à sa tâche, mais à chacun doit être attribué sa tâche.

Deuxièmement, attendu que, par ses pratiques romaines, commendes, adjutoires, réservations, « gratiae expectativae [45] », mois pontificaux, incorporations, unions, pensions, pallium, règles de chancellerie et autres coquineries de ce genre, le Pape attire à lui toutes les fondations allemandes sans en avoir le pouvoir ni le droit, attendu qu'il les donne et les vend à Rome, à des étrangers qui ne font rien pour cela dans les pays allemands, attendu qu'il dépouille ainsi de leurs droits les ordinaires, fait des Évêques des symboles vides et des idoles inertes et agit de la sorte contre son propre droit canon, contre la nature et la raison et les choses en sont venues à ce point que les bénéfices et prébendes ne sont vendues à Rome, tant est grande la cupidité, qu'à des ânes grossiers et ignorants, et à des coquins, tandis que les gens pieux et savants ne tirent aucun avantage de leur science et de leur mérite et que le pauvre peuple allemand se voit privé de bons et savants prélats et court à sa perte, en conséquence la Noblesse chrétienne doit s'opposer à lui comme à un ennemi commun et destructeur de la Chrétienté, par amour pour les pauvres âmes que pareille tyrannie mène à leur perte, elle doit poser en principe, ordonner et prescrire que désormais aucun bénéfice ne pourra plus être attiré à Rome, aucun bénéfice ne pourra plus y être obtenu d'aucune manière, mais au contraire elle doit, une fois que des bénéfices auront été arrachés à ce pouvoir tyrannique, les conserver loin de Rome, restituer aux Ordinaires [46] leurs droits ou leur juridiction, et s'efforcer, dans toute la mesure de leurs moyens, de réintégrer ces bénéfices dans la Nation allemande. Et si un courtisan [47] venait à se présenter, qu'on lui donne sérieusement l'ordre de renoncer à ses prétentions ou de se jeter dans le Rhin ou le cours d'eau le plus voisin et d'entraîner dans son bain froid l'excommunication romaine avec son sceau et ses brefs ; alors les gens de Rome remarqueraient que les Allemands ne sont pas saouls et fous en tout temps, mais qu'ils ont fini par devenir des Chrétiens qui n'ont plus l'intention de supporter désormais que l'on couvre de ridicule et de honte le saint nom du Christ, comme on le fait en accomplissant de pareilles scélératesses et en pervertissant les âmes de la sorte, et qui entendent dorénavant faire plus de cas de Dieu et de l'honneur divin que du pouvoir des hommes.

Troisièmement, il faut que soit publié un édit impérial, interdisant qu'on aille désormais chercher à Rome aucun manteau d'Évêque ni la confirmation d'aucune dignité mais prescrivant au contraire que soit remise en vigueur l'ordonnance du très saint et très illustre Concile de Nicée dans laquelle il est posé en principe qu'un Évêque doit être confirmé dans sa charge par les deux Évêques les plus voisins ou par l'Archevêque. Si le Pape déchire de pareils statuts et ceux de tous les Conciles, à quoi bon tenir des Conciles ? Ou bien qui lui a donc donné le pouvoir de mépriser ainsi les Conciles et de déchirer leurs décisions ? On ferait aussi bien de déposer tous les Évêques, Archevêques et Primats et d'en faire de simples curés, de la sorte, seul le Pape sera au-dessus d'eux, comme d'ailleurs il l'est maintenant où il ne laisse aux Évêques, Archevêques et Primats aucun pouvoir ni aucune juridiction véritables, attirant tout à lui, ne leur laissant en tout et pour tout que leur nom et leur vain titre, au point que, par son exemption [48], les Abbés et les prélats des monastères sont aussi arrachés au pouvoir ordinaire des Évêques, et que, de la sorte, aucun ordre ne subsiste plus dans la Chrétienté. Ce qui est venu ensuite est la conséquence nécessaire de tout ceci : le régime des punitions s'est relâché, chacun de par le monde a été libre de faire le mal et je crains bien que l'on puisse appeler le Pape *« homo peccati »* [II Thess. 2, 3]. Qui pourra-t-on rendre responsable de ce qu'aucune discipline, aucun régime de punitions, aucun gouvernement, aucun ordre n'existent plus dans toute la Chrétienté, si ce n'est le Pape qui, en vertu du pouvoir qu'il s'est impudemment arrogé, ferme à tous les prélats la main qui tient les verges, tandis qu'à tous ses sujets il ouvre la main pour donner ou vendre la liberté.

Pourtant, pour qu'il n'ait pas à se plaindre de ce qu'on le dépouille de son autorité, il faudrait décréter qu'au cas où les Primats ou Archevêques ne pourraient pas régler une affaire, ou si une querelle s'élevait entre eux, celle-ci serait soumise au Pape — et non pas n'importe quelle petite affaire — comme on le faisait autrefois, et comme le principe en a été admis par le très illustre Concile de Nicée, mais quant à ce qui peut être réglé sans le Pape, il ne faut pas que Sa Sainteté se laisse importuner par de pareilles vétilles mais que, comme elle se vante de le faire, elle puisse accomplir pour toute la Chrétienté son devoir de prière, d'étude et de vigilance ; c'est ainsi qu'agissaient les Apôtres (Actes VI [2.4]) qui disaient : « Il ne convient pas que nous laissions la parole divine pour servir aux tables ; nous voulons nous attacher à la prédication et à la prière et confier à d'autres cet office. » Mais maintenant à Rome règne le mépris de l'Évangile et de la prière et le service des tables, c'est-à-dire des biens temporels, et le gouvernement des Apôtres s'accorde avec celui du Pape comme s'accordent le Christ et Lucifer, le Ciel et l'Enfer, le jour et la nuit, et il s'intitule quand même le Vicaire du Christ et le Successeur des Apôtres.

Quatrièmement, il faut disposer par décret qu'aucune affaire temporelle ne soit attirée à Rome, mais que celles-ci soient toutes laissées au pouvoir temporel [49] ; c'est là un principe qu'ils admettent eux-mêmes dans leur droit canon et qu'ils ne respectent pourtant pas. Car la fonction du Pape consiste à être le plus savant en la Sainte Écriture et véritablement et non pas seulement de nom le plus saint, à régler les affaires concernant la foi et la vie sainte des Chrétiens, à exhorter les Primats et Archevêques à faire de même, à veiller et à travailler avec eux en ce sens, et, pour écouter les enseignements et les véhémentes admonestations de Saint Paul (I Cor. VI [7]) à veiller à ce qu'ils ne s'occupent pas des affaires temporelles. Car tous les pays subissent d'insupportables dommages du fait que de pareilles affaires se traitent à Rome, ce qui entraîne de grands frais ; en outre les juges en question ignorent les coutumes, droits et habitudes des pays, si bien que maintes fois ils défigurent et estropient les affaires d'après leurs conceptions juridiques et leurs opinions et les parties doivent supporter cette injustice.

Il faudrait de plus interdire encore dans tous les diocèses les affreuses vexations des Officiaux [50] et veiller à ce qu'ils ne s'occupent que des affaires relatives à la foi et aux bonnes mœurs et abandonnent aux juges temporels ce qui concerne l'argent, les biens, les personnes et l'honneur. Aussi le pouvoir temporel ne doit-il autoriser aucune excommunication ni aucun bannissement quand il n'est pas question de la foi et des mœurs. Le pouvoir spirituel doit gouverner les biens spirituels, comme l'enseigne la raison, mais les biens spirituels ne sont pas de l'argent ni des objets matériels mais la foi et les bonnes œuvres.

Pourtant il faudrait admettre que des affaires qui concernent des bénéfices ou des prébendes soient plaidées devant des Évêques, des Archevêques et des Primats. Aussi quand il faudrait arbitrer les conflits et les guerres, le Primat de Germanie devrait tenir un Consistoire [51] général avec des auditeurs [52] et des chanceliers qui, comme ceux de Rome, régneraient sur les « signaturae gratiae et justitiae [53] » ; c'est à ce Consistoire qu'on soumettrait en appel et que seraient correctement réglées les causes des pays allemands, sans que l'on soit amené à recourir à d'éventuels dons ou cadeaux, car les juges s'habitueraient alors à vendre la justice et l'injustice comme ils en sont réduits à le faire maintenant à Rome : comme le Pape ne leur verse aucun traitement, ils se laissent engraisser par les cadeaux (car à Rome on ne se soucie guère de savoir ce qui est juste ou injuste, mais ce qui rapporte de l'argent ou n'en rapporte pas) mais on pourrait payer ces fonctionnaires sur les Annates ou imaginer quelque autre solution comme sont capables de le faire les experts habiles et ceux qui possèdent de ces affaires une expérience plus étendue que la mienne. Je n'ai pas d'autre prétention que celle d'avoir éveillé l'attention et donné matière à réflexion à ceux qui ont les moyens et le goût d'aider la Nation allemande à redevenir libre et chrétienne après avoir été soumise au gouvernement lamentable, païen et antichrétien du Pape.

Cinquièmement, il faut que toute réservation soit désormais déclarée sans valeur et qu'aucun bénéfice ne soit plus attiré à Rome, quelle que soit l'hypothèque qui pèse sur lui, que le possesseur soit mort, qu'une querelle se soit élevée à son sujet ou qu'il appartienne à un Cardinal ou à un membre de la suite pontificale. Il faut que l'on interdise formellement et empêche qu'à propos d'un bénéfice quelconque aucun courtisan n'entame une querelle pour faire citer les bons prêtres, les tourmenter, leur intenter des procès. Et si de Rome arrivait une excommunication ou si une dispute ecclésiastique y éclatait, il ne faudrait en faire aucun cas, pas plus que d'un voleur qui vous excommunierait parce qu'on ne voudrait pas le laisser voler à son aise. Il faudrait même les punir durement de ce que, pour donner plus de force à leur entreprise de brigandage, ils font du saint nom de Dieu un si scandaleux abus et prétendent, par leurs menaces vaines et sans fondement, nous contraindre à supporter et approuver que le saint nom de Dieu soit blasphémé de la sorte et que l'on fasse de la puissance chrétienne un si mauvais usage, à partager devant Dieu la responsabilité de leur scélératesse, puisque nous avons devant Dieu le devoir d'y mettre obstacle ; Saint Paul châtie ainsi ceux qui commettent ces fautes (Rom. I [32]) : « Ceux-là méritent la mort, non seulement parce qu'ils agissent ainsi, mais parce qu'ils autorisent et permettent que l'on agisse ainsi. » Mais plus que toute autre, la mensongère *« reservatio pectoralis »* est intolérable ; par sa faute, la Chrétienté s'expose scandaleusement et publiquement à l'opprobre et aux sarcasmes, puisque son chef use publiquement du mensonge et de façon éhontée, trompe et dupe tout un chacun par amour de ces biens maudits.

Sixièmement, il faut aussi que soient supprimés les *« casus reservati* [54] *»*, les cas réservés ; non seulement ils permettent d'extorquer aux gens de grosses sommes, mais encore ils livrent aux pièges de ces furieux tyrans maintes consciences malheureuses dans lesquelles ils jettent le trouble, portant un coup terrible à leur foi en Dieu. Il s'agit en particulier des cas ridicules, enfantins, qu'ils gonflent avec la bulle *« in coena Domini »* et qui ne méritaient pas même que l'on les nomme péchés de tous les jours, pour ne pas parler des cas si graves que le pape ne les remet par aucune indulgence, tels que la faute de celui qui empêcherait un pèlerin de se rendre à Rome, ou qui fournirait une assistance militaire aux Turcs ou falsifierait les brefs du Pape. Voilà les farces grossières, bouffonnes et maladroites avec lesquelles ils nous bernent ! Sodome et Gomorrhe et tous les péchés qui se commettent et peuvent se commettre contre les commandements de Dieu ne sont pas des *« casus reservati »*, mais ce que Dieu n'a pas ordonné, et qu'ils ont eux-mêmes imaginé doit devenir *« casus reservati »*, car ce qui importe, c'est que l'on n'empêche personne d'apporter à Rome son argent, que, protégés du péril turc, ils mènent une vie de volupté et que, grâce à leurs bulles et brefs inutiles et insolents, ils maintiennent le monde sous l'emprise de leur tyrannie.

Les prêtres devraient bien comprendre et il faudrait statuer publiquement qu'aucun péché secret qui n'a pas fait l'objet d'une accusation n'est un cas réservé et que tout prêtre a le droit de remettre n'importe quel péché, de quelque nom qu'on le nomme, s'il est resté secret ; ni Abbé, ni Évêque, ni Pape, n'ont le pouvoir de s'en réserver un seul ; et quand même ils le feraient, leur acte serait nul et sans valeur ; ceux-là mériteraient donc de ce fait punition, qui interviennent dans le jugement de Dieu, tendent des pièges aux pauvres consciences mal averties et les jettent dans l'angoisse. Quand il s'agit de péchés graves et publics, principalement des péchés contre les commandements de Dieu, l'existence des « *casus reservati* » peut se justifier, à condition qu'on n'en abuse pas, surtout par arbitraire et sans raison, car le Christ a institué dans son église non pas des tyrans mais des pasteurs comme le dit Saint Pierre (I Pierre, ult. [5, 3]).

Septièmement, il faut que le Siège de Rome supprime les offices et restreigne le fourmillement de la foule romaine pour que la suite du Pape puisse être entretenue avec le bien personnel du Pape ; le Siège romain ne voudra pas que sa cour surpasse par son éclat et ses dépenses la cour de tous les rois, il considérera que non seulement un tel luxe n'a jamais rendu aucun service à la cause de la foi chrétienne, mais encore qu'il constitue une gêne pour l'étude et la prière au point qu'à Rome on ignore presque tout ce qu'il faut dire de la foi, ils en ont fourni la preuve éclatante lors de ce dernier Concile romain [55] : entre autres articles enfantins et rédigés à la légère, ils y ont admis en principe que l'âme humaine est en elle-même immortelle et qu'un prêtre est toujours obligé de dire une fois par mois sa prière, s'il ne veut pas perdre son bénéfice. Comment ces gens-là pourraient-ils décider des choses de la foi et de la Chrétienté, alors que, endurcis et aveuglés par leur cupidité, leurs richesses et leurs splendeurs profanes, ils posent comme tout premier principe que l'âme est immortelle ? Ce n'est pas un médiocre affront fait à la chrétienté tout entière que la manière scandaleuse dont on en use à Rome avec les choses de la foi. S'ils vivaient moins enfoncés dans le luxe et la richesse, les Papes pourraient mieux étudier et mieux prier pour devenir dignes et capables de traiter les matières de la foi, comme ils l'étaient autrefois quand ils étaient Évêques et ne prétendaient pas devenir les rois de tous les rois.

Huitièmement, il faut supprimer les graves et horribles serments que les Évêques sont contraints de prêter au Pape au mépris de tout droit, afin qu'ils ne soient pas prisonniers comme le sont les esclaves, ainsi que le chapitre « *significasti* [56] », œuvre d'ignorance et d'incapacité l'admet, arbitrairement et contre toute raison. Ne suffit-il donc pas qu'avec leurs innombrables et folles lois ils pèsent sur nos biens, nos corps et nos âmes, ruinent ainsi la foi et mènent à sa perte la Chrétienté ? Ils mettent aussi en captivité la personne, sa fonction et son emploi, de plus encore l'investiture qui jadis appartenait aux Empereurs allemands, comme elle appartient encore aux Rois en France et dans quelques royaumes. Ils ont entretenu à ce sujet avec les Empereurs une longue guerre et une longue querelle jusqu'au moment où, par un acte insolent de leur arbitraire, ils s'en sont emparés et ils l'ont conservée jusqu'à présent, comme si, plus que tous les autres Chrétiens de la terre, les Allemands devaient servir de bouffons au Pape et au Siège de Rome, faire et supporter ce que nul autre qu'eux ne veut faire ni supporter. Puisque ainsi cette décision purement arbitraire et cet acte de brigandage font obstacle au pouvoir ordinaire des Évêques et portent tort aux malheureuses âmes, l'Empereur ainsi que sa Noblesse ont pour devoir d'empêcher et de châtier semblable tyrannie.

Neuvièmement, il faut que le Pape n'ait sur l'Empereur aucun pouvoir si ce n'est qu'il l'oigne et le couronne à l'autel, comme un Évêque couronne un Roi, et il ne faut plus tolérer la diabolique arrogance qui commande que l'Empereur baise les pieds du Pape ou s'asseye à ses pieds, ou encore, comme on dit, lui tienne l'étrier et les rênes quand le Pape s'installe sur la selle de sa mule au moment du départ, et moins encore qu'il jure foi, hommage et entière soumission au Pape, ainsi que les Papes ont impudemment entrepris de l'exiger comme s'ils y avaient droit. Le chapitre « *Solite* [57] » dans lequel le pouvoir pontifical est élevé au-dessus du pouvoir impérial, ne vaut pas un liard pas plus que tous ceux qui s'appuient sur lui ou le redoutent, car il ne fait rien autre que déformer la sainte parole de Dieu et la détourner de son véritable sens pour l'adapter à leurs propres imaginations ainsi que je l'ai prouvé en latin [58].

Une pareille entreprise du Pape exorbitante, arrogante et insolente à l'excès, est l'invention du diable qui, par ce subterfuge, tend à introduire progressivement l'Antéchrist et élever le Pape au-dessus de Dieu [59], comme beaucoup déjà l'ont fait ou le font. Il n'appartient pas au Pape de s'élever au-dessus du pouvoir séculier, si ce n'est seulement dans les fonctions spirituelles, telles que la prédication et l'absolution : dans les autres domaines, il doit s'incliner devant lui, comme l'enseignent Paul (Rom. XIII [1]) et Pierre (I Pierre III [2, 13 s.]), ainsi que je l'ai dit plus haut. Il n'est pas le représentant du Christ au ciel, mais seulement le représentant du Christ sur terre. Car le Christ au ciel, sous sa forme régnante, n'a besoin d'aucun représentant, mais de son siège il voit, fait, sait tout, il est capable de toutes choses. Mais il a besoin de lui sous son aspect de serviteur, sous lequel il parcourait la terre en travaillant, prêchant, souffrant et mourant ; eux, ils font l'inverse, ils prennent au Christ son apparence céleste et régnante pour la donner au Pape et font complètement disparaître l'aspect du Christ serviteur. Pour un peu, ce serait le Contre-Christ [60], — que l'Écriture appelle Antéchrist —, toute son attitude, son action, ses entreprises sont bien tournées contre le Christ, elles ne tendent qu'à supprimer et éliminer l'attitude et l'action du Christ.

Il est aussi ridicule et enfantin que, s'appuyant sur des raisonnements aussi mensongers et absurdes, le Pape se vante dans sa décrétale « *Pastoralis* [61] » d'être l'héritier légitime de la dignité impériale, quand celle-ci devient vacante. Qui la lui a donnée ? Est-ce le Christ qui a dit [Luc, 22, 25] : « Les princes des païens sont des seigneurs, mais vous ne devez pas en être. » Saint Pierre le lui a-t-il légué ? Je suis contrarié qu'il nous faille lire et enseigner dans le droit canon ces mensonges éhontés, grossiers et bouffons, les considérer encore comme doctrine chrétienne, alors qu'ils ne sont pourtant que diaboliques mensonges : à cette catégorie appartient aussi le mensonge inouï « *De donatione Constantini* [62] ». Ce fut sans doute un châtiment particulier envoyé par Dieu, si tant de gens intelligents se sont laissé persuader d'admettre pareils mensonges ; ils sont, ce me semble, si grossiers et maladroits qu'un paysan ivre mentirait avec plus de subtilité et d'adresse. Comment un seul réussirait-il en même temps à gouverner l'empire et à prêcher, prier, étudier, prendre soin des pauvres, fonctions qui, au premier chef, sont dévolues au Pape et que le Christ lui a imposées avec tant d'insistance qu'il a même interdit qu'on emportât avec soi des vêtements ou de l'argent [Math. 10, 10], car celui-là parviendrait difficilement à s'acquitter de ses fonctions qui aurait à administrer une seule maison ? Et le pape prétend gouverner l'Empire et de plus rester Pape ? C'est là l'invention des coquins qui, sous prétexte d'être Papes, aimeraient à régner sur le monde et à reconstituer grâce au Pape et au nom du Christ, tel qu'il était autrefois, l'Empire Romain aujourd'hui détruit.

Dixièmement, il faut que le Pape se tienne sur la réserve, retire la main du pot, se garde d'émettre la moindre prétention sur les royaumes de Naples et de Sicile. Il y a autant de droits que moi et néanmoins il veut en être le suzerain. C'est là user d'arbitraire et agir en pirate, comme il fit avec presque tous ses autres biens. Aussi l'Empereur devrait-il lui refuser un tel fief, et au cas où l'agrément aurait déjà été accordé, ne plus le reconnaître et inviter par contre le Pape à retourner à la Bible et aux livres de prières en lui rappelant qu'il doit laisser les princes séculiers gouverner les pays et les hommes, spécialement ceux que personne ne lui a donnés, et que, pour sa part, il lui faut prêcher et prier.

Les mêmes dispositions peuvent s'appliquer aussi à Bologne, Imola, Vicence, Ravenne, et tout ce dont le Pape s'est emparé par la force et qu'il détient injustement dans la marche d'Ancône, la Romagne, et dans d'autres pays welches, ce dont il se mêle au mépris de tous les commandements du Christ et de Saint Paul, car Saint Paul parle ainsi [II Tim. 2, 4] : « Personne ne s'immiscera dans les affaires temporelles qui doit s'acquitter des fonctions de la divine chevalerie. » Or le Pape qui doit être le chef et le premier au sein de cette chevalerie s'immisce dans les affaires temporelles plus que ne l'ont jamais fait Empereur ou Roi. On devrait alors l'aider à se dégager et l'amener à remplir les fonctions de sa chevalerie. Le Christ dont il se vante d'être le représentant ne voulait rien avoir à faire avec le gouvernement temporel, lui non plus, au point qu'à quelqu'un qui lui demandait de rendre un jugement sur son frère, il dit [Luc, 12, 14] : « Qui m'a établi pour être ton juge ? » Mais sans aucun mandat, le Pape va de l'avant, il s'arroge le droit de toucher à tout comme un dieu, tant et si bien qu'il finit par ne plus savoir lui-même ce qu'est le Christ dont il se prétend le représentant.

Onzièmement, il faut aussi supprimer le baise-pieds [63]. Ce n'est pas un exemple chrétien, c'est même un exemple antichrétien qu'un pauvre homme, un pécheur se fasse baiser les pieds par quelqu'un qui est cent fois meilleur que lui. Si cet acte s'accomplit pour honorer son pouvoir, pourquoi le Pape ne baise-t-il pas le pied des autres pour honorer leur sainteté ? Mettez-les en face l'un de l'autre, le Christ et le Pape ! Le Christ a lavé les pieds à ses disciples et les a essuyés et les disciples ne les lui ont pourtant jamais lavés. Plus élevé en dignité que le Chrit, le Pape fait l'inverse, il considère qu'il accorde une grande grâce en permettant qu'on lui baise les pieds, alors qu'il ferait bien, si quelqu'un sollicitait de lui cette faveur, de l'en empêcher de tout son pouvoir, comme Saint Paul et Saint Barnabé qui n'ont pas accepté que les habitants de Lystis les honorent comme des dieux mais qui leur ont dit [Act. 14, 14] : « Nous sommes des hommes tout comme vous. » Mais nos flatteurs ont poussé les choses si loin et nous ont créé une idole telle que nul n'éprouve devant Dieu semblable crainte, nul ne lui rend des hommages aussi éclatants que ceux qu'on rend au Pape. Voilà ce qu'ils peuvent tolérer, mais non pas que l'on réduise le moins du monde les fastes pontificaux. Or s'ils étaient des Chrétiens et mettaient l'honneur de Dieu au-dessus du leur, le Pape n'aurait pas à se réjouir en constatant que l'honneur de Dieu est rabaissé tandis que le sien est exalté, il ne permettrait pas qu'on l'honore jusqu'au moment où il constaterait que l'honneur de Dieu est de nouveau bien haut et surpasse le sien en éclat [64].

Voici encore une vilaine manifestation de cette même arrogance immense et scandaleuse : il ne suffit pas au Pape de monter à cheval, ou de se transporter en voiture, mais malgré sa force et sa bonne santé, il se fait porter par des hommes comme une idole au milieu d'une pompe inouïe. Mon cher, quel rapport y a-t-il entre cette diabolique arrogance et le Christ qui allait à pied, lui et tous ses Apôtres ? A-t-il jamais existé quelque part un prince séculier qui ait mené un train plus fastueux et plus mondain que mène celui qui se prétend le chef de tous ceux qui doivent mépriser et fuir les fastes de ce monde, c'est-à-dire le chef des Chrétiens ? Non pas que cet argument doive tellement nous toucher par lui-même, mais nous avons toutes raisons de redouter la colère divine pour avoir, par nos flatteries, encouragé cette arrogance et n'avoir pas manifesté notre mécontentement. Que le

Pape fasse le fou et mène grand tapage, c'est déjà suffisant ; mais c'en est trop que nous l'approuvions et le permettions.

Quel cœur chrétien pourra donc constater avec plaisir que le Pape, quand il veut se faire donner la communion, reste assis comme un noble seigneur et se la fasse tendre sur une spatule d'or par un cardinal qui s'agenouille et s'incline, tout comme si le Saint Sacrement n'était pas digne que le Pape, pauvre pécheur puant, se levât pour rendre hommage à son Dieu, alors que tous les autres Chrétiens qui sont bien plus saints que notre Très Saint Père le Pape reçoivent ce sacrement avec le plus profond respect. Comment s'étonnerait-on que Dieu nous châtie tous pour avoir toléré et approuvé, dans la personne de nos prélats, que l'on manquât ainsi de respect à Dieu, et pour nous être associés à cette maudite arrogance par notre silence et nos flatteries ?

Il en est de même aussi quand il porte le Sacrement à la procession ; c'est lui qu'il faut porter et le Sacrement est posé devant lui comme un pichet de vin sur une table. Bref, le Christ ne compte pour rien à Rome, c'est le Pape qui compte pour tout. Et par des vexations et des menaces, ils prétendent malgré tout nous obliger à approuver ce scandale anti-chrétien, à le célébrer et le vénérer contre la volonté de Dieu et au mépris de toute la doctrine chrétienne. Que Dieu nous aide à réunir un libre Concile pour que celui-ci enseigne au Pape qu'il est, lui aussi, un homme et qu'il n'est pas plus que Dieu, comme il a l'arrogance de le prétendre.

Douzièmement, il faudrait faire cesser les pèlerinages de Rome et ne laisser personne partir en pèlerinage pour satisfaire sa propre curiosité ou les aspirations de sa piété particulière, sans que son curé, les autorités de la ville ou son souverain aient au préalable reconnu qu'il a pour le faire un motif suffisant et une intention droite. Je ne dis pas cela parce que les pèlerinages sont une mauvaise chose, mais parce qu'ils portent en ce moment de mauvais fruits car les pèlerins ne voient à

Rome aucun bon exemple, mais rien que des scandales et, comme ils l'ont eux-mêmes exprimé en un dicton : « Plus on approche Rome et pires sont les chrétiens », ils ramènent avec eux le mépris de Dieu et de ses commandements. On dit que quiconque va pour la première fois à Rome cherche un coquin, pour la seconde fois le trouve, pour la troisième fois, le ramène avec lui [65]. Mais ils sont maintenant devenus si habiles qu'ils accomplissent en une fois les trois voyages et ils nous en ont vraiment ramené de si jolis tours qu'il vaudrait mieux qu'ils n'eussent jamais vu Rome ni fait connaissance avec cette ville.

Et quand bien même cette raison n'existerait pas, il en est une plus excellente encore [66], c'est que les hommes simples sont induits à se faire de fausses idées et à mal comprendre les commandements de Dieu, car ils s'imaginent que ce pèlerinage est une insigne bonne œuvre, ce qui pourtant n'est pas vrai. Ce n'est guère une bonne œuvre et c'est souvent une œuvre mauvaise, une œuvre de perdition, car Dieu ne l'a point ordonnée. Mais il a ordonné qu'un homme prenne soin de sa femme et de ses enfants, qu'il remplisse les devoirs propres à l'état de mariage, et qu'en outre il aide et serve son prochain. Or il arrive qu'un homme fasse le pèlerinage de Rome, dépense cinquante, cent florins, parfois plus, parfois moins, sans que personne le lui ait ordonné, et il laisse chez lui sa femme, ses enfants, ou tout au moins son prochain aux prises avec la misère, et cet acte d'indiscipline et de mépris des lois divines, il prétend même, ce fou, le parer du nom de « pèlerinage librement consenti », alors qu'il s'agit d'une pure curiosité ou d'une tentation diabolique. Les Papes y ont contribué avec l'invention mensongère et bouffonne des années d'or [67], ils ont jeté le trouble dans le peuple, l'ont détourné des commandements de Dieu et attiré vers leurs propres entreprises de perdition, ils ont provoqué précisément ce qu'ils auraient dû interdire. Mais cela a rapporté de l'argent et a renforcé leur pouvoir usurpé, aussi faut-il que cela continue, bien que ce soit contraire à la volonté de Dieu et au salut des âmes.

Pour extirper cette croyance mensongère et corruptrice des naïfs Chrétiens et rétablir une saine intelligence des bonnes œuvres, il faudrait supprimer tous les pèlerinages, car il n'y a là-dedans rien de bon, aucun commandement, aucun acte d'obéissance, par contre d'innombrables occasions de pécher et de mépriser les commandements de Dieu. De là provient que tant de mendiants, à l'occasion de ces pèlerinages, font maints tours de coquin, ils y ont appris à mendier sans nécessité et ils en ont conservé l'habitude.

De là provient le vagabondage et bien d'autres misères que je ne veux pas énumérer ici. Quiconque désormais voudrait faire un pèlerinage ou former le vœu d'en faire un, devrait auparavant en indiquer le motif à son curé ou à son souverain. S'il se trouvait alors qu'il le fasse pour accomplir une bonne œuvre, le curé ou le souverain fouleraient hardiment aux pieds ce même vœu et cette même bonne œuvre comme une illusion créée par le diable et l'inciteraient à employer l'argent et le travail nécessaires pour le pèlerinage, à obéir aux commandements de Dieu et à accomplir des œuvres mille fois préférables, c'est-à-dire à les consacrer aux siens ou aux pauvres de son entourage. S'il le fait par curiosité, pour visiter les pays et les villes, qu'on le laisse suivre son désir. Si le vœu a été prononcé au cours d'une maladie [68], que l'on interdise et réprouve de semblables vœux, et que l'on dresse à l'encontre les commandements de Dieu, que désormais il se contente d'observer le vœu qu'il a prononcé au baptême : celui d'obéir aux commandements de Dieu. Qu'on lui permette pourtant pour cette fois, afin d'apaiser sa conscience, de remplir son absurde vœu. Nul ne veut parcourir la véritable voie commune, celle des commandements de Dieu ; chacun crée pour son usage, de nouvelles voies et de nouveaux vœux, comme s'il avait accompli tous les commandements de Dieu.

[XIII] [69]. Ceci dit, nous en venons [70] à la grande

foule de ceux qui prononcent beaucoup de vœux et ne les tiennent guère. Ne vous fâchez pas, chers seigneurs, je ne veux vraiment que le bien, c'est l'amère et douce vérité, il ne faut plus désormais laisser bâtir des Monastères pour les ordres mendiants. Dieu nous aide, il y en a déjà bien trop ! Oui, plût à Dieu qu'ils fussent déjà tous supprimés ou au moins groupés en deux ou trois ordres ! Il n'a jamais rien valu, et jamais de la vie il ne vaudra rien de vagabonder de par le pays. Aussi tel est mon conseil : que l'on en prenne dix ou autant qu'il en est besoin, qu'on les groupe et qu'on en fasse un seul auquel on accordera des subsides suffisants pour lui interdire la mendicité. Oh ! ici, il faut considérer plutôt ce qui est nécessaire au salut de la communauté que le statut qu'ont adopté Saint François, Saint Dominique, Saint Augustin [71], ou n'importe quel autre homme, surtout étant donné que ces statuts n'ont pas porté les fruits qu'ils escomptaient.

Et qu'on leur ôte le droit de prêcher et de confesser, sauf si des Évêques, des curés, des paroisses ou l'autorité les ont appelés à ces fonctions ou en ont exprimé le désir. De ces prédications et de ces confessions il n'est jamais rien résulté d'autre que haine et jalousie entre curés et moines [72], grands scandales et graves inconvénients pour les fidèles ; voilà des raisons valables et suffisantes pour mettre un terme à ces abus, étant donné que l'on peut bien se passer d'eux. Selon toute vraisemblance, ce n'est pas sans intention que le Saint-Siège de Rome a renforcé une telle milice, il voulait empêcher que, lassés de sa tyrannie, Évêques et prêtres acquièrent trop de puissance à son gré et prennent l'initiative d'une réforme qui ne tournerait pas à l'avantage de Sa Sainteté.

Il faudrait en outre supprimer tant de sectes et de groupes distincts qui existent au sein d'un même ordre [73], qui parfois doivent l'existence à une cause minime et qui ont moins de raison encore de subsister ; ils luttent les uns contre les autres avec une haine et une jalousie indicibles cependant que la foi chrétienne, qui se passe bien de pareilles distinctions, n'en décline pas moins de part et d'autre et qu'on ne s'attache et on ne tend à une bonne vie chrétienne qu'en se limitant aux lois, aux œuvres et aux formes extérieures. Les seuls résultats que l'on obtienne et qui se manifestent alors ne sont qu'hypocrisie et perdition des âmes, comme chacun de nous le voit de ses yeux.

On devrait aussi interdire au Pape d'instituer ou de confirmer de nouveaux ordres mendiants et même lui enjoindre d'en supprimer quelques-uns et d'en réduire par la force le nombre, puisque la foi du Christ qui, seule, constitue le bien essentiel et qui subsiste sans qu'il soit besoin d'aucun ordre, ne souffre pas médiocrement du risque que les hommes, aisément égarés par tant d'œuvres et de modes si nombreuses et si diverses, ne vivent pas plus sur ces œuvres et sur ces modes qu'ils ne prêtent attention à la foi : et quand il n'existe pas dans les monastères des prélats [74] qui prêchent et mettent en pratique la foi plutôt que la loi de leur ordre, il est alors impossible que l'ordre ne soit pas nuisible, et ne cause pas la perte des âmes simples qui ne portent attention qu'aux œuvres.

Mais de notre temps ils sont morts, presque partout, les prélats qui avaient eu la foi et qui avaient institué les ordres. De même, jadis, chez les enfants d'Israël, à peine étaient-ils morts, les pères qui avaient connu les œuvres de Dieu, et ses merveilles, que les fils, par ignorance des œuvres et de la foi divines, se mirent à instituer l'idolâtrie et leurs propres œuvres humaines ; de même maintenant encore hélas ! ces ordres qui ont cessé de comprendre les œuvres et la foi divines, se tourmentent lamentablement, s'exercent et s'efforcent d'appliquer leurs propres règles, lois et modes sans jamais parvenir à une exacte intelligence de la vie spirituelle en Dieu, ainsi que l'Apôtre (II Tim. III [5.7]) l'a prédit en ces termes : « Ils ont les dehors d'une vie spirituelle sans en avoir la réalité, ils apprennent toujours sans jamais réussir à savoir ce qu'est une véritable vie spirituelle. » Il vaudrait mieux qu'il n'existât pas de monastère où le gouvernement n'appartienne pas à un prélat spirituel qui ait l'intelligence de la foi chrétienne, car le prélat ne peut pas gouverner sans causer de dommage et de préjudice, et il en causera d'autant plus qu'il semblera plus saint et mènera une vie excellente par ses œuvres extérieures [75].

A mon avis, il serait nécessaire, surtout en nos temps pleins de périls, de prescrire que couvents et monastères soient à nouveau organisés comme ils l'étaient primitivement à l'époque des Apôtres et le demeurèrent longtemps : chacun était laissé libre d'y rester aussi longtemps qu'il en avait envie. Car qu'étaient alors couvents et monastères, si ce n'est des écoles chrétiennes où l'on enseignait l'Écriture et la discipline morale du Christianisme et où l'on formait des hommes en vue du gouvernement spirituel et de la prédication ? Les livres nous apprennent que Sainte Agnès passa par cette école et c'est ce que nous voyons encore dans certains couvents de femmes comme à Quedlinbourg et en quelques autres lieux. A la vérité, tous les couvents et monastères devraient aussi être libres, afin qu'on y serve Dieu spontanément, et non pas sous l'action de la contrainte.

Mais, par la suite, on a lié cette institution à des vœux et on en a fait une prison perpétuelle, au point qu'on attache plus d'importance à ces vœux qu'à ceux du baptême [76]. Les résultats qui s'ensuivent, nous les voyons, les entendons, les lisons et les apprenons chaque jour plus clairement. Je crois bien que mon conseil sera tenu pour tout à fait fou, mais je ne m'en inquiète pas pour le moment. Je donne les conseils qui me semblent utiles ; les rejette qui voudra. Je vois bien comment sont observés les vœux, et en particulier le vœu de chasteté [77] que l'on prononce généralement dans ces monastères alors que le Christ ne l'a pas ordonné et que le don de chasteté n'est accordé qu'à un très petit nombre, comme lui-même et Saint Paul le disent [Math. 19, 11 s., I Cor. 7, 7]. J'aimerais bien qu'on tire chacun de peine et qu'on ne laisse pas des âmes chrétiennes prisonnières des modes et des lois particulières, inventées par les hommes.

Quatorzièmement, nous voyons aussi comme le clergé est déchu et comment maint pauvre prêtre, pour qui femme et enfants sont une trop lourde charge, tourmente sa conscience, sans que nul fasse effort pour lui porter secours, bien qu'il en ait très grand besoin. Si le Pape et les Évêques laissent ici advenir ce qui advient et périr ce qui périt, je veux, moi, sauver ma conscience, et ouvrir librement la gueule, dussé-je contrarier le Pape, l'Évêque ou qui l'on voudra, et voici ce que je dis :

Selon l'ordre institué par le Christ et les Apôtres chaque ville doit avoir un curé ou un Évêque, ainsi que Paul l'écrit clairement (Tit. I[5]) et ce curé ne doit pas être mis en demeure de vivre sans femme légitime, mais il peut en avoir une comme Saint Paul l'écrit (I Tim. III [2] et en Tit. I [6 s.]) il dit : « Un Évêque doit être un homme irréprochable, époux d'une seule femme, dont les enfants sont obéissants et vertueux, etc. » Car, chez Saint Paul, Évêque et prêtre sont termes équivalents, ce qui est confirmé aussi par Saint Jérôme [78]. Mais les Évêques, tels qu'ils existent aujourd'hui, l'Écriture les ignore, ils ont été créés par une disposition générale de la Chrétienté pour que l'un d'entre eux gouverne un grand nombre de curés.

Ainsi l'Apôtre nous enseigne clairement que dans la Chrétienté chaque ville doit choisir, au sein de la communauté, un citoyen pieux et instruit, lui confier la fonction de curé, le nourrir aux frais de la commune [79] et lui laisser entière liberté de se marier ou de ne pas se marier ; celui-ci devrait avoir à ses côtés plusieurs prêtres ou diacres, mariés ou non, à leur gré, qui l'aideraient à assurer la direction de la communauté, la prédication et les sacrements, dispositions qui se sont maintenues dans l'Église grecque. Par la suite, en raison des persécutions et des luttes si fréquentes contre les hérétiques, il s'est trouvé beaucoup de saints Pères qui, volontairement, ont renoncé à l'état de mariage pour mieux étudier et être plus prêts à chaque instant à mourir et à combattre.

C'est alors que, prenant une initiative criminelle, le Siège romain est intervenu pour transformer cette habitude en une règle générale, il a interdit l'état de mariage à la classe sacerdotale. C'est le diable qui leur a suggéré cette décision, selon la prédiction de Saint Paul (I Tim. IV [1.3]) : « Il viendra des maîtres pour enseigner la doctrine du diable et interdire le mariage, etc. » C'est là l'origine de tant de malheurs qu'il est impossible de les énumérer ; on a de la sorte fourni à l'Église grecque un motif pour se détacher, les dissensions, les péchés, les opprobres et les scandales se sont multipliés à l'infini, comme il advient toujours quand le diable entreprend ou mène une affaire. Qu'allons-nous donc faire ?

Je conseille que l'on rende à chacun l'entière liberté et qu'on lui permette, à son gré, de se marier ou de ne pas se marier [80]. Mais ceci supposerait un tout autre régime et un nouveau règlement des biens ; le droit canon tout entier s'effondrerait et rares seraient les bénéfices qui prendraient le chemin de Rome. Je crains que la cupidité ne soit à l'origine de cette malheureuse et peu chaste chasteté, car la conséquence a été que chacun a voulu devenir curé et faire faire à son fils des études dans ce but, non pas dans l'intention qu'il vive chastement, ce qui pouvait se faire sans qu'existât la classe sacerdotale, mais pour qu'il subvienne à sa nourriture temporelle sans peine ni travail, contrairement au commandement de Dieu (Gen. III [19]) : « Tu mangeras ton pain à la sueur de ton front. » Ils ont donné à ceci de belles couleurs, prétextant que leur travail était de prier et de dire la messe.

Je laisse ici en suspens la question du Pape, des Évêques, des clercs des fondations et des moines qui ne sont pas d'institution divine [81]. Puisqu'ils se sont imposés des fardeaux, ils n'ont qu'à les porter. Je veux parler de la classe des curés que Dieu a instituée ; les curés doivent assurer le gouvernement des paroisses, prêcher, administrer les sacrements, vivre au milieu de leurs paroisses et matériellement y tenir ménage. Il faudrait qu'un Concile chrétien leur concède la liberté de se marier pour éviter les risques et le péché. Car, du moment que Dieu ne les a pas liés, nul ne doit ou ne peut les lier quand bien même ce serait un Ange venu du ciel, pour ne pas parler du Pape ; et les propositions contraires que contient le droit canon ne sont que fables et bavardages.

Voici ce que je conseille encore : quiconque se fera désormais consacrer pour devenir curé, ou dans quelque autre but que ce soit, ne s'engagera en aucune manière auprès de l'Évêque à conserver la chasteté et lui objectera qu'il n'a aucune autorité pour exiger semblable vœu et que c'est diabolique tyrannie que d'exiger pareille chose. Si l'on veut ou doit dire, comme font quelques-uns « *quantum fragilitas humana permittit* [82] » que chacun interprète librement cette formule « *negative, id est non promitto castitatem* », car « *fragilitas humana non permittit caste vivere* », mais seulement « *angelica fortitudo et celestis virtus* [83] », pour conserver une conscience libre de tout engagement.

Je ne veux pas conseiller ni non plus empêcher qu'au cas où l'on n'a pas encore de femme, on se marie ou l'on reste sans femme. J'attends qu'une disposition générale soit adoptée pour toute la Chrétienté et m'en remets au bon sens de chaque individu. Mais je ne veux pas que mon conseil sincère soit plus longtemps celé ni que ma consolation tarde à atteindre le troupeau lamentable de ceux qui, dès à présent, succombent sous le poids de la femme et des enfants, qui croupissent dans la honte et que torture leur conscience parce qu'on traite leur femme de fille à curés et leurs enfants d'enfants de curé, et voici ce que je leur dis, usant de la franchise qui est le privilège du fou :

On trouve maint bon prêtre auquel on ne saurait adresser aucun reproche si ce n'est que « sa chair est faible » et qu'il a failli avec une femme, alors que tous deux, au fond de leur cœur, seraient tout disposés à demeurer toujours l'un auprès de l'autre et à garder la véritable fidélité conjugale, s'ils pouvaient seulement le faire, la conscience tranquille, quand bien même ils devraient supporter l'opprobre publique ; ces deux là sont certainement mariés devant Dieu ! Et voici ce que je dis : « s'ils sont dans de telles dispositions et unissent ainsi leurs vies, qu'ils libèrent hardiment leur conscience ; qu'il la prenne pour femme légitime, la conserve, et vive par ailleurs honnêtement avec elle comme fait un mari, sans se préoccuper de savoir si le Pape est ou non consentant et si cela est contraire aux lois spirituelles ou charnelles. Le salut de votre âme importe plus que les lois tyranniques, autocratiques et criminelles qui ne sont point nécessaires au salut et n'ont point été prescrites par Dieu. Et il vous faut faire comme faisaient les enfants d'Israël qui volaient aux Égyptiens le salaire qu'ils avaient gagné ou comme un serviteur qui volerait à son méchant maître le salaire qu'il aurait gagné ; volez de même au Pape votre femme et vos enfants légitimes.

Celui qui a une foi suffisante pour risquer pareille action, qu'il me suive hardiment, je ne le mènerai pas sur la mauvaise route. Si je n'ai pas de pouvoir comme Pape, j'ai quand même comme Chrétien le pouvoir d'aider par des conseils mon prochain à échapper au péché et à ses embûches, et je ne manque pas de bonnes raisons pour le faire. Premièrement : tous les prêtres ne peuvent pas se passer de femmes, non seulement à cause de la faiblesse de la chair, mais surtout à cause des soins du ménage. Faut-il donc qu'il entretienne une femme — et le Pape le lui permet — sans pourtant être marié avec elle ? Cela ne revient-il pas à laisser une femme et un homme seuls auprès l'un de l'autre et à leur interdire quand même de faillir. N'est-ce pas tout comme si l'on mettait ensemble du feu et de la paille et que l'on prétendît interdire qu'il en sortît de la fumée et des flammes ?

Deuxièmement : le Pape n'a pas pouvoir pour prononcer pareille interdiction, pas plus qu'il n'a pouvoir pour interdire le boire, le manger et les issues naturelles ou pour défendre de grossir. Aussi personne n'est-il tenu à observer ses prescriptions et le Pape assume la charge de tous les péchés qui se commettent à cause de ces statuts, de toutes les âmes qui se perdent à cette occasion, de toutes les consciences que ces dispositions troublent et torturent ; il aurait mérité depuis longtemps qu'on l'expulsât hors de ce monde, tant il a étranglé d'âmes avec son lacet diabolique, encore que j'espère qu'envers beaucoup Dieu se soit montré plus indulgent à leur heure dernière que le Pape pendant leur vie. Il n'est encore jamais rien sorti de bon, et jamais il ne sortira rien de bon de la Papauté et de ses lois. Troisièmement : bien que la loi papale s'y oppose quand l'état de mariage s'instaure en violation de la loi papale, celle-ci ne joue plus et perd toute valeur. Car la loi de Dieu qui, dans ce cas, interdit à quiconque de séparer l'homme de la femme, dépasse de beaucoup la loi du Pape et il ne faut pas que, pour l'amour du commandement pontifical, on déchire le commandement de Dieu et qu'on le laisse à l'arrière-plan, encore que, d'accord avec le Pape, bien des juristes insensés aient inventé des « *impedimenta*[84] » et semé des difficultés, des divisions, de la confusion dans l'état de mariage, tant et si bien que la loi de Dieu a fini par sombrer complètement. A quoi bon tant parler ? Il n'y a pas dans tous les canons pontificaux deux lignes qui puissent servir d'enseignement à un bon chrétien et ils contiennent malheureusement tant de lois controuvées et dangereuses que le mieux serait encore qu'on en fît un rouge bûcher.

Si l'on vient me dire que ces affaires sont une cause de scandale et qu'il faut d'abord que le Pape accorde des dispenses, je répondrai que le scandale qui s'attache à ces affaires a pour auteur le Saint-Siège qui a institué pareille loi au mépris du droit et contre la volonté de Dieu ; devant Dieu et la Sainte Écriture, il n'y a pas de scandale. Si le Pape peut accorder des dispenses moyennant finances en appliquant ses lois cupides et tyranniques, chaque chrétien peut, lui aussi, par amour de Dieu et pour le salut des âmes, accorder des dispenses dans les mêmes matières. Car le Christ nous a libérés de toutes les lois humaines, particulièrement quand elles sont contraires à la volonté de Dieu et au salut des âmes, ainsi que l'enseigne Saint Paul (Gal. VI [1] et I. Cor. XI [9, 4-s ; 10, 23]).

Quinzièmement, il ne faut pas non plus que j'oublie les malheureux monastères. Le Malin qui, grâce aux lois humaines, a jeté la confusion dans tous les états et les a rendus insupportables, a possédé aussi quelques Abbés, Abbesses et prélats ; ils dirigent leurs frères et sœurs de telle sorte que ceux-ci prennent bien vite le chemin de l'enfer et mènent déjà en ce monde une existence misérable comme font tous les martyrs du diable. Ces prélats se sont en effet réservé la confession de tous les péchés mortels ou certains péchés mortels qui sont restés secrets, et aucun frère ne peut absoudre son prochain de ces péchés, sous peine d'excommunication et d'emprisonnement. Or, on ne trouve pas partout et toujours que des Anges mais aussi des êtres de chair et de sang qui supportent toutes les menaces et les excommunications plutôt que de confesser aux prélats et à certains confesseurs leurs péchés secrets ; ils s'approchent ensuite du Sacrement avec une conscience ainsi chargée, ils deviennent ainsi « *irregulares* [85] », s'attirent bien d'autres misères. O pasteurs aveugles, ô prélats insensés, ô loups ravisseurs !

Voici ce que je dis : si le péché est public ou connu, il est équitable que le prélat seul le punisse, mais il ne peut s'en réserver exclusivement aucun autre ; il n'a aucun pouvoir sur les péchés secrets, quand bien même ce seraient les pires péchés que l'on trouve ou que l'on puisse trouver. Si le prélat se les réserve, c'est qu'il est un tyran, il empiète sur la juridiction de Dieu. Tel est le conseil que je donne à tous les pénitents, frères et sœurs : quand vos supérieurs ne vous donnent pas l'autorisation de confesser vos péchés secrets à qui vous voulez, prenez-la vous-mêmes, accusez-les à votre frère ou à votre sœur, ou à qui vous voudrez, faites-vous absoudre et réconforter, aller et faites ensuite ce que vous voulez et ce que vous devez ; si vous croyez fermement que vous êtes absous, vous n'aurez rien à craindre. Et que l'excommunication, l'irrégularité et toutes les autres menaces qu'ils font peser sur vous, ne vous inquiètent et ne vous déconcertent pas, elles ne concernent que les péchés publics et connus que l'on ne voulait pas avouer ; cela ne vous touche pas. Pourquoi te mêles-tu, prélat aveugle, d'empêcher les péchés secrets par tes menaces ? Laisse aller ce que tu n'as pas obtenu publiquement, les tiens ont aussi à faire à la justice et à la grâce de Dieu ! Il ne les a pas si complètement mis dans ta main qu'Il les ait laissé échapper complètement à la sienne. Certes, ce que tu as sous ta coupe, c'est la plus petite partie d'eux-mêmes, laisse ton statut n'être qu'un statut, ne l'élève pas jusqu'au ciel pour le faire empiéter sur la juridiction divine.

Seizièmement, il serait nécessaire aussi que les anniversaires, cérémonies funèbres, messes des morts [86], soient supprimés ou au moins que l'importance en soit réduite, car, nous en avons publiquement le spectacle devant les yeux, ils ne sont plus que dérision et Dieu s'en irrite grandement ; ce ne sont plus qu'affaire d'argent, occasion de ripailles et de beuveries. Quel contentement Dieu pourrait-Il trouver à ce qu'on ressasse si lamentablement ces pauvres Vigiles [87] et ces pauvres Messes, au lieu de les dire comme des prières et quand bien même on y prierait, on n'agirait pas pour la satisfaction de Dieu, librement et par amour, mais à cause de l'argent reçu et pour s'acquitter d'une dette que l'on a contractée. Or il n'est pas possible qu'une œuvre plaise à Dieu, ou qu'une action monte jusqu'à lui, si elle ne s'accomplit pas dans un élan de libre amour. Ainsi il est donc chrétien que nous supprimions ou réduisions au moins tout ce que nous voyons dégénérer en abus et tout ce qui irrite Dieu plus qu'il ne l'apaise. J'aimerais mieux et il serait certes plus agréable à Dieu et bien préférable qu'une fondation, une église ou un monastère rassemble toutes leurs Messes et Vigiles de l'année et célèbre un jour une seule véritable Vigile et une Messe avec une gravité, une piété et une foi profondes, pour tous leurs bienfaiteurs, plutôt que d'en célébrer par milliers chaque année, en disant une pour chacun mais sans y mettre tant de piété et tant de foi. O, mes chers Chrétiens, Dieu n'attache pas autant d'importance à la longueur qu'à la ferveur des prières, Il condamne même les prières longues et répétées (Math. VI [7]) et dit qu'elles n'attireront que de plus graves châtiments [Math. 23, 14]. Mais la cupidité qui ne peut mettre en Dieu sa confiance est à l'origine de ces pratiques, tant elle redoute de mourir de faim.

Dix-septièmement, il faudrait aussi supprimer quelques peines ou châtiments du droit canon, particulièrement l'interdit [88], qui ont, sans aucun doute, été inventés par l'Esprit Malin. N'est-ce pas faire œuvre diabolique que de vouloir amender un péché par des péchés nombreux et plus graves ? Ne commet-on pas un plus grave péché quand on réduit au silence la parole de Dieu et qu'on fait cesser le service divin que si l'on tuait vingt Papes à la fois, pour ne pas parler d'un seul curé, ou si l'on retenait des biens ecclésiastiques ? C'est là un de ces aimables enseignements de moralité comme en dispense le droit spirituel, car le droit canon s'appelle aussi spirituel parce qu'il vient de l'Esprit, non pas de l'Esprit Saint, mais de l'Esprit Malin.

Il ne faut pas user de l'Excommunication, hors des cas où l'Écriture prescrit d'en user, c'est-à-dire contre ceux qui n'ont pas la vraie foi ou qui vivent publiquement dans le péché, mais non pas à propos des biens temporels. Mais maintenant, c'est le monde renversé ! Chacun croit et vit comme il l'entend, particulièrement ceux qui usent le plus de l'excommunication pour tourmenter et outrager les autres, et l'excommunication n'est plus couramment employée que pour les biens temporels, et ceci, nous ne le devons qu'à l'injustice spirituelle, ainsi que je l'ai indiqué autrefois dans mon sermon [89] avec de plus amples détails.

Quant aux autres peines et châtiments, suspension, irrégularité, aggravation, réaggravation, déposition, fulmination, tonnerre, malédiction et réprobation et autres petites trouvailles, il faudrait les enfouir à dix aunes de profondeur, afin que même leur nom et leur souvenir disparaissent de la terre. L'Esprit Malin qu'a déchaîné le droit canon a apporté ces cruels fléaux et ces misères dans le céleste royaume de la sainte Chrétienté et il n'a eu d'autre but que de perdre et d'embarrasser les âmes et c'est bien à ces gens-là que s'applique la parole du Christ (Math. XXIII) [13] : « Malheur à vous, scribes, vous avez accaparé le pouvoir d'enseigner et vous fermez aux hommes le Royaume des Cieux, vous n'y entrez pas et vous n'y laissez pas entrer ceux qui y viennent. »

Dix-huitièmement, il faudrait supprimer toutes les fêtes et ne conserver que le dimanche ; mais si l'on voulait célébrer la fête de Notre-Dame et celles des grands Saints, il faudrait les remettre toutes au dimanche ou célébrer seulement la Messe le matin et considérer ensuite toute la journée comme un jour ouvrable. Car, puisque nous abusons de ces fêtes en nous adonnant à la boisson, au jeu, à la paresse et à toutes sortes de vices, nous irritons Dieu plus aux jours saints qu'aux autres jours et c'est le monde renversé : les jours saints ne sont pas saints, les jours ouvrables sont saints ; non seulement nous ne rendons à Dieu et à ses Saints aucun culte, mais nous les déshonorons gravement avec nos nombreux jours de fête ; là pourtant quelques prélats insensés suivent chacun l'inspiration de leur aveugle piété ; ils croient avoir fait une très bonne œuvre en instituant une fête à Sainte Odile ou à Sainte Barbe [90], alors qu'ils en auraient fait une bien meilleure si, pour honorer un saint, ils avaient fait d'un jour de fête un jour ouvrable.

De plus, l'homme du commun subit, outre ce dommage spirituel, un double dommage matériel : il est retardé dans sa besogne, en outre il a plus consommé que de coutume, ce qui affaiblit aussi son corps et le rend maladroit ainsi que nous le constatons chaque jour, sans que nul songe à y porter remède. Et ici il n'y aurait pas à se demander si le Pape a institué ces fêtes et s'il faut obtenir de lui une dispense et une autorisation. Ce qui est contre Dieu et ce qui nuit à l'homme dans son corps et dans son âme, non seulemnet toute municipalité, tout conseil, toute autorité a le pouvoir de le supprimer ou de l'interdire sans que le Pape ou l'Évêque ait à en connaître ou à y consentir ; bien plus, au risque de perdre leur âme, ils sont encore tenus de l'empêcher, quand bien même ils iraient contre la volonté du Pape et de l'Évêque qui pourtant devraient être les premiers à empêcher semblables abus.

Il faudrait d'abord faire disparaître complètement les fêtes patronales, puisqu'elles sont devenues très exactement de vrais cabarets, des foires et des tripots et qu'elles ne contribuent qu'à déshonorer Dieu et à perdre les âmes. L'on clame bien en vain que l'origine en est bonne et que c'est une bonne œuvre. Dieu a pourtant abrogé la loi qu'il avait donnée du haut du ciel, quand elle se fut muée en abus et il change quotidiennement ce qu'il a établi, détruit ce qu'il a fait à cause des changements dus aux abus comme il est écrit de lui au psaume XVII [18, 27] : « Tu changes avec ceux qui changent. »

Dix-neuvièmement, il faut que soient changés les liens ou degrés de parenté auxquels est interdit l'état de mariage, tels que les liens qui unissent compère et commère, les quatrième et troisième degrés ; il faut que, quand le Pape peut, moyennant finances, accorder des dispenses en cette matière et les vendre honteusement, chaque curé puisse en accorder gratis et pour le salut des âmes. Oui, plût à Dieu que nous fussions débarrassés de tout ce qu'il faut acheter à Rome et de ce piège à argent qu'est le droit canon, que chaque curé pût accorder sans frais permissions et dispenses telles qu'indulgences, lettres d'indulgence, lettres de beurre, lettres de Messes et autres « confessionalia [91] » ou friponneries qui existent à Rome et servent à berner le pauvre peuple et à le dépouiller de son argent. Car, si le Pape a le pouvoir de vendre pour de l'argent les pièges à argent et ses lacs ecclésiastiques — c'est lois que je devrais dire — un curé est certes bien plus encore autorisé à déchirer celles-ci et à les fouler aux pieds pour l'amour de Dieu ; s'il n'a pas autorité pour le faire, c'est que le Pape n'a pas non plus autorité pour les vendre en son marché infâme.

A ce propos, il faudrait encore qu'au sujet des jeûnes on s'en remette au bon vouloir de chacun et que l'on puisse librement toucher à toutes les nourritures, ainsi que le permet l'Évangile. Car eux-mêmes à Rome, ils se moquent des jeûnes, mais ici, ils nous font avaler une huile dont ils ne voudraient pas pour faire graisser leurs chaussures ; ensuite, ils nous vendent la liberté de manger du beurre et des mets de toutes sortes alors que le saint Apôtre dit qu'en tout ceci l'Évangile nous avait à l'avance accordé pleine liberté. Mais ils nous ont embarrassés et dépouillés avec leur droit canon ; afin que nous soyons obligés de racheter cette liberté avec de l'argent, ils ont réussi à rendre nos consciences si craintives et si délicates qu'il ne fait pas bon prêcher sur cette liberté, car le petit peuple s'en scandalise très fort et considère qu'en mangeant du beurre on pèche plus gravement qu'en mentant, en jurant, ou en se livrant à la débauche. Les règles fixées par les hommes ne sont pourtant qu'œuvre humaine, que l'on s'y prenne comme l'on voudra, et il n'en sortira jamais rien de bon.

Vingtièmement, il faut démolir et raser les chapelles irrégulières [92] et églises champêtres, comme celles qui servent de but aux nouveaux pélerinages, Wilsnack, Sternberg, Trêves, le Grimmental et maintenant Ratisbonne et bien d'autres de cette sorte. Oh ! que de mal et de peine ils auront à se justifier, les Évêques qui autorisent les pompes et les œuvres du démon et qui y trouvent leur satisfaction ! Ils devraient être les premiers à y mettre obstacle et ils pensent quand même que c'est chose sainte et divine sans voir que le diable use de ce moyen pour renforcer la cupidité, pour instaurer une piété fausse et imaginaire, pour affaiblir les églises paroissiales, pour favoriser l'ivrognerie et la fornication, pour faire gaspiller l'argent et le travail, et dans le seul but de mener le pauvre peuple par le bout du nez. S'ils avaient lu l'Écriture aussi bien que le maudit droit canon, ils sauraient bien à quoi s'en tenir à ce sujet.

Les signes miraculeux, s'il s'en est produit, ne servent de rien non plus, car l'Esprit Malin est bien capable d'accomplir des miracles, comme le Christ nous l'a prédit (Math. XXIV [24]). S'ils y mettaient quelque application et interdisaient cette pratique, les miracles auraient tôt fait de cesser. Ou alors, si celle-ci était voulue de Dieu, leur interdiction ne parviendrait pas à l'empêcher [Act. 5, 39]. Et s'il ne se présentait aucun autre signe montrant que cet usage ne vient pas de Dieu, celui-là seul suffirait : les hommes se précipitent, hors d'eux, privés de la raison, ils courent en troupeau, comme du bétail, ce qui ne peut venir de Dieu. Dieu n'a pas non plus donné aucun commandement à ce sujet ; l'obéissance, le mérite n'ont rien à faire ici ; aussi devrait-on intervenir hardiment et l'interdire au peuple. Car ce qui n'est pas commandé et qui s'accomplit plus que le commandement de Dieu, c'est certainement le diable lui-même. Ce sont aussi les églises paroissiales qui en pâtissent, car elles sont moins honorées. En bref, ce sont là les signes d'une grande perversion de la foi dans le peuple, car s'ils avaient la vraie foi, ils trouveraient toutes choses dans leurs propres églises qu'il leur est prescrit de fréquenter.

Mais que dirais-je ? Chacun songe seulement à instituer et à entretenir sur son territoire un de ces pèlerinages, sans du tout se soucier de la foi ni des mœurs du peuple. Les gouvernants ne valent pas mieux que le peuple : c'est un aveugle qui mène l'autre. Et même quand les pèlerinages ne veulent pas prendre, on se met à canoniser des saints, non pour honorer les saints qui seraient sans doute assez honorés sans être canonisés, mais pour rassembler les foules et gagner de l'argent. C'est à quoi s'emploient Pape et Évêques. Ici il pleut des indulgences, là on trouve assez d'argent pour en acheter. Mais ce que Dieu a commandé, nul ne s'en soucie, nul ne se précipite, nul n'a d'argent pour l'accomplir. Ah ! sommes-nous assez fous pour ne pas nous contenter de laisser le diable manifester dans ses pompes et dans ses œuvres son impudente activité, mais pour lui apporter encore notre concours et notre aide. Je voudrais qu'on laisse en paix les bons Saints et que l'on s'abstienne de séduire le peuple. Quel esprit a donné pouvoir au Pape pour canoniser les Saints ? Qui lui dit s'ils sont saints ou s'ils ne le sont pas ? N'y a-t-il pas, d'autre part, assez de péchés sur la terre, faut-il encore tenter Dieu, prévenir son jugement, ériger les braves Saints en appeaux pour la chasse aux écus [93] ?

Pour cette raison, je conseillerai qu'on laisse les Saints se canoniser eux-mêmes. Certes, c'est à Dieu seul qu'il appartiendrait de les canoniser ; et que chacun reste dans sa paroisse où il trouve plus que dans toutes les églises de pèlerinage, quand bien même elles seraient toutes des églises de pèlerinage. On y trouve baptême, sacrement, prédication et notre prochain, toutes choses de plus grande importance que tous les Saints du ciel car c'est à la parole de Dieu et aux sacrements qu'ils doivent tous leur sainteté. Du moment que nous méprisons de si grandes choses, Dieu est équitable quand il décide en sa colère de lâcher sur nous le diable qui nous mène à son gré, de çà, de là instaure des pèlerinages, fonde des chapelles et des églises, travaille à la canonisation des Saints et à d'autres œuvres bouffonnes afin que nous passions de la vraie foi à une nouvelle et fausse superstition, agissant comme il fit jadis avec le peuple d'Israël, qu'il écarta du temple de Jérusalem pour le mener en d'innombrables lieux, mais au nom de Dieu et sous de louables et saints prétextes ; c'est contre ces menées que prêchèrent tous les prophètes et à cause d'elles qu'ils furent torturés. Mais maintenant personne ne prêche là-contre, quiconque le ferait risquerait sans doute d'être torturé aussi par les Évêques, Papes, curés et moines. C'est ainsi qu'Antonin de Florence [94] et quelques autres doivent être proclamés Saints et canonisés, afin que leur sainteté serve à la renommée et au lucre, alors qu'elle n'aurait dû que contribuer à la gloire de Dieu et servir de bon exemple.

Et quand bien même la canonisation des Saints aurait jadis été bonne, elle a pourtant cessé de l'être, tout comme beaucoup d'autres choses ont jadis été bonnes et pourtant sont maintenant devenues sources de scandale et de dommages ; tels sont les jours de fêtes, les trésors et les ornements des églises. Car il est évident que par la canonisation ce n'est pas l'honneur de Dieu ni l'édification des chrétiens que l'on recherche, mais le lucre et la renommée : chaque église veut avoir et être quelque chose de spécial et de plus que les autres ; elle serait fâchée qu'une autre église en eût autant et partageât avec elle son privilège. En ces derniers temps qui furent les pires de tous, on a si bien détourné de leur but les biens spirituels afin d'extorquer et de conquérir les biens temporels que tout ce qui est Dieu même a été mis au service de la cupidité. De semblables privilèges ne peuvent non plus mener qu'à deux résultats : épanouissement des sectes et de l'arrogance, car les églises sont inégales entre elles, elles se méprisent et s'exaltent l'une l'autre, alors que tous les dons de Dieu sont communs à tous et doivent de même être mis au service de l'unité ; le Pape trouve aussi à tout cela son plaisir, car il serait fâché que tous les Chrétiens fussent égaux et unis.

A ce sujet, disons qu'on devrait abolir, ou mépriser, ou au moins mettre en commun les libertés de toutes les églises, les bulles et ce que le Pape vend à Rome sur sa voierie. Car s'il vend ou accorde à Wittemberg, à Halle, à Venise et avant tout à sa ville de Rome des indultes, des privilèges, des indulgences [95], des faveurs, des avantages, des « *facultates* », pourquoi n'en fait-il pas une distribution générale à toutes les églises ? N'a-t-il pas pour devoir de faire en faveur de tous les chrétiens, gratuitement et pour l'amour de Dieu, tout ce qui est en son pouvoir et même de répandre son sang pour eux ; aussi, dites-moi, pourquoi donne-t-il ou vend-il à telle église et non pas à telle autre ? Ou bien faut-il que le maudit argent ait introduit, aux yeux de Sa Sainteté, de si grandes différentes entre les Chrétiens qui ont le même baptême, la même Parole, le même Christ, le même Dieu et toutes choses en commun ? Veut-on donc absolument nous rendre aveugles malgré nos bons yeux, et fous malgré notre saine raison pour que nous adorions semblables cupidité, friponnerie, et mômerie ? Il est pasteur, dans la mesure où l'on a de l'argent, et pas davantage ; et malgré tout, ils n'ont pas honte de se montrer si fripons ni d'user de leurs bulles pour nous faire faire leurs quatre volontés. Ils n'ont en tête que leur maudit argent et rien d'autre.

Voici donc mon conseil : puisque ces bouffonneries ne sont pas abolies, il faut que tous les bons Chrétiens ouvrent les yeux, qu'ils ne se laissent pas induire en erreur par les bulles, les cachets et leur fausse dévotion, qu'ils restent chez eux dans leur église et se contentent parfaitement de leur baptême, de l'Évangile, de la foi, du Christ et de Dieu qui sont les mêmes en tous lieux, sans se soucier du Pape, aveugle chef des aveugles. Ni Ange ni Pape ne peuvent vous donner autant que Dieu vous donne dans votre paroisse, bien plus le Pape vous écarte des dons divins que vous recevez gratuitement pour vous imposer ses dons qu'il vous faut acheter, il vous donne du plomb au lieu d'or, de la peau au lieu de chair, un cordon au lieu de bourse, de la cire au lieu de miel, des mots au lieu de biens, la lettre au lieu de l'esprit, comme vous pouvez le voir, bien que vous vous obstiniez à ne pas le remarquer : s'il faut que vous montiez au ciel sur du parchemin et de la cire, votre voiture ne tardera guère à se briser, et vous tomberez en enfer, et pas au nom de Dieu. Tenez ceci pour une règle sûre : ce qu'il vous faut acheter au Pape n'est pas bon et ne vient pas de

Dieu, car non seulement ce qui vient de Dieu est donné gratuitement, mais tout le monde est puni et damné de n'avoir pas voulu l'accepter gratuitement, comme on doit faire pour l'Évangile et les œuvres divines. Nous avons mérité de par Dieu d'être ainsi séduits pour avoir méprisé sa parole sainte et la grâce du Baptême, ainsi que le dit Saint Paul : [II Thess. 2, 11 ss.] ; « Dieu enverra de puissantes illusions à tous ceux qui ont refusé leur foi à la vérité, afin qu'ils acceptent les mensonges et les coquineries, comme ils en sont dignes. »

21°. — Une des tâches qui s'imposent le plus impérieusement serait de supprimer toute mendicité dans toute la Chrétienté. Nul parmi les Chrétiens ne devrait jamais aller mendier et il serait facile aussi d'établir à ce sujet un règlement si l'on avait le courage de s'y appliquer sérieusement : chaque ville devrait prendre soin de ses pauvres et ne tolérer aucun mendiant étranger, quel que soit son nom, qu'il s'agisse de pèlerin ou de moine mendiant. Chaque ville pourrait nourrir les siens et, dans le cas où la ville serait trop peu importante, on inviterait les gens des villages voisins à verser à cet effet, sinon il leur faudrait, sous prétexte de mendicité, entretenir tant de vagabonds et de dangereux coquins ! De la sorte, on pourrait aussi savoir qui est véritablement pauvre et qui ne l'est pas.

Ainsi il devrait y avoir un administrateur ou protecteur connaissant bien les pauvres pour indiquer, le cas échéant, au conseil ou au curé ce dont ils ont besoin et comment on peut y pourvoir dans les conditions les meilleures. Dans aucun commerce il ne se commet, à mon sens, tant d'escroqueries et de scélératesses que dans la mendicité, alors qu'en cette matière elles seraient si faciles à éliminer. Ainsi le petit peuple, lui aussi, souffre de cette liberté générale dont jouissent les mendiants. J'ai fait la récapitulation : les cinq ou six ordres mendiants viennent chacun en un endroit plus de six ou sept fois l'an ; à quoi s'ajoutent les mendiants ordinaires, les clercs itinérants [96] et les pèlerins, ce qui fait qu'au total une ville est imposée quelque soixante fois par an, sans compter les droits, taxes et impositions du pouvoir temporel ni ce que le Siège romain vole avec sa marchandise et dépense inutilement, tant et si bien que ce me semble être une des plus grandes merveilles de Dieu que nous puissions encore subsister et nous entretenir.

Mais quelques-uns pensent que, de la sorte, les pauvres ne seraient pas si bien entretenus et qu'on ne bâtirait plus de si grandes maisons de pierre ni de tels monastères et qu'on y mettrait moins de munificence, et je serais très porté à le croire ; cela n'est pas non plus nécessaire : qui veut être pauvre ne devrait pas être riche ; mais si l'on veut être riche, que l'on mette la main à la charrue et que l'on cherche à faire sortir du sol la richesse. Il suffit que les pauvres soient correctement entretenus, de façon à ne pas mourir de faim et de froid. Il est indécent que l'un paresse grâce au travail de l'autre, qu'il soit riche et vive dans l'opulence tandis que l'autre vit péniblement comme le veut maintenant un usage absurde, car Saint Paul dit [II Thess. 3, 10] : « Celui qui ne travaille pas ne doit pas non plus manger. » Il n'a été ordonné à personne de vivre des biens d'autrui, si ce n'est aux prêtres chargés de l'administration et de la prédication, comme le dit saint Paul (I Cor. IX [14]), à cause du labeur spirituel qu'ils fournissent ; le Christ a dit aussi aux Apôtres [Luc, X, 7] : « Chaque ouvrier mérite son salaire. »

22°. — Il est aussi à redouter que beaucoup de Messes, fondées dans des chapitres et des monastères, non seulement ne servent pas à grand'chose, mais encore suscitent en Dieu une grande colère. C'est pourquoi il serait bon, non seulement de ne plus en fonder, mais encore d'abolir beaucoup de ces messes, puisque l'on voit qu'elles ne sont considérées que comme des sacrifices et des bonnes œuvres, alors qu'elles sont des sacrements [97] comme le baptême et la pénitence qui ne peuvent profiter qu'à celui qui les reçoit et à personne d'autre. C'est maintenant un usage établi que l'on célèbre la Messe pour les vivants et pour les morts et tout s'édifie sur cet usage ; c'est pourquoi on en fonde tant et il en est résulté tous les abus que nous constatons. Mais c'est là sans doute une notion trop neuve et inouïe, particulièrement pour ceux qui craignent que la suppression de ces Messes ne les prive de leur métier et de leur gagne-pain, aussi éviterai-je d'en parler davantage, jusqu'à ce qu'on commence à comprendre ce qu'est la Messe et à quoi elle sert. Pendant de nombreuses années on en a malheureusement fait un métier qui assure l'existence temporelle, aussi conseillerai-je à présent qu'il vaudrait mieux se faire berger ou exercer quelque autre métier manuel que de devenir prêtre, si l'on ne sait pas auparavant ce que c'est que de célébrer la Messe.

Je ne veux pas parler ici des anciennes fondations ni des vieux chapitres [98] qui sans doute ont été fondés pour la raison suivante : puisque tous les enfants de la Noblesse ne doivent pas posséder ni administrer des domaines héréditaires, selon les coutumes de la Nation allemande, leur existence pouvait être assurée dans ces mêmes fondations, ils pouvaient y servir Dieu librement et devenir des savants. Je veux parler des nouvelles fondations qui ne sont fondées que sur la prière et la célébration de la Messe ; leur exemple contraint aussi les vieilles fondations à s'encombrer de ces prières et de ces Messes, ce dont elles ne tirent aucun profit, ou un bien petit, bien que ce soit encore un don de la grâce divine, que finalement elles tombent, comme elles le méritent, dans la pire sentine, c'est-à-dire que, tandis que les orgues et les chantres glapissent, les messes sont célébrées distraitement et avec tiédeur, à seule fin que l'on touche les revenus des fondations ecclésiastiques et que l'on puisse les dépenser. Ah ! voilà ce que Pape, Évêques et Docteurs devraient considérer et examiner dans leurs écrits, ce sont eux au contraire, qui sont le plus ancrés dans ces pratiques, ils laisseront toujours se maintenir tout ce qui peut rapporter de l'argent, c'est toujours un aveugle qui conduit l'autre, tels sont les fruits que portent la cupidité et le droit canon.

Il ne faudrait pas non plus désormais qu'une même personne détienne plus d'un canonicat ou d'un bénéfice et chacun devrait se contenter d'une honnête aisance, afin de laisser à autrui la possibilité de vivre à côté de soi ; ainsi tombe l'excuse de ceux qui disent qu'il leur faut détenir plus d'un bénéfice pour mener une existence digne de leur rang ; on pourrait faire à leur existence digne une aussi large mesure que l'on voudrait, un pays tout entier ne suffirait à la contenir. Ainsi la cupidité et une secrète méfiance à l'égard de Dieu vont de pair et souvent ce que l'on fait passer pour la nécessité de mener une existence digne n'est que cupidité et manque de foi en Dieu.

23°. — Les confréries, et de même les indulgences, lettres d'indulgence [99], lettres de messe, dispenses, et ce qui y ressemble, jetez hardiment tout cela à l'eau, supprimez-le, tout cela ne vaut rien. Si le Pape peut vous accorder des dispenses au sujet du beurre et des messes, etc., il n'a qu'à remettre au curé le même pouvoir et il n'est pas fondé à le lui prendre. Je veux parler aussi des confréries où l'on répartit les indulgences, les messes et les bonnes œuvres. Mon cher, par le baptême, tu as noué des liens de confraternité avec le Christ, tous les anges et les saints et tous les Chrétiens de la terre ; tiens-t'en à cette confrérie-là et satisfais à tes devoirs envers elle, et elle te suffira, laisse les autres confréries se livrer, comme elles le veulent, à leurs fausses dévotions, elles ne sont en comparaison que comme les jetons à côté des florins. Mais s'il en existait une qui rassemblât de l'argent pour nourrir les pauvres ou pour apporter de l'aide à quelque malheureux, celle-là serait bonne et trouverait au ciel mérite et indulgence. Mais il n'en est sorti que banquets et beuveries.

D'abord, il faudrait chasser des pays allemands les légations pontificales avec leurs facultés [100] qu'elles vendent pour de grosses sommes, ce qui n'est pourtant que pure scélératesse, car cela consiste à transformer l'injustice en bon droit, à relever des serments, vœux et alliances, à enseigner le mépris de toute fidélité et de tout engagement, entre nous soit dit, ils prétendent que le Pape en a le pouvoir. C'est l'Esprit Malin qui les incite à parler, à nous enseigner une doctrine aussi diabolique et à se faire payer pour nous avoir appris à pécher et pour nous mener en enfer.

Même s'il n'existait aucune autre ruse maligne pour prouver que le Pape est le véritable Antéchrist, celle-ci suffirait bien à le prouver [101]. Entends-tu, Pape, toi qui n'es pas le Très Saint Père, mais le très grand pécheur, que Dieu, du haut du Ciel, détruise au plus vite ton Siège et l'abîme dans les profondeurs de l'Enfer ! Qui t'a donné le pouvoir de t'élever au-dessus de ton Dieu, de ruiner et de délier ce qu'il a ordonné, et d'enseigner aux Chrétiens et particulièrement à la Nation allemande dont tous les historiens louent la noble nature, la constance et la fidélité, à se montrer inconstants, parjures, traîtres, scélérats et perfides ? Dieu a commandé que l'on tienne serment et observe fidélité même envers ses ennemis et tu as l'audace de supprimer ce commandement et tu prétends, dans tes décrétales hérétiques et antichrétiennes [102], que tu détiens son pouvoir ; c'est Satan le Malin qui ment par ta voix et par ta plume, comme jamais encore il n'a menti, tu fais violence à l'Écriture pour la rendre conforme à ton bon plaisir. Ah ! Christ mon Seigneur ! Abaisse ton regard, fais éclater ton jugement dernier et détruis le nid du diable à Rome : c'est là que siège l'homme dont Paul a dit qu'il s'élèverait au-dessus de toi, siégerait dans ton Église, se présenterait comme un dieu, lui, l'homme du péché, le fils de la perdition [II Thess. 2, 3]. A quoi s'emploie le pouvoir pontifical si ce n'est à enseigner et à développer le péché et la malice, à mener les âmes à la perdition sous le couvert de ton nom ?

Les enfants d'Israël durent jadis respecter le serment qu'ils avaient prêté aux Gabaonites, leurs ennemis, bien qu'ils eussent été victimes d'une illusion et d'une duperie [Jos. 9, 19]. Et le roi Sédécias dut périr lamentablement avec tout son peuple parce qu'il avait violé le serment prêté au roi de Babylone [II Rois, 24, 20-25, 4 ss.]. Et près de nous il y a cent ans, l'excellent roi de Pologne et de Hongrie, Vladislas [103] fut malheureusement tué avec beaucoup d'excellentes gens par le Turc, parce qu'il s'était laissé endoctriner par la légation pontificale et le Cardinal et qu'il avait violé le bon et utile traité et le serment qu'il avait faits avec les Turcs. Le bon empereur Sigismond ne connut plus aucun bonheur après le Concile de Constance où il permit aux coquins de ne pas respecter le sauf-conduit qui avait été accordé à Jean Huss et à Jérôme, de là résultèrent ces difficultés lamentables entre la Bohême et nous. Et de notre temps, Dieu nous aide ! combien de sang chrétien a été répandu à cause du serment et de l'alliance que le pape Jules forma avec l'empereur Maximilien et le roi Louis de France, pour le violer une fois encore ! Comment pourrais-je raconter toutes les calamités que les Papes ont provoquées avec une si diabolique insolence, en annulant les serments et engagements conclus entre grands princes, pour les bafouer et dans un but lucratif. J'aime à croire que le jour du jugement est à nos portes ; il est absolument impossible que les choses deviennent jamais pires que le Siège romain ne les a faites. Il foule aux pieds les commandements de Dieu, il dresse les siens à la place. Si ce n'est pas là l'Antéchrist, qu'un autre dise qui ce peut bien être. Mais nous en parlerons davantage et mieux une autre fois.

24°. — Il est grand temps que nous nous occupions une bonne fois sérieusement et véritablement de l'affaire bohémienne [104] et que nous rétablissions l'unité entre nous et eux, entre eux et nous, afin que de part et d'autre on mette un terme à ces outrages, à cette haine et à cette jalousie horribles. En ma qualité de fou, je vais formuler le premier mon avis, mais je suis prêt à admettre toute solution meilleure. En premier lieu, il faut que nous reconnaissions vraiment la vérité, que nous acceptions quelques remontrances et fassions aux Bohémiens quelques concessions. Reconnaissons en effet que Jean Huss et Jérôme de Prague ont été brûlés au mépris du sauf-conduit et des serments papaux, chrétiens et impériaux ; de ce fait, le commandement de Dieu a été violé et les Bohémiens ont toute raison d'en éprouver de l'amertume, bien qu'il leur ait fallu être parfaits pour avoir supporté des nôtres une telle injustice et une si grave désobéissance aux ordres de Dieu, ils n'étaient pas tenus d'approuver semblable conduite ni de reconnaître que nous avions bien agi. Et même ils aimeraient mieux donner leur vie que de devoir reconnaître qu'on ait bien fait en ne respectant pas le sauf-conduit impérial, papal et chrétien et d'agir perfidement au mépris de ces engagements. Aussi, bien que les Bohémiens aient donné quelques signes d'impatience, c'est sur le Pape et les siens que repose surtout la responsabilité de tous les malheurs, de toutes les erreurs, des dommages causés aux âmes et de toutes les conséquences qu'a entraînées ce même Concile.

Je ne prétends pas juger ici les articles de Jean Huss ni défendre son erreur, bien que ma raison n'ait encore rien découvert chez lui d'erroné et que je puisse tranquillement supposer que ceux-là n'ont pas commis une bonne action ni n'ont prononcé honnêtement leur condamnation qui, en leurs agissements perfides, n'ont respecté ni le sauf-conduit chrétien, ni le commandement de Dieu, et que sans doute ils ont été plutôt possédés par l'Esprit Malin qu'habités par l'Esprit Saint. Nul ne mettra en doute que l'Esprit Saint n'agit pas contre les commandements de Dieu et nul n'est assez ignorant pour ne pas savoir que le manquement à la parole donnée et le mépris d'un sauf-conduit sont opposés aux commandements de Dieu quand bien même il aurait été accordé au diable lui-même, pour ne pas parler d'un simple hérétique ; et il est aussi évident qu'un tel sauf-conduit a été accordé à Jean Huss et aux Bohémiens et n'a pas été respecté, mais que par la suite il a été brûlé vif. Je ne prétends pas non plus faire de Jean Huss un Saint et un martyr, comme font certains Bohémiens, bien que je reconnaisse qu'il a été victime d'une injustice, que son livre et sa doctrine ont été injustement condamnés, car les jugements de Dieu sont secrets et terribles et nul autre que lui-même ne peut les révéler et les formuler. Voici ce que je dirai seulement : il peut être un hérétique aussi pernicieux que l'on voudra, on l'a quand même brûlé au mépris de toute justice et de la volonté de Dieu et il ne faut pas contraindre les Bohémiens à approuver cette procédure, ou alors nous ne recouvrerons plus jamais l'unité. Ce qui doit nous unir, c'est la vérité rendue publique et non pas l'entêtement. Il est sans valeur, le prétexte qu'on invoqua à l'époque : il n'y avait pas à respecter le sauf-conduit d'un hérétique, ce qui revient à dire : il faut ne pas observer les commandements de Dieu pour observer les commandements de Dieu. Le diable les a rendus complètement fous et insensés pour qu'ils n'aient pas eu conscience de ce qu'ils avaient dit et fait ! Dieu a commandé de respecter les sauf-conduits et il fallait les respecter, quand bien même le monde eût dû périr, pour ne pas parler d'un hérétique qui eût risqué d'échapper ; de même, ce n'est pas par le feu qu'il faut triompher des hérétiques, mais par des écrits, comme faisaient autrefois nos ancêtres. Si c'était un art que de triompher des hérétiques par le feu, les bourreaux seraient les plus savants des docteurs et nous n'aurions pas non plus besoin d'étudier, mais celui qui par la force l'emporterait sur autrui pourrait le brûler.

En second lieu, il faudrait que l'Empereur et les Princes envoient quelque pieux et sages Évêques et quelques savants (par pitié pas de Cardinaux ni de légats pontificaux ni d'inquisiteurs, car ces gens sont trop ignorants des choses chrétiennes et ils ne cherchent pas non plus le salut des âmes mais, comme font tous les cagots du Pape, ils travaillent en faveur de leur puissance, de leurs intérêts et de leur renommée, ils ont été aussi les principaux responsables des lamentables événements de Constance), il faut que ces mêmes experts s'informent auprès des Bohémiens de l'état de leur foi pour voir s'il ne serait pas possible de fondre en une seule toutes leurs sectes. Il faut alors que, pour l'amour des âmes, le Pape se dessaisisse quelque temps de son autorité et, conformément au statut du très chrétien Concile de Nicée, autorise les Bohémiens à choisir parmi eux un Archevêque de Prague dont les pouvoirs seraient confirmés par l'Évêque d'Olmütz en Moravie, ou l'Évêque de Gran en Hongrie, ou l'Évêque de Gnezen en Pologne ou l'Évêque de Magdebourg en Allemagne. Il suffit qu'il soit confirmé en son pouvoir par un ou deux de ces Évêques, comme c'était l'usage au temps de Saint Cyprien et le Pape ne doit pas s'y opposer, mais s'il s'y oppose, il se comporte comme un loup et un tyran et nul ne doit lui obéir et il faut riposter à son excommunication par une contre-excommunication.

Mais que, par respect pour le Siège de Saint Pierre, l'on veuille entreprendre une pareille action après en avoir averti le Pape, je n'y vois pas d'inconvénient, à moins que les Bohémiens ne fassent fi de cette précaution, et que le Pape ne veuille leur imposer des obligations même minimes et les soumettre à la tyrannie de ses serments et de son obédience, comme il le fait à tous les autres Évêques au mépris de Dieu et du droit ; s'il ne se contente pas de l'honneur qu'on lui fait en tenant à le mettre au courant, souhaitons bien du bonheur à ses serments, son droit, ses lois et sa tyrannie ; il aura, pour se satisfaire, le destin éternel et le sang des âmes demeurées en péril qui crient justice et réclament sa tête, car personne ne doit consentir à l'injustice, et c'est déjà assez que de rendre honneur à la tyrannie ! Au cas où il n'est pas possible de faire autrement, le libre choix et le consentement de tout le peuple peuvent valoir la confirmation d'un tyran. Mais j'espère qu'il ne sera pas nécessaire de recourir à cet expédient. Quelques Romains et quelques pieux évêques et savants finiront bien par reconnaître la tyrannie romaine et y mettre obstacle.

Je n'irai pas non plus conseiller qu'on les oblige à abolir le Sacrement sous les deux espèces, attendu que ce n'est pas un usage antichrétien ni hérétique, mais je leur conseillerai d'y renoncer, s'ils le veulent, de la même manière, mais que le nouvel Évêque s'attache à éviter qu'aucune dissension ne surgisse à ce sujet, mais leur enseigne avec douceur qu'en aucun cas il n'y a erreur, pas plus qu'il ne doit y avoir matière à discorde du fait que les prêtres s'habillent et se comportent autrement que les laïcs. De même s'ils ne voulaient pas accepter les lois canoniques de Rome, il ne faudrait pas les y forcer, mais considérer avant tout qu'en matière de foi et d'Écriture Sainte, ils marchent sur la droite voie, que la foi chrétienne et l'état chrétien peuvent bien se maintenir sans les lois insupportables du Pape et même l'état chrétien ne pourra vraiment se maintenir que si les lois de Rome perdent de l'importance ou disparaissent tout à fait ; par le baptême nous sommes devenus libres et seulement soumis à la Parole divine, pourquoi un homme prétend-il faire de nous les prisonniers de sa parole ? Ainsi que le dit Saint Paul [I Cor. 7, 23-Gal. 5, 1] : « Vous avez été libérés, ne vous rendez pas esclaves des hommes », c'est-à-dire de ceux qui gouvernent avec des lois humaines.

Si je savais que l'erreur des Beghards au sujet du Sacrement de l'Autel consiste seulement à croire qu'il existe vraiment du pain et du vin naturels mais que sous ces apparences, la chair et le sang du Christ sont réellement présents, je ne les rejetterais pas, mais je voudrais qu'ils se placent sous l'autorité de l'Évêque de Prague, car ce n'est pas un article de foi que le pain et le vin n'existent pas substantiellement et naturellement dans le Sacrement, ce n'est qu'une opinion de Saint Thomas et du Pape, mais c'est un article de foi que la chair et le sang du Christ sont véritablement et naturellement présents dans le pain et le vin naturels ; ainsi on devrait, de part et d'autre, supporter l'opinion du prochain, jusqu'à ce que l'unité soit atteinte, attendu qu'il n'y a pas de risque à croire que le pain est présent ou non, car il nous faut supporter bien des modes et des ordres sans que la foi ait à en souffrir ; dans le cas où leur foi serait différente, j'aimerais mieux les savoir en dehors, mais je m'efforcerais de leur enseigner la vérité.

Toutes les erreurs et divergences de vues que l'on pourrait encore découvrir en Bohême, il faudrait les supporter jusqu'à ce que le nouvel Archevêque soit intronisé et qu'avec le temps il rassemble tout le troupeau et rétablisse l'unité de la doctrine. A la vérité, ce ne sont pas la violence, les menaces ni la hâte qui peuvent opérer ce rassemblement, il faut que le temps et la douceur fassent leur œuvre. Il a pourtant bien fallu que le Christ s'entretînt longtemps avec ses disciples et supportât leur peu de foi, jusqu'à ce qu'ils crussent à sa résurrection. S'il existait à nouveau là-bas un véritable Évêque et un régime libéré de la tyrannie romaine, j'aime à croire que les choses iraient tout de suite mieux.

Les biens temporels qui ont été d'Église ne devraient pas être revendiqués de la façon la plus impérative, mais, attendu que nous sommes chrétiens et que chacun de nous a le devoir d'aider autrui, nous avons bien le pouvoir, dans l'intérêt de l'unité, de les leur concéder et de les leur laisser devant Dieu et devant le monde. Car le Christ [Math. 18, 20] a dit : « Là où deux sont assemblés sur terre, je suis au milieu d'eux. » Plût à Dieu que des deux côtés nous apportions notre consolation et nous nous tendions la main les uns aux autres avec une fraternelle humilité et non pas dans l'intention d'accroître notre puissance et nos droits ; l'amour est plus important et plus nécessaire que la Papauté de Rome qui peut exister sans amour comme l'amour peut exister sans la Papauté. Ainsi je prétends avoir fourni mon aide ; si le Pape ou les siens y mettent obstacle, ils devront rendre compte de ce qu'au mépris de l'amour de Dieu ils ont recherché leur avantage plutôt que celui de leur prochain. Le Pape devrait perdre sa Papauté, tous ses biens et ses honneurs s'il pouvait par ce moyen sauver une seule âme. Or il laisserait périr le monde plutôt que de se laisser soustraire la moindre parcelle de son insolente autorité et, malgré tout, il prétend être le Très Saint Père. Telle est mon excuse.

25°. — Les Universités [105] auraient aussi bien besoin d'une bonne et solide réforme. Il faut que je le dise, s'en irrite qui voudra. Mais tout ce que la Papauté institue et organise a pour seul but d'accroître le péché et l'erreur ; que sont les Universités, tant que ne seront pas changées les dispositions actuelles, sinon comme le dit le livre des Macchabées [2 Macc. 4, 9, 12] des « *gymnasia epheborum et graecae gloriae* [106] » où l'on mène une existence indépendante, où l'on n'enseigne guère la Sainte Écriture ni la foi chrétienne et où le maître aveugle et païen Aristote règne seul, ayant le pas même sur le Christ ? Je conseillerais alors que les livres d'Aristote, la Physique, la Métaphysique, le Traité de l'âme, l'Éthique qui jusqu'à présent ont été tenus pour les meilleurs soient purement et simplement supprimés ainsi que tous ceux qui se targuent de traiter des choses naturelles, alors qu'on ne peut en tirer aucun enseignement, ni sur les choses naturelles, ni sur les spirituelles, qu'en outre personne n'a pu jusqu'à présent saisir ce qu'il voulait dire et bien que tant d'heures et d'âmes nobles se soient vainement dépensées en travail, en études et en frais superflus. Je peux bien le dire, un potier a des choses naturelles plus de science que n'en contiennent ces livres. J'en ai le cœur marri, quand je pense qu'en sa malice et son orgueil ce maudit païen a réussi à séduire avec ses paroles trompeuses tant d'excellents Chrétiens ; ainsi Dieu s'est servi de lui pour nous châtier à cause de nos péchés.

Ce malheureux enseigne pourtant dans son meilleur livre, De l'âme, que l'âme est mortelle aussi bien que le corps ; néanmoins, par un flot de paroles inutiles, ils ont cherché à le sauver, comme si nous n'avions pas surabondamment dans la Sainte Écriture des enseignements sur toutes les choses dont Aristote n'a pas eu le moindre pressentiment ; c'est malgré tout le païen mort qui a triomphé, il a fait tort aux livres du Dieu vivant, il les a presque étouffés, si bien que, quand je réfléchis à cette misère, je suis obligé de penser que c'est le Malin qui a introduit cette étude. Ceci vaut encore pour le livre de l'Éthique, pire qu'aucun autre livre, directement opposé à la grâce divine et aux vertus chrétiennes et qui pourtant passe encore pour un de ses meilleurs. Ah ! qu'on écarte donc ses livres de tous les Chrétiens ! Nul ne saurait me reprocher de trop parler ni de réprouver ce que je ne connais pas. Cher ami, je sais bien ce que je dis, Aristote m'est aussi familier qu'à toi ou à tes semblables, je l'ai lu et suivi avec plus d'intelligence que Saint Thomas ou Duns Scot [107], je puis m'en glorifier sans forfanterie et, s'il en est besoin, je suis bien capable de le prouver. Je ne fais point de cas de ce que, pendant tant de siècles, tant d'esprits distingués y ont déployé des efforts si considérables. De semblables objections resteront toujours sans effet sur moi, quelque excellent qu'ait été parfois leur travail, puisque, de toute évidence, d'autres erreurs ont, pendant des siècles, réussi à se maintenir dans le monde et dans les Universités.

J'accepterais volontiers qu'on conserve la Logique, la Rhétorique, la Poétique d'Aristote et que, mises sous une forme nouvelle et abrégées, elles soient lues avec profit et servent à exercer les jeunes gens dans l'art de la parole et de la prédication, mais il faudrait supprimer les commentaires et scolies et, de même qu'on lit la Rhétorique de Cicéron sans commentaires et sans scolies, il faudrait lire la Logique d'Aristote toute nue, débarrassée de tous ces grands commentaires. Maintenant on n'en tire aucun enseignement utile à l'orateur ou au prédicateur, et ce n'est plus une occasion de discussions et de chicanes. A côté de cela, on aurait encore les langues, latin, grec, hébreu, les sciences mathématiques, l'histoire, au sujet desquelles je m'en remets à des juges plus compétents et les résultats ne manqueraient pas d'être excellents, si l'on s'efforçait sérieusement de procéder à une réforme ; et certes, l'affaire est d'importance ! Car c'est à cette école que doit être enseignée et préparée la jeunesse chrétienne, l'élite de notre peuple qui assure la continuité du monde chrétien. Aussi, à mon sens, il n'est pas d'œuvre plus digne du Pape et de l'Empereur qu'une bonne réforme des Universités, il n'existe par contre rien de plus pernicieux ni de plus diabolique que ces Universités non réformées.

Je laisse aux médecins le soin de réformer leurs Facultés, je me charge des juristes et des théologiens et je déclare premièrement qu'il serait bon qu'on extirpe et réduise à néant de la première lettre à la dernière tout le droit canon et spécialement les Décrétales ; dans la Bible il est écrit (et les conseils ne manquent certes pas) comment nous devons nous conduire en toutes circonstances, semblable étude fait tort à la Sainte Écriture et l'on y respire le plus souvent le parfum de l'arrogance et de la pure cupidité ; et quand bien même on y rencontrerait beaucoup d'excellentes choses, ces études mériteraient bien de disparaître, puisque le Pape a enfermé tout le droit canon dans l'écrin de son cœur, si bien que désormais, l'étude du droit canon est un travail tout à fait vain et décevant. Aujourd'hui le droit canon n'est plus tel qu'il est consigné dans les livres, mais tel que le fixe l'arbitraire du pape et de ses adulateurs. Quand vous avez éclairci de la façon la plus parfaite un point de droit canon, le Pape conserve en outre son « *Scrinium pectoris* [108] » et c'est à ses prescriptions que doivent se soumettre toute législation et le monde tout entier. Or ce « *scrinium pectoris* », il est souvent entre les mains d'un fripon et du diable lui-même, et l'on se vante que c'est le Saint Esprit lui-même qui règne sur lui : c'est ainsi que l'on traite le pauvre peuple du Christ : on lui impose beaucoup de prescriptions et on n'en observe aucune, on oblige les autres à les observer ou à s'en faire dispenser moyennant finances.

Attendu donc que le Pape et ses amis ont eux-mêmes complètement aboli le droit canon, qu'ils n'en tiennent aucun compte et n'écoutent que leurs inspirations arbitraires, ils s'élèvent au-dessus de tout le monde, nous devons les imiter et rejeter aussi ces livres ; pourquoi les étudierions-nous inutilement ? Nous ne réussirions jamais à connaître complètement l'arbitraire pontifical qui est devenu maintenant le droit canon. Eh bien ! Que tombe au nom de Dieu ce qui s'est élevé au nom du diable et qu'il n'existe plus de « *doctores decretorum* [109] », mais seulement des « *doctores scrinii papalis* », c'est-à-dire des cagots du Pape. On prétend qu'il n'existe pas de gouvernement temporel préférable à celui des Turcs qui n'ont ni droit canon ni droit civil mais possèdent seulement leur Coran, il nous faut bien reconnaître qu'il n'existe pas de gouvernement plus honteux que le nôtre à cause du droit canon et du droit civil, le résultat en est qu'aucun état ne se conforme plus à la raison naturelle, pour ne pas parler de la Sainte Écriture.

Quant au droit civil, Dieu m'assiste ! dans quelles broussailles n'est-il pas allé se perdre, lui aussi ! Encore qu'il soit bien meilleur, plus rationnel, plus honnête que le droit spirituel ou canon, qui, en dehors de son nom, ne recèle rien de bon, il a pris néanmoins, lui aussi, une importance vraiment exagérée. A la vérité, des gouvernements raisonnables, assistés de la Sainte Écriture, constitueraient un droit plus que suffisant, comme dit Saint Paul (I Cor. VI [1]) : « Y a-t-il quelqu'un parmi vous qui, ayant un différend avec un autre, ose aller en jugement devant les tribunaux païens ? » Il est bon, à mon avis, que l'on accorde la préférence au droit et aux coutumes du pays plutôt qu'aux règles juridiques communes à tout l'empire et qu'on n'applique ces dernières qu'en cas de nécessité. Plût à Dieu que, de même que les pays ont chacun sa manière et ses talents propres, ils fussent de même gouvernés par de brèves lois particulières, comme ils l'ont été jadis, avant que fussent inventés ces droits sans lesquels bien des pays se gouvernent encore actuellement. Les prescriptions très développées d'un droit aux lointaines origines ne sont bonnes qu'à importuner les gens et contribuent plus à retarder qu'à avancer les choses. Mais j'aime à croire que d'autres ont médité sur ces problèmes et les ont examinés mieux que je ne puis le faire dans le présent exposé.

Mes chers théologiens se sont affranchis de tout travail pénible, ils laissent tranquillement la Bible de côté et lisent les « *sententiae* [110] » ; j'aurais cru que les « *sententiae* » devaient servir aux débuts des jeunes théologiens et la Bible rester l'apanage des docteurs, mais c'est le contraire : la Bible est étudiée en premier, elle marche de pair avec le baccalauréat, les « *sententiae* » viennent en dernier, elles sont éternellement solidaires du doctorat et liées à un engagement si solennel que l'on peut bien lire la Bible sans être prêtre, mais pour lire les « *sententiae* » il faut être prêtre, et un homme marié pourrait bien être docteur en science biblique, comme je vois, mais pas du tout « *in sententiis* ». Comment pourrions-nous être heureux quand nous agissons de façon si contraire au bon sens, et refoulons si loin en arrière la Bible, la sainte parole de Dieu ? De plus le Pape ordonne, à grand renfort d'excellentes paroles, qu'on lise et applique ses lois dans les écoles et les tribunaux. Mais l'on ne songe guère à l'Évangile ; on fait aussi en sorte que, dans les écoles et les tribunaux, l'Évangile gise inutile dans la poussière, sous le banc, afin que les lois nuisibles du Pape parviennent seules à s'imposer.

Puisque notre nom et notre titre font qu'on nous appelle professeurs de la Sainte Écriture, nous devrions véritablement être forcés, d'après ce titre, à enseigner la Sainte Écriture et non pas une autre, encore que ce titre arrogant et pompeux soit de trop, car un homme ne doit pas, pour s'en faire gloire, se laisser décerner le titre de maître de la Sainte Écriture, mais on pourrait à la rigueur l'admettre si les faits venaient justifier ce titre. Mais maintenant que les « *sententiae* » règnent seules, que l'on trouve chez les théologiens des opinions païennes et humaines plutôt que la sainte et sûre doctrine de l'Écriture, qu'allons-nous donc pouvoir y faire ? Je ne sais aucun autre recours que de prier humblement Dieu qu'il nous donne des docteurs en théologie : des docteurs ès arts, en médecine, en droit, en « *sententiae* », le Pape, l'Empereur, les Universités peuvent en faire, mais, soyez-en bien sûrs, un docteur de la Sainte Écriture, nul autre ne vous en fera que le Saint Esprit agissant seul du haut du ciel, comme le dit le Christ (Jean VI [4, 5]) : « Vous devez tous être enseignés par Dieu lui-même. » Or le Saint Esprit ne s'inquiète ni de la barette [111] rouge, ni de la brune, ni de ce qui a trait à la pompe extérieure, ni si l'on est jeune ou vieux, laïc ou clerc, régulier ou séculier, vierge ou marié. Il a même parlé jadis par l'organe de l'ânesse contre le prophète qui était monté dessus [IV Moïse, 22, 28]. Plût à Dieu que nous méritions qu'on nous envoyât de tels docteurs, qu'ils fussent laïcs ou clercs, mariés ou vierges, alors que l'on veut contraindre l'Esprit Saint à entrer dans le Pape, les Évêques et les docteurs sans qu'aucun signe ni qu'aucune apparence indique qu'il y habite réellement.

Quant aux livres, il faudrait aussi en réduire le nombre et choisir les meilleurs, il ne faudrait pas non plus lire beaucoup, mais lire de bonnes choses et les lire souvent, si peu que ce soit, voilà qui rend savant dans la Sainte Écriture et pieux en même temps. Il ne faudrait même lire les écrits de tous les Saints Pères que pendant quelque temps pour être initiés, grâce à eux, à la Sainte Écriture ; nous ne les lisons maintenant que pour nous y arrêter et nous n'entrons jamais dans l'Écriture, ainsi nous ressemblons à ceux qui regardent les indications des chemins et ne font quand même jamais le chemin. Les bons Pères ont voulu, grâce à leurs écrits, nous faire pénétrer dans la Sainte Écriture et nous faisons en sorte de rester en dehors, alors que seule l'Écriture est notre vigne dans laquelle nous tous devrions nous exercer et travailler.

Avant toutes choses, il faudrait que dans les écoles supérieures et élémentaires, l'enseignement essentiel et le plus répandu soit l'Écriture Sainte et, pour les petits garçons, l'Évangile. Et plût à Dieu que chaque ville eût une école de filles où, chaque jour pendant une heure, que ce fût en latin ou en allemand, on fît entendre l'Évangile aux petites filles. Certes, c'est pour cela que furent institués les écoles et les couvents d'hommes et de femmes dans une intention vraiment louable et chrétienne, ainsi qu'on nous le rapporte de Sainte Agnès et de plusieurs saints : c'est là que furent formés des vierges saintes et des martyrs et la Chrétienté était alors très florissante, mais maintenant, on ne fait plus qu'y prier et y chanter. Est-ce que chaque Chrétien, à neuf ou dix ans, ne devrait pas décemment savoir tout le Saint Évangile qui contient son nom et sa vie ? Une fileuse ou une couturière enseigne pourtant à sa fille son métier en ses jeunes années. Mais l'Évangile, les grands savants, les prélats et les Évêques même ne le connaissent pas.

Oh ! Comme nous agissons mal avec la malheureuse troupe des jeunes qui nous ont été confiés pour que nous les guidions et les enseignions et nous aurons grand peine à nous justifier de n'avoir pas mis sous leurs yeux la parole de Dieu ; voici ce qui advient d'eux, comme le dit Jérémie (Lam. II [11, 12]) : « Mes yeux se consument dans les larmes, mes entrailles sont émues, mon foie se répand sur la terre, à cause de la blessure de la fille de mon peuple, lorsque enfants et nourrissons tombent en défaillance sur les places de la ville. Ils disent à leurs mères : « Où y a-t-il du pain et du vin ? » Et ils tombent comme frappés du glaive sur toutes les places de la ville ; et leur âme expire sur le sein de leur mère. » Nous n'apercevons pas cette lamentable détresse, nous ne voyons pas comme maintenant, aussi la jeunesse languit et dépérit pitoyablement au sein de la Chrétienté, faute d'avoir lu l'Évangile qu'on aurait dû leur faire fréquenter et pratiquer sans cesse.

Si les écoles supérieures s'appliquaient à l'étude de l'Écriture Sainte, il ne faudrait pas non plus y envoyer tout le monde, comme on fait maintenant où on ne tient qu'à la quantité et où chacun veut faire son doctorat, mais seulement les plus aptes qui ont précédemment reçu une bonne formation dans les écoles élémentaires ; le Prince ou l'autorité municipale devraient y veiller et ne laisser envoyer que des sujets vraiment aptes ; mais puisque ce n'est pas la Sainte Écriture qui y règne, je ne conseillerai certes à personne d'y mettre ses enfants. Tout ce qui ne pratique pas sans cesse l'étude de l'Écriture est voué à la perdition ; aussi bien voyons-nous ce que deviennent et ce que sont les étudiants des écoles supérieures : la faute en est seulement au Pape, aux Évêques et aux prélats à qui sont confiés les intérêts de cette jeunesse. Car les écoles supérieures ne devraient produire que des hommes tout à fait versés dans la connaissance de l'Écriture et qui pourraient devenir Évêques et curés, mais à la tête, ce ne sont encore qu'hérétiques, diables et toute la bande. Mais où trouver ce qu'il faut ? Je crains fort que les écoles supérieures ne soient que de grandes portes de l'Enfer, puisqu'elles ne s'emploient pas activement à répandre dans la jeunesse la connaissance et la pratique de l'Écriture.

26°. — Je le sais bien, la bande des Romains invoquera et amplifiera bien fort la tradition selon laquelle le Pape a pris le Saint Empire romain à l'empereur grec pour le donner aux Allemands ; en échange de cet honneur et de ce bienfait, il aurait mérité et obtenu que le peuple allemand lui témoignât une docilité et une reconnaissance justifiées ainsi que toutes sortes de prévenances [112]. C'est pourquoi ils auront peut-être l'audace de rendre parfaitement vaine toute tentative de réforme et ils nous fourniront comme seul prétexte ce don qu'ils nous ont fait de ce fameux Empire romain. C'est pour cette raison qu'ils ont jusqu'à présent brimé et persécuté avec tant d'arbitraire et d'arrogance maint vaillant Empereur, au point que c'est pitié de le dire, et avec la même dextérité, ils se sont institués maîtres suprêmes de tout pouvoir et de toute autorité temporelle au mépris du Saint Évangile, c'est pourquoi il faut aussi que j'en parle.

Sans aucun doute, le véritable Saint Empire

romain, auquel font allusion les écrits prophétiques (Nombres XXIV [17 ss]) et Daniel [2, 44] est depuis longtemps détruit et disparu, ainsi que l'a clairement prédit Balaam (Nombres XXIV [24]) en ces termes : « Les Romains viendront, ils détruiront les Juifs, puis ils périront à leur tour. » Cette prédiction a été réalisée par l'action des Gètes [113] et surtout du fait que l'empire turc a été fondé, voici mille ans ; et ainsi avec le temps, l'Asie et l'Afrique se sont détachées, puis la France et l'Espagne, enfin Venise s'est fondée et il n'est plus rien resté à Rome de son ancienne puissance.

Or, comme le Pape ne parvenait pas à faire accepter ses décisions arbitraires aux Grecs et à l'Empereur de Constantinople qui était Empereur romain à titre héréditaire, il a imaginé cette petite ruse pour le dépouiller de cet empire et de ce titre et l'attribuer aux Allemands qui, à cette époque, étaient un peuple vaillant et de bonne renommée, afin de mettre à leur merci la puissance de l'Empire romain et d'en faire un fief dont ils disposeraient. Et c'est aussi ce qui est arrivé : l'Empire a été pris à l'Empereur de Constantinople, le nom et le titre nous ont été attribués à nous, Allemands ; de ce fait nous sommes devenus esclaves du Pape, et c'est maintenant un second Empire romain que le Pape a édifié sur les Allemands, car l'autre, le premier, comme nous l'avons dit, il y a longtemps qu'il a disparu.

Ainsi s'est réalisée la volonté arbitraire du Siège romain : il tient Rome en son pouvoir, il en a chassé l'Empereur qui a dû s'engager par serment à ne pas habiter dans Rome. Il faut qu'il soit Empereur romain, sans pourtant détenir Rome et rester sans cesse soumis aux quatre volontés du Pape et des siens, si bien que c'est nous qui avons le nom, et c'est eux qui ont le pays et les villes, car de tous temps ils ont abusé de notre naïveté pour satisfaire leurs instincts orgueilleux et tyranniques et ils nous appellent « ces fous d'Allemands qui se laissent duper et berner à plaisir ».

Or donc, c'est un jeu d'enfant pour le Seigneur Dieu que de faire passer de l'un à l'autre empires et principautés. Il est si prodigue de ces mutations que parfois il donne au pire vaurien un royaume et le retire à un bon souverain, parfois en profitant de la traîtrise d'hommes mauvais et infidèles, parfois par voie d'héritage, ainsi que nous le lisons dans l'histoire du royaume de Perse, de la Grèce et de presque tous les empires, et comme le dit Daniel (II [21]-IV [14]) : « Il demeure au ciel, celui qui règne sur toutes choses, et il est seul à donner des chefs aux empires, à les renverser et à les remplacer. » Aussi, de même que personne ne peut faire grand cas de ce qu'un royaume lui est imparti, surtout s'il est chrétien, de même, nous autres Allemands, nous n'avons pas à nous enorgueillir de ce qu'un nouvel Empire Romain nous ait été attribué, car c'est à ses yeux un mauvais cadeau qu'il donne souvent aux moins dignes de tous, comme le dit Daniel (IV [32]) : « Tous les habitants de la terre ne comptent pour rien devant lui ; il a pouvoir sur tous les empires des hommes et peut les donner à qui il veut. »

Bien que le Pape ait arraché par la violence et au mépris de toute justice l'Empire romain, ou plutôt le nom de l'Empire romain à l'Empereur légitime pour nous l'attribuer à nous Allemands, il n'en est pas moins certain que Dieu s'est en cela servi de la scélératesse du Pape pour donner cet Empire à notre Nation et pour fonder, après la chute du premier Empire romain, un second Empire qui est encore debout. Et bien qu'en cette affaire, nous n'ayons pas fourni à la scélératesse pontificale l'occasion de s'exercer et que nous n'ayons pas compris son but et son intention fallacieuse, l'astuce et la rouerie pontificales aidant, en répandant notre sang à d'innombrables reprises, en voyant notre liberté piétinée, en nous laissant imposer des contributions et voler tous nos biens particulièrement nos églises et nos bénéfices, en supportant d'être bernés et bafoués au delà de toute expression, nous n'avons, hélas ! que trop chèrement payé un pareil Empire ! Nous avons le nom de l'Empire, mais le Pape dispose de notre bien, de notre honneur, de nos personnes, de nos vies, de nos âmes, et de tout ce que nous avons ; c'est ainsi qu'il faut berner les Allemands [114] et les payer d'illusions : le but que les Papes poursuivaient, c'est qu'ils auraient bien voulu être Empereurs, et comme cela ne pouvait s'arranger, ils se sont du moins placés au-dessus des Empereurs.

Du moment que l'Empire nous a été donné par une disposition de Dieu et par l'artifice d'hommes malicieux, sans qu'il y eût de notre faute, je ne conseillerai pas que nous l'abandonnions, mais que nous le gouvernions honnêtement, dans la crainte de Dieu, aussi longtemps qu'il lui plaira. Car, comme nous avons dit, peu lui importe l'origine d'un empire, il veut malgré tout le savoir gouverné. Si les Papes l'ont malhonnêtement enlevé à d'autres, nous ne l'avons quand même pas acquis malhonnêtement. Il nous a été donné par des hommes mal intentionnés selon la volonté de Dieu, il nous faut considérer cette dernière plutôt que l'intention fallacieuse que les Papes y ont mise en cherchant à se faire eux-mêmes Empereurs ou plus qu'Empereurs et à nous berner et nous moquer avec le seul nom de l'Empire. Le roi de Babylone avait aussi acquis son empire par la ruse et la violence et pourtant Dieu voulut qu'il fût gouverné par les saints princes Daniel, Ananias, Asarias, Misael [Dan. 2, 48 s.] ; à plus forte raison veut-il que cet Empire soit gouverné par les Princes chrétiens d'Allemagne, qu'il ait été dérobé par le Pape, ou volé, ou fondé pour la seconde fois. Tout ceci relève de l'ordre divin qui s'accomplit avant que nous en ayons pris conscience.

Voici pourquoi le Pape et les siens n'ont pas à se vanter d'être devenus nos grands bienfaiteurs en octroyant à la Nation allemande cet Empire romain : en premier lieu parce qu'ils ne nous ont pas du tout fait là un beau cadeau, mais, en agissant ainsi, ils ont abusé de notre naïveté pour aider leur morgue à triompher du véritable Empereur romain de Constantinople à qui le Pape a dérobé l'Empire au mépris de Dieu et du droit, ce que rien ne l'autorisait à faire. En second lieu, ce n'est pas pour nous en faire don, mais pour lui-même que le Pape a cherché à s'approprier la dignité impériale, mais pour soumettre à sa volonté toute notre puissance, notre liberté, nos biens, notre corps et notre âme, et par notre entremise (si Dieu ne s'y était opposé), le monde tout entier, comme il l'a lui-même clairement indiqué dans ses Décrétales et comme il s'y est essayé, usant de mainte méchante ruse contre beaucoup d'Empereurs allemands. Ainsi nous voilà, nous autres Allemands, accommodés à l'allemande, et Gros-Jean comme devant : alors que nous pensions devenir les maîtres, nous sommes devenus les esclaves des plus rusés d'entre les tyrans, nous portons le nom, le titre et les armes de l'Empire, mais le trésor de l'Empire, sa puissance, ses droits et ses libertés, c'est le Pape qui les détient ; tandis que le Pape se gorge du fruit, nous jouons avec les écorces vides.

Que Dieu qui, par l'intermédiaire de tyrans cauteleux, nous a attribué cet Empire (comme nous l'avons dit) et ordonné de le gouverner, nous aide à faire honneur au nom, au titre et aux armoiries et à sauver notre liberté afin que nous montrions un jour aux Romains ce que nous avons reçu de Dieu, par leur intermédiaire. Qu'ils se vantent de nous avoir octroyé un empire, soit, c'est bien ; mais qu'alors le Pape restitue Rome et tout ce qu'il détient de l'Empire, qu'il cesse de pressurer notre pays avec ses insupportables taxations et vexations, qu'il nous rende notre liberté, notre puissance, nos biens, notre honneur, nos corps et nos âmes et permette à l'Empire d'être ce qu'un Empire a le droit d'être, pour donner quelque fondement à ses paroles et à ses allégations.

Mais s'il ne veut pas le faire, pourquoi veut-il nous éblouir avec ses paroles fallacieuses et mensongères, et avec ses simagrées ? Ne lui a-t-il pas suffi que, pendant tant de siècles, cette noble Nation ait été sans cesse menée grossièrement par le bout du nez ? De ce que le Pape couronne ou sacre l'Empereur, il ne résulte pas qu'il doive être au-dessus de lui, car le saint Prophète Samuel a oint et couronné le roi Saül et David par ordre de Dieu, et pourtant il fut leur sujet. Et le prophète Nathan oignit le roi Salomon et pourtant il ne fut pas élevé au-dessus de lui. De même Saint Élisée ordonna à un de ses serviteurs d'oindre le roi Jéhu d'Israël et néanmoins ils se montrèrent avec lui soumis et obéissants. Et nulle part au monde, il n'est encore jamais arrivé que celui-là fût élevé au-dessus du roi qu'il avait oint ou couronné, si ce n'est du seul fait du Pape.

Or il se fait lui-même couronner Pape par trois cardinaux qui lui sont inférieurs et il n'en est pourtant pas moins élevé au-dessus d'eux, pourquoi faudrait-il que, malgré son propre exemple et celui du monde entier, malgré la pratique et la doctrine de l'Écriture, il s'élevât au-dessus du pouvoir séculier ou de l'Empire, pour la seule raison qu'il couronne ou consacre l'Empereur ? Il suffit qu'il soit supérieur dans les choses divines, c'est-à-dire dans la prédication, l'enseignement, l'administration des sacrements, fonctions dans lesquelles chaque Évêque et chaque prêtre est supérieur à qui que ce soit, tout comme Saint Ambroise sur son siège [115] épiscopal est supérieur à l'empereur Théodose [116] et le prophète Natan à David et Samuel à Saül. Aussi faites que l'Empereur allemand soit vraiment et pleinement Empereur et que sa puissance et son glaive ne soient point rabaissés par les allégations absurdes des cagots du Pape selon lesquelles, par une exception unique, ils auraient seuls le droit de gouverner toutes choses, par-dessus même le glaive temporel [117].

26° (27°). — En voilà assez sur les vices du clergé, on peut en trouver et on en trouvera davantage, en y regardant de près ; nous allons aussi dénoncer quelques vices qui affectent le monde temporel. Premièrement, il serait fort nécessaire que, du consentement de toute la Nation allemande, une loi soit adoptée contre la somptuosité et le luxe excessifs [118] du vêtement qui appauvrissent toute la Noblesse et le peuple de l'Empire. Dieu nous a partout accordé, comme aux autres pays, assez de laine, de crin, de lin et de tout ce qui sert normalement à vêtir de façon décente et honnête les hommes de toutes les conditions, si bien que nous n'aurions pas besoin de répandre avec une si grande prodigalité des trésors aussi énormes et aussi extravagants pour acheter de la soie, du velours, des bijoux et toutes ces marchandises que l'on fait venir de l'étranger [119]. Je crois que, même si le Pape ne nous dépouillait pas, nous autres Allemands, avec ses intolérables exactions, nous en aurions quand même plus que notre content avec ces bandits de chez nous [120] qui font commerce de soie et de velours. Nous constatons que, de ce fait, chacun veut rivaliser avec son voisin, ce qui excite et accroît parmi nous la jalousie et l'orgueil, comme nous le méritons ; tous ces malheurs et bien d'autres nous seraient épargnés si notre superbe souffrait que nous nous montrions reconnaissants et nous contentions des biens que Dieu nous a accordés.

De même il serait encore nécessaire que l'on restreigne le commerce des épices, car c'est aussi une des grandes nefs dans lesquelles l'argent est emmené loin des pays allemands. Par la grâce de Dieu, il pousse en ce pays plus d'aliments et de boissons excellentes et délicieuses que dans n'importe quel autre pays. Je vais peut-être faire ici des propositions folles et irréalisables, en voulant supprimer le grand négoce et l'activité même des commerçants. Mais je fais ce qui est de moi : si les mœurs ne s'amendent pas dans la communauté, s'amende lui-même qui voudra ! Je ne vois pas en quoi l'extension du négoce a jamais pu contribuer à améliorer les mœurs d'un pays et c'est pourquoi Dieu a jadis établi son peuple d'Israël loin de la mer et ne lui a guère donné occasion de se livrer au négoce.

Mais le plus grand des malheurs dont souffre la Nation allemande est assurément le commerce de l'argent [121] ; s'il n'existait pas, plus d'un devrait renoncer à se procurer de la soie, du velours, des bijoux, des épices et autres somptuosités. Il n'est pas en usage depuis beaucoup plus de cent ans et pourtant il a mené à la pauvreté, à la misère et à la perdition presque tous les Princes, chapitres, villes, membres de la Noblesse et riches héritiers. S'il devait encore exister cent ans, il serait tout à fait impossible que l'Allemagne conserve un seul pfennig, nous en serions certainement réduits à nous dévorer mutuellement : c'est le diable qui a inventé ce commerce de l'argent et, en l'autorisant, le Pape a fait tort au monde entier. C'est pourquoi je vous présente ici cette requête instante : que chacun considère sa propre perdition, celle de ses enfants et de ses héritiers, elle n'est pas à vos portes, elle mène déjà grand tapage dans la maison, et que l'Empereur, les Princes, les nobles et les villes fassent en sorte que dans le délai le plus bref, le commerce de l'argent soit condamné et ensuite prohibé sans prendre garde si le Pape s'y oppose avec toute sa jurisprudence ou son injustice, ou si des fondations ou bénéfices lui doivent l'existence. Mieux vaut, dans une ville, une seule fondation disposant d'honnêtes domaines héréditaires ou de leurs revenus que cent fondations reposant sur le commerce de l'argent. Certes un seul bénéfice gagé sur le commerce de l'argent est pire et pèse plus lourd que vingt fondés sur des domaines héréditaires. Sans doute le commerce de l'argent doit être une figure ou un signe qui montre qu'avec ses lourds péchés, le monde est vendu au diable, au point que les biens temporels et spirituels nous feront ensemble défaut ; et pourtant nous n'en remarquons rien.

Il faut vraiment mettre un frein dans la gueule des Fugger [122] et des sociétés analogues. Comment se peut-il que l'on accumule, sans offenser Dieu et le droit, des biens si importants et presque royaux dans l'espace d'une vie humaine ? Je ne sais comment s'établit le compte. Mais je ne comprends pas qu'avec cent florins on puisse en gagner annuellement vingt et même florin pour florin, et tout ceci sans le tirer de la terre ou du bétail, car ces biens dépendent non pas de l'astuce humaine mais de la bénédiction divine. Je m'en remets à la sagacité des experts séculiers [123]. En tant que théologien, je n'ai rien à critiquer que les apparences mauvaises et scandaleuses dont Saint Paul dit [I Thess. 5, 22] : « Abstenez-vous de tout apparence de mal. » Je sais bien qu'il serait beaucoup plus conforme à la volonté divine de développer l'agriculture et de restreindre le commerce et ceux-là font bien mieux qui, selon l'Écriture, travaillent la terre et y cherchent leur nourriture, comme il a été dit à nous tous en la personne d'Adam [I Moïse, 3, 17 ss.] : « Maudite soit la terre, quand tu y travailleras, elle ne te rapportera que des chardons et des épines ; tu mangeras ton pain à la sueur de ton front. » Il y a encore beaucoup de terre qui n'est ni labourée ni cultivée.

Vient ensuite l'abus des ripailles et des beuveries dont nous autres Allemands avons fait notre vice particulier, grâce à quoi nous ne jouissons pas à l'étranger d'une excellente réputation ; il n'est pas possible d'y remédier désormais par la prédication, tant cet abus a pris racine et tant il a établi solidement son emprise sur nous. Les dommages causés aux biens seraient les moindres si d'autres fautes n'en découlaient pas, tels que crimes, adultères, vols, blasphèmes et dérèglements de toutes sortes. Que le glaive temporel s'y oppose, sinon il adviendra, ainsi que le dit le Christ [Luc 21, 34] que le jour du jugement surgira comme un piège secret au moment où ils mangeront et boiront, coquetteront et feront l'amour, bâtiront et planteront, achèteront et vendront, tout comme ils font aujourd'hui, tant et si bien que j'aime à croire que le jour du jugement est à nos portes, quoiqu'on n'y songe pas le moins du monde.

Enfin n'est-il pas lamentable que nous autres Chrétiens entretenions des maisons publiques de femmes, ouvertes à tous, alors que par le baptême nous sommes tous voués à la chasteté ? Je connais bien les objections que formuleront certains : il est difficile de faire perdre à un peuple les habitudes qu'il a prises, en outre il vaut mieux laisser les choses en l'état que de livrer à la débauche les femmes mariées, les jeunes filles, voire des personnes de plus haut rang. Mais les autorités temporelles et chrétiennes ne devraient-elles pas songer que ce n'est pas en recourant à de tels procédés païens qu'on peut parer à cette difficulté ? Si le peuple d'Israël a pu subsister sans cette institution scandaleuse, pourquoi le peuple chrétien n'en ferait-il pas autant ? D'ailleurs, comme tant de villes, bourgs, bourgades et villages vivent sans maison de cette sorte, pourquoi les grandes villes ne pourraient-elles pas vivre, elles aussi, sans en posséder ?

J'ai voulu indiquer avec ces données et avec celles que j'ai fournies plus haut combien de bonnes œuvres pourrait accomplir l'autorité séculière, quelle devrait être la fonction de toute autorité, afin que chacun apprenne combien il est terrible de gouverner et de siéger tout en haut. A quoi servirait qu'un souverain fût aussi saint que Saint Pierre ? S'il ne songe pas à aider ses sujets en ces matières, son autorité le condamnera, car l'autorité a le devoir de rechercher le bien de ses sujets ; mais si l'autorité avisait aux moyens d'aider les jeunes gens à contracter mariage, chacun trouverait dans la perspective du mariage un soutien pour supporter et repousser les tentations. Mais il advient maintenant que chacun est élevé pour faire un curé ou un moine et il n'y en a pas un pour cent, je le crains, qui soit poussé par un autre motif que le désir d'assurer sa subsistance et la crainte de ne pouvoir le faire dans la vie conjugale. Aussi mènent-ils auparavant une vie tumultueuse, ils veulent, comme l'on dit, que jeunesse se passe, disons plutôt qu'ils tombent [124] dans la polissonnerie, ainsi que le prouve l'expérience. Je trouve véridique le proverbe [125] selon lequel c'est le désespoir qui fait le plus grand nombre de moines et de curés, c'est pourquoi les choses sont et vont comme nous les voyons.

Pour éviter des fautes à ceux qui s'enfoncent dans les péchés les plus graves, je conseillerai franchement que ni filles ni garçons ne s'engagent à observer la chasteté ou à entrer dans la vie religieuse avant l'âge de trente ans. C'est aussi une grâce particulière, comme dit Saint Paul [I Cor. 7, 7]. C'est pourquoi celui à qui Dieu n'adresse pas un appel spécial évitera d'entrer dans l'état ecclésiastique et retardera l'heure de prononcer ses vœux. J'ajouterai même : si vous avez en Dieu si peu de confiance que vous ne croyiez pas pouvoir subsister dans l'état de mariage et que vous ne vouliez entrer dans l'état ecclésiastique que parce que vous vous méfiez de la sorte, je vous en prie, pour l'amour de votre propre âme, n'entrez pas dans l'état ecclésiastique, mais faites-vous plutôt paysan ou ce que vous voudrez, car où il faut une confiance simple en Dieu pour recevoir la nourriture temporelle, il faut sans doute une confiance décuple pour demeurer dans l'état ecclésiastique. Si vous ne faites pas confiance à Dieu, pour qu'il vous fournisse votre nourriture temporelle, comment voulez-vous lui faire confiance pour qu'Il vous maintienne dans l'état spirituel ? Hélas, c'est le manque de foi et d'espérance qui gâte toutes choses et cause toutes nos misères, comme nous le voyons dans tous les états. Il y aurait certes beaucoup à dire sur cette lamentable situation : la jeunesse n'a personne qui prenne soin d'elle. Les choses vont comme elles peuvent : les autorités ne se rendent pas plus utiles que si elles n'existaient pas, alors que ce devrait être le principal souci du Pape, des Évêques, des autorités et des Conciles. Ils prétendent gouverner de vastes contrées et malgré tout ne servir à rien. Oh ! quel singulier gibier constituera dans le Ciel, à cause de ces négligences, un seigneur souverain quand bien même il construirait à Dieu cent églises et ressusciterait tous les morts.

En voilà assez pour cette fois : car ce que le pouvoir séculier et la Noblesse ont à faire, je l'ai, ce me semble, suffisamment indiqué dans mon petit livre sur les bonnes œuvres [126], car la façon dont ils vivent et gouvernent est telle qu'on en pourrait imaginer de meilleures ; cependant, il n'y a pas de comparaison entre les abus du monde temporel et ceux du monde spirituel [127], ainsi que je l'ai montré dans ce livre [128].

Je crois bien aussi que j'ai chanté haut et fait, en

plusieurs matières, des propositions qui seront jugées irréalisables et que je me suis attaqué trop violemment à certains abus. Mais que faire ? Je suis obligé de parler et si je le pouvais, j'agirais aussi en ce sens. Je préfère que le monde soit en colère contre moi plutôt que Dieu ; on ne pourra jamais me prendre plus que ma vie. Jusqu'ici, j'ai maintes fois offert la paix à mes adversaires, mais, comme je vois, par leur entremise Dieu m'a obligé à ouvrir toujours plus largement la gueule et, comme ils aiment à être occupés, à leur donner matière à parler, à aboyer, à crier et à écrire tout leur saoul. C'est bon ! je sais une petite chanson sur Rome et sur eux [129] ; si l'oreille leur démange, je vais la leur chanter, j'entonnerai la mélodie aussi haut que je pourrai. Me comprends-tu bien, ma chère Rome, sais-tu ce que je veux dire ?

J'ai aussi proposé, à maintes reprises, que mon écrit fût examiné en discussion publique, mais tout cela n'a servi de rien, et pourtant je le sais bien aussi, si ma cause est juste, il faut qu'elle soit condamnée sur terre pour n'être reconnue juste que par le Christ au ciel, car toute l'Écriture prouve que la cause des Chrétiens et de la Chrétienté doit être jugée par Dieu seul, pas une seule fois elle n'a été reconnue juste par les hommes sur la terre ; au contraire, de tous temps, elle a rencontré une importante et forte opposition. C'est aussi le plus grand de mes soucis et ma grande inquiétude que ma cause puisse n'être pas condamnée, ce qui me permettrait de reconnaître sûrement qu'elle n'est pas agréable à Dieu. Aussi marchons hardiment, malgré le Pape, les Évêques, curés, moines ou savants, c'est vraiment à eux qu'il appartient de persécuter la vérité comme ils l'ont fait de tout temps. Que Dieu nous accorde à tous le sens de ce qui est chrétien et qu'il anime en particulier la Noblesse chrétienne de la Nation allemande d'une intention droite et spirituelle, pour le plus grand bien de la malheureuse Église.

AMEN

Von der Freyhayt Aines Christen menschen.

LA LIBERTÉ DU CHRÉTIEN

Au prudent et sage seigneur[1] *Jérôme Mühlpfort*[2], *prévôt de la ville de Zwickau, mon très bienveillant ami et protecteur, je présente, moi que l'on nomme le Docteur Martin Luther, Augustin, mes salutations empressées et tous mes bons vœux.*

Prudent et sage seigneur et bienveillant ami, le digne Maître Jean Egran[3], prédicateur de votre illustre ville, m'a fait grand éloge de l'amour ardent que vous portez à la Sainte Écriture, qu'avec un zèle infatigable vous ne cessez de confesser et de célébrer devant les hommes. Puisqu'il désire me faire connaître de vous, bien volontiers j'accepte et me laisse joyeusement convaincre, car c'est pour moi un plaisir particulier d'apprendre où la vérité divine est aimée, car il y a malheureusement tant de gens, et plus que tous les autres ceux qui se réclament de son nom, pour lui faire obstacle avec toute leur violence et toute leur ruse, ce qui est d'ailleurs inévitable, car le Christ qui a été mis au monde pour être un sujet de scandale et un signe de contradiction, est une pierre contre laquelle beaucoup viennent se heurter pour choir et se relever ensuite. Aussi, pour inaugurer nos relations et notre amitié, ai-je voulu vous dédier le texte allemand de ce petit traité et sermon[4] — dont j'ai dédié le texte latin au Pape — dans ce traité j'ai exposé pour tout le monde les fondements irréprochables, je l'espère, de ma doctrine et de mon écrit sur la Papauté [5]. Je me recommande maintenant, ainsi que vous-même et tous autres, à la grâce divine. AMEN. Wittenberg, 1520.

JÉSUS

Premièrement. Afin que nous ayons une connaissance approfondie de ce qu'est un Chrétien et sachions en quoi consiste la liberté que le Christ a acquise pour lui et lui a donnée, ce dont Saint Paul nous parle abondamment, je vais avancer ces deux propositions :

Un Chrétien est un libre seigneur de toutes choses et il n'est soumis à personne.

Un Chrétien est un serf corvéable en toutes choses et il est soumis à tout le monde.

Ces deux propositions se retrouvent clairement dans Saint Paul (I Cor. 12 [9, 19]) : « Je suis libre en toutes choses et je me suis fait le serviteur de tous » et dans Rom. 13 [8] : « N'ayez d'obligation envers personne, si ce n'est de l'amour mutuel. » Mais l'amour, lui, est corvéable et soumis à celui qu'il aime. Ainsi il est écrit également du Christ Gal. 4 [4] : « Dieu a envoyé son fils, formé d'une femme et soumis à la loi. »

Deuxièmement. Pour entendre ces deux formules contradictoires de la liberté et de la servitude, nous devons nous rappeler que chaque Chrétien a deux natures, une nature corporelle et une nature spirituelle. Par son âme il mérite d'être nommé un homme nouveau, spirituel, intérieur ; par la chair et le sang, il mérite d'être nommé un homme corporel, un vieil homme, et un homme extérieur, et c'est à cause de ce contraste que l'on relève dans l'Écriture les deux propositions qui se contredisent si immédiatement, comme je viens de le dire, au sujet de la liberté et de la servitude.

Troisièmement. Si nous considérons l'homme intérieur et spirituel pour voir dans quelles conditions il est un Chrétien juste [6] et libre et mérite ce nom, il est évident qu'aucun élément extérieur ne peut le rendre libre ni juste, quelque nom qu'on lui donne, car sa justice et sa liberté, inversement sa malice et sa sujétion ne sont ni corporelles ni extérieures. Que sert à l'âme que le corps soit indépendant, robuste et sain, qu'il mange, boive et vive comme il veut ? Inversement, en quoi l'âme pâtit-elle si le corps est captif, malade et épuisé, s'il a faim, soif et souffre, contrairement à son désir ? Aucune de ces choses ne pénètre jusqu'à l'âme pour la libérer ou la réduire en servitude, la rendre juste ou mauvaise.

Quatrièmement. Ainsi quand le corps revêt des habits consacrés, comme font les prêtres et les gens d'église, l'âme n'en tire aucun profit, non plus que quand il réside dans les églises et les lieux consacrés ou s'occupe d'objets consacrés ou si, matériellement, il prie, jeûne, se rend en pèlerinage, accomplit toutes sortes de bonnes œuvres qui, de toute éternité, peuvent s'accomplir par le corps et en lui. Ce qui doit apporter à l'âme et lui conférer intégrité et liberté doit être encore d'une tout autre nature. Car tout ce que nous avons dit jusqu'ici, toutes ces œuvres, et ces rites, un homme mauvais, un hypocrite ou un cagot peut les accomplir ou s'en acquitter ; en se livrant à de telles pratiques, les hommes ne peuvent devenir autre chose que de véritables cagots. Inversement l'âme ne pâtit nullement si le corps porte des vêtements profanes, réside en des lieux profanes, mange, boit, ne participe pas aux prières et aux pèlerinages et s'abstient de toutes les œuvres qu'accomplissent les hypocrites déjà nommés.

Cinquièmement. Ni au ciel, ni sur terre, l'âme ne possède rien en quoi elle puisse vivre justement, librement, chrétiennement, si ce n'est le Saint Évangile, la parole de Dieu, prêchée par le Christ. Comme il le dit lui-même (Jean 11 [25]) : « Je suis la résurrection et la vie, celui qui croit en moi vivra éternellement » et de même (14 [6]) : « Je suis la voie, la vérité et la vie », de même (Math. 4 [4]) : « l'homme ne vit pas seulement de pain, mais de toute parole qui sort de la bouche de Dieu ». Ainsi nous devons être certains que l'âme peut se passer de toutes choses, sauf de la parole de Dieu, et, faute de la parole de Dieu, rien ne peut l'aider à subsister. Mais quand elle a la parole, elle n'a besoin de rien autre, elle trouve au contraire dans la parole sa suffisance, sa nourriture, sa joie, sa paix, sa lumière, sa science, sa justice, sa vérité, sa sagesse, sa liberté et tous les biens surabondamment. Ainsi nous lisons dans le Psautier et particulièrement au psaume 118 [119] que le prophète n'appelle rien davantage de ses vœux et de ses cris que la parole de Dieu. Et ce qui est tenu dans l'Écriture pour le pire fléau de Dieu et la plus grande marque de sa colère, c'est qu'il retire aux hommes sa parole ; inversement Dieu ne peut mieux manifester sa grâce, qu'en leur envoyant sa parole, comme il est dit au psaume 104 [107, 20] : « Il envoya sa parole et ainsi les aida. » Et le Christ n'est pas venu pour remplir aucune autre fonction que pour prêcher. Tous les Apôtres, Évêques, prêtres, et l'état ecclésiastique tout entier n'a pas non plus été appelé ni institué pour autre chose que pour la parole, bien que, malheureusement, il en aille aujourd'hui tout autrement.

Sixièmement. Mais on demandera : quelle est donc la parole qui accorde une si grande grâce et comment dois-je en user ? Réponse : ce n'est rien autre que la prédication faite par le Christ, comme la contient l'Évangile. Celle-ci doit être telle — et telle elle est en effet — que tu entendes ton Dieu te dire que toute ta vie et tes œuvres ne sont rien aux yeux de Dieu, mais que tu es destiné à la perdition éternelle, ainsi que tout ce qui est en toi. Si tu le crois vraiment, comme c'est ton devoir de le faire, il te faut désespérer de toi-même et reconnaître qu'Osée a raison de s'écrier : « O Israël, tu n'as rien en toi qui ne soit ta perte, mais c'est en moi seul qu'est ton secours » [Os. 13, 9]. Mais pour que tu sortes de toi-même et échappes à toi-même, c'est-à-dire à ta perdition, il te présente son cher Fils Jésus-Christ, et il te fait dire par sa parole vivante et consolante que tu dois t'abandonner à lui avec une foi robuste et lui faire hardiment confiance ; alors, à cause de cette foi, tous tes péchés seront pardonnés, tu triompheras de tout ce qui te perdait, et tu seras droit, véridique, apaisé, juste et tu auras accompli tous les commandements, tu te seras libéré en toutes choses. Comme le dit Saint Paul (Rom. I [17]) : « Le chrétien juste ne vivra que par sa foi », et Rom. 10 [4] : « Le Christ est la fin et l'accomplissement de tous les commandements pour ceux qui croient en lui. »

Septièmement. Aussi ce qui mériterait d'être l'unique étude et exercice de tous les Chrétiens, serait de se pénétrer de la parole et du Christ, d'entretenir et d'affermir cette foi, car il n'est aucune autre étude qui puisse former un Chrétien. Comme le Christ le dit aux Juifs (Jean VI [28 s.]) qui lui demandaient quelles œuvres ils devaient accomplir pour agir au gré de Dieu et chrétiennement : « Voici la seule œuvre que Dieu demande, c'est que vous croyiez en celui qu'il a envoyé. » Et c'est aussi lui seul que Dieu le Père a désigné à cet effet. Aussi est-ce vraiment une surabondante richesse qu'une véritable foi dans le Christ, car elle apporte avec elle toute félicité et écarte de nous tout ce qui s'oppose à notre félicité. Comme dit Marc ult. [16, 16] : « Celui qui croira et sera baptisé sera sauvé, celui qui ne croira pas sera condamné. » A ce sujet, le prophète Isaïe qui avait eu la vision de ce trésor de la foi, faisait cette prédiction (Is. 10 [22]) : « Dieu donnera une somme abrégée de sa parole sur terre et cette somme abrégée, tel un déluge, fera déborder la justice », ce qui veut dire que la foi, qui contient en abrégé l'accomplissement de tous les commandements, justifiera surabondamment tous ceux qui la posséderont, si bien qu'il ne leur sera plus besoin de rien pour être justes et pieux. Ainsi que le dit Saint Paul (Rome. 10 [10]) : « Ce que l'on croit de cœur vous rend juste et pieux. »

Huitièmement. Comment se fait-il que la foi seule puisse nous rendre justes et, sans qu'il soit du tout besoin des œuvres, nous donner une telle surabondance de richesses, alors que tant de lois, de commandements, d'œuvres, de rites et de cérémonies nous sont imposés dans l'Écriture ? Il y a lieu de remarquer ici attentivement et de bien se rappeler que c'est la foi seule, sans aucun concours des œuvres, qui confère la justice, la liberté, la félicité, comme nous pourrons l'apprendre plus nettement par la suite. Et il faut savoir que l'ensemble de la Sainte Écriture se divise en deux sortes de paroles qui sont les commandements ou la loi de Dieu, et l'engagement ou la promesse. Les commandements nous enseignent et nous prescrivent toutes sortes de bonnes œuvres, mais, de ce fait, celles-ci ne sont pas encore accomplies. Ils fournissent de précieuses indications, mais n'apportent aucune aide, ils enseignent ce que l'on doit faire, mais ne donnent aucune force pour le réaliser. Aussi n'ont-ils pour but que d'amener l'homme à voir son incapacité à faire le bien et à lui apprendre à désespérer de lui-même. Et c'est pourquoi ils ont pour nom l'Ancien Testament et ils font tous partie de l'Ancien Testament. Par exemple le commandement [II Moïse, 20, 17] : « Tu ne convoiteras pas » prouve que nous sommes tous pécheurs et que nul n'est capable d'échapper aux mauvais désirs, qu'il s'y prenne comme il voudra. C'est ainsi que l'homme apprend à perdre confiance en lui-même et à chercher ailleurs de l'aide pour éviter les mauvais désirs et accomplir ainsi la loi grâce à un autre, ce qu'il est incapable de faire par lui-même ; de la même manière, il est également impossible d'obéir à tous les autres commandements.

Neuvièmement. Quand, de par les commandements, l'homme a acquis la notion et le sentiment de son impuissance, au point de se demander avec angoisse comment il satisfera aux exigences des commandements (étant donné que, ou bien le commandement sera accompli, ou bien lui-même il sera condamné), il est tout à fait humilié et réduit à néant devant ses propres yeux et il ne trouve en lui rien qui puisse le justifier. C'est alors qu'intervient la seconde parole de Dieu, l'engagement ou promesse divine qui dit : « Si tu veux accomplir tous les commandements et te débarrasser de tes mauvais désirs et de tes péchés, comme les commandements l'exigent formellement, voici qu'il te faut croire au Christ, en qui je te promets toute grâce, toute justice, toute paix et toute liberté ; si tu crois, tu obtiendras, si tu ne crois pas, tu n'obtiendras pas. Car ce qui t'est impossible avec toutes les œuvres des commandements qui sont nombreuses et pourtant ne te serviront à rien, tu l'atteindras aisément et rapidement par la foi. Car j'ai tout simplement tout mis dans la foi, si bien que, qui la possède aura tout et obtiendra la félicité, qui ne l'a pas n'aura rien. Ainsi les promesses de Dieu fournissent ce qu'exigent les commandements et accomplissent ce que prescrivent les commandements, afin que tout soit la propriété de Dieu, le commandement et l'accomplissement : seul il commande et seul aussi il accomplit. C'est pourquoi les promesses de Dieu sont les paroles du Nouveau Testament et elles font partie du Nouveau Testament.

Dixièmement. Or ces paroles, comme toutes les paroles de Dieu, sont saintes, véridiques, équitables, pacifiques, libres et pleines d'une absolue bonté, aussi l'âme de celui qui s'y attache avec une véritable foi sera-t-elle unie à lui, si totalement que toutes les vertus de la parole deviendront aussi les propres vertus de l'âme et ainsi, de par la foi, l'âme devra à la parole de Dieu d'être sainte, équitable, véridique, pacifique et pleine d'une absolue bonté et deviendra un véritable enfant de Dieu, comme dit Jean I [12] : « A ceux qui croient en son nom, il a donné le pouvoir de devenir enfants de Dieu. »

Tout ceci permet de comprendre aisément pourquoi la foi possède un si grand pouvoir et qu'aucune bonne œuvre ne parvient à l'égaler. Car aucune bonne œuvre n'est attachée à la parole divine comme l'est la foi, aucune bonne œuvre ne peut non plus agir à l'intérieur de l'âme, mais seulement la parole et la foi règnent dans l'âme : telle est la parole, telle sera aussi l'âme grâce à elle, tout comme le fer devient d'un rouge ardent comme le feu de par son union avec le feu. Ainsi nous voyons que la foi suffit à un chrétien, il n'a besoin d'aucune œuvre pour se justifier. S'il n'a plus besoin d'aucune œuvre, il est certainement délié de tous les commandements et de toutes les lois ; s'il en est délié, il est certainement libre. Telle est la liberté chrétienne, c'est la foi seule qui la crée, ce qui ne veut pas dire que nous puissions rester oisifs ou faire le mal, mais que nous n'avons besoin d'aucune œuvre pour nous justifier et atteindre à la félicité, ce que nous exposerons plus longuement par la suite.

Onzièmement. La foi est ainsi faite que celui qui croit un autre le croit parce qu'il le tient pour un homme juste et véridique, ce qui est le plus grand honneur qu'un homme puisse faire à un autre, comme inversement, la plus grave injure est de le tenir pour un homme dissimulé, menteur, dénué de scrupules. De même aussi quand l'âme croit fermement la parole de Dieu, elle le tient pour véridique, juste et droit et lui rend par là le plus grand honneur que l'on puisse lui rendre, car elle lui donne alors raison, elle reconnaît qu'il a raison, elle honore son nom et le laisse agir sur elle comme il entend le faire, car elle ne doute pas qu'il soit juste et véridique dans toutes ses paroles. Inversement, on ne peut pas faire à Dieu de plus grave affront que de ne pas le croire ; en agissant de la sorte, l'âme le tient pour un être sur lequel on ne peut faire fond, pour un menteur sans scrupules, et, pour ce qui est d'elle, elle renie Dieu par un pareil manque de foi et, dans son cœur, elle dresse en face de Dieu, telle une idole, sa propre raison, comme si elle se prétendait plus savante que lui. Quand Dieu voit que l'âme reconnaît sa véracité et l'honore de sa foi, il l'honore en retour et la tient pour juste et véridique et elle est aussi juste et véridique du fait de cette foi, car il est conforme à la vérité et juste de reconnaître à Dieu l'esprit de vérité et de justice, et cela rend juste et véridique puisqu'il est véritable et juste de reconnaître à Dieu l'esprit de vérité. C'est ce que ne font pas ceux qui ne croient pas, quand bien même ils se multiplient et se dépensent en bonnes œuvres.

Douzièmement. Non seulement la foi obtient que l'âme, à l'image de la parole divine, soit comblée de toutes les grâces, libre et bienheureuse, mais elle unit encore l'âme au Christ, comme une épouse est unie à l'époux. La conséquence de ce mariage est, comme dit Saint Paul [Eph. 5, 30] que le Christ et l'âme ne font plus qu'une seule chair, les biens des deux conjoints sont aussi mis en commun, leur chance et leur malchance et toutes choses ; ce qu'a le Christ est la propriété de l'âme croyante, ce qu'a l'âme devient la propriété du Christ. Ainsi le Christ est possesseur de tout bien et de toute félicité, l'âme en a la propriété. Ainsi l'âme ne détient que mal et que péché : ils deviennent propriété du Christ. Alors s'instituent cette joute et cet échange joyeux : puisque le Christ, Dieu et homme, n'a encore jamais péché et que sa justice est invincible, éternelle et toute-puissante, il s'approprie les péchés de l'âme croyante, grâce à l'anneau nuptial de celle-ci (c'est-à-dire grâce à sa foi) et tout se passe comme s'il les avait commis, c'est-à-dire que les péchés doivent s'engloutir et se noyer en lui. Car aucun péché ne peut résister à la puissance invincible de ce juste ; ainsi l'âme est débarrassée et libérée de tous ses péchés par la seule grâce de son trésor nuptial, c'est-à-dire à cause de sa foi, et reçoit en présent du Christ, son époux, le don d'être éternellement juste. N'est-ce pas un heureux ménage qui se fonde, quand le fiancé riche, noble, juste, prend pour épouse la malheureuse et mauvaise petite prostituée que l'on méprise, la délivre de tout mal et l'orne de tout bien ? Ainsi il n'est pas possible que ses péchés la condamnent car ils reposent maintenant sur le Christ et sont engloutis en lui ; elle est en son époux si abondamment juste qu'elle est une fois encore capable de résister à tous les péchés quand même ils reposeraient sur elle. C'est ce que dit Saint Paul (I Cor. 15 [57]) : « Grâces soient rendues à Dieu qui nous a donné la victoire en Jésus-Christ en qui s'est engloutie la mort avec le péché. »

Treizièmement. Mais vous voyez à présent pour quelles raisons à bon droit on attribue à la foi un pouvoir assez grand pour qu'elle puisse satisfaire aux exigences de tous les commandements et qu'elle nous justifie sans le concours d'aucune bonne œuvre. Car vous voyez à présent qu'elle satisfait aux exigences du premier commandement qui prescrit : « Tu honoreras un seul Dieu. » Quand vous ne seriez que bonnes œuvres des pieds à la tête, vous ne seriez quand même pas juste, vous n'honoreriez encore nullement Dieu et vous ne satisferiez pas aux exigences du tout premier d'entre les commandements. Car il n'est pas possible d'honorer Dieu sans lui reconnaître la véracité et toutes les qualités, comme il les possède d'ailleurs vraiment. C'est ce que ne fait aucune bonne œuvre, mais seule le fit la foi du cœur.

Aussi est-ce en elle seule que l'homme devient juste et satisfait aux exigences de tous les commandements. Car celui qui satisfait aux exigences du premier et du plus important d'entre les commandements satisfera sûrement et aisément aux exigences de tous les autres commandements. Les œuvres, par contre, sont choses mortes, elles ne pourraient honorer ni louer Dieu, encore qu'on puisse y recourir et en user pour l'honneur et la gloire de Dieu, mais nous cherchons ici non pas celui qui est mis en action, comme sont les œuvres, mais celui qui agit par lui-même et le maître d'œuvre qui honore Dieu et accomplit les œuvres. Ce n'est à rien autre qu'à la foi du cœur que nous devons essentiellement et entièrement d'être justes, aussi répand-on une doctrine dangereuse et absurde quand on enseigne que c'est par les œuvres qu'il faut accomplir les commandements, alors qu'avant de pratiquer les œuvres, il faut satisfaire par la foi à ces exigences et les œuvres viendront après l'accomplissement des commandements, ainsi que nous l'apprendrons.

Quatorzièmement. Pour voir plus complètement ce que nous possédons dans le Christ et quel immense bien est une foi véritable, il faut savoir qu'auparavant et dans l'Ancien Testament Dieu se réservait et gardait tous les premiers-nés masculins des hommes et des animaux. Et le premier-né était d'un grand prix, et il jouissait de deux grands privilèges sur les autres enfants, à savoir celui de gouverner et celui de remplir les fonctions de prêtre, autrement dit la royauté et le sacerdoce ; ainsi sur terre le jeune garçon premier-né régnait en maître sur tous ses frères et il était curé ou Pape aux yeux de Dieu ; nous trouverons là une préfiguration de Jésus-Christ qui est, à proprement parler, le véritable premier-né masculin de Dieu le Père, issu de la Vierge Marie. Aussi est-il roi et prêtre, mais au spirituel, car son royaume n'est pas terrestre et il ne règne pas non plus sur les biens terrestres, mais sur les biens spirituels, tels que la vérité, la sagesse, la paix, la joie, la félicité, etc. Mais les biens terrestres ne sont pas par là exceptés, car toutes choses lui sont soumises au ciel, sur terre et en enfer encore qu'on ne le voie pas : c'est parce qu'il règne en esprit, en restant invisible.

De la sorte son sacerdoce ne réside pas non plus dans les gestes et les vêtements extérieurs, comme nous le voyons chez les hommes, mais il demeure invisible en esprit, car sans arrêt il se tient devant les yeux de Dieu, intercédant pour les siens, s'offrant lui-même en sacrifice, et faisant tout ce que doit faire un bon prêtre. Il prie pour nous, comme dit Saint Paul (Rom. 8 [34]), et il nous donne son enseignement au plus profond de nos cœurs ; ce sont là les deux fonctions essentielles et véritables du prêtre ; ainsi nos prêtres prient et prêchent à leur manière extérieure, humaine, temporelle [7].

Quinzièmement. De même que le Christ jouit de la primogéniture avec tous les honneurs et dignités qu'elle comporte, de même il la partage avec tous ses

Chrétiens en sorte que par la foi ils doivent tous être aussi rois et prêtres avec le Christ, selon la parole de Saint Pierre (I Pier. 2 [9]) : « Vous êtes une royauté sacerdotale et un sacerdoce royal. » Et ainsi se fait que par la foi un Chrétien est élevé si haut par-dessus toutes choses que, dans l'ordre spirituel, il devient un maître universel, car rien ne peut lui nuire pour son salut et même tout doit lui être subordonné et l'aider en vue de son salut. Comme l'enseigne Saint Paul (Rome. 8 [28]) : « Toutes choses doivent concourir au salut des élus », que ce soient la vie, la mort, le péché, la vertu, le bien et le mal, de quelque nom qu'on les nomme. De même I Cor. 3 [22 s.] : « Tout est à vous et la vie et la mort, et les choses présentes et les choses à venir, etc. » Ceci ne veut pas dire que toutes choses soient matériellement en notre puissance, au point que nous les possédions ou que nous en usions comme font les hommes sur terre, car notre corps est destiné à mourir et nul ne peut échapper à la mort, nous devons aussi succomber sous beaucoup d'autres fardeaux, comme nous le voyons faire au Christ et à ses saints, car c'est une domination spirituelle qui s'exerce malgré l'asservissement matériel : ainsi je puis profiter de toutes choses pour le progrès de mon âme, si bien que même la mort et la souffrance en sont réduites à me servir et à se rendre utiles à mon salut ; c'est là un grand honneur et une haute dignité et une domination vraiment omnipotente, une royauté spirituelle, puisque rien n'est si bon ni si mauvais qu'il ne doive tourner à mon profit, si j'ai la foi et encore n'en ai-je pas besoin, mais ma foi seule me suffit. Voyez combien inestimables sont la liberté et la puissance des Chrétiens.

Seizièmement. En outre, nous sommes prêtres, ce qui est encore beaucoup plus que d'être rois, car le sacerdoce nous rend dignes de paraître devant Dieu et de prier pour autrui, car paraître devant Dieu et y prier n'appartient à personne d'autre qu'aux prêtres. Ainsi le Christ a acquis pour nous le pouvoir de paraître en esprit devant Dieu et de prier les uns pour les autres, tout comme le prêtre matériellement paraît et prie pour le peuple. Mais si quelqu'un n'a pas la foi dans le Christ, rien ne tourne à son profit, il est esclave de toutes choses, toute chose doit être pour lui source de scandale, de plus sa prière n'est pas agréable, elle ne parvient pas non plus jusque devant Dieu. Qui est capable maintenant de se représenter l'éminente dignité du Chrétien ? Par sa royauté il est maître de toutes choses, par son sacerdoce il est maître de Dieu, car Dieu fait ce qu'il demande et ce qu'il veut, comme il est écrit au Psautier [Ps. 145, 19] : « Dieu accomplit les désirs de ceux qui le craignent, il exauce leur prière » et cette dignité, il y atteint par sa seule foi et sans recourir à aucune œuvre. Ceci permet de comprendre clairement comment un Chrétien est libre en toutes choses et supérieur à toutes choses, c'est-à-dire qu'il n'a besoin, outre sa foi, d'aucune bonne œuvre pour être juste et parvenir à la félicité, mais la foi lui rend tout le reste superflu. Et s'il était assez fou pour penser que par une bonne œuvre il pourrait se justifier, se libérer, ou devenir chrétien, atteindre à la félicité, il perdrait la foi avec tout le reste, tel le chien qui, tenant dans sa gueule un morceau de viande, cherchait à happer son image sur l'eau et qui perdit ainsi et la viande et l'image [8] .

Dix-septièmement. On demandera : En quoi consiste donc la différence entre prêtres et laïcs au sein de la Chrétienté, alors que tous les Chrétiens sont prêtres ? Réponse : La foule a abusé des termes de « prêtres », « curés », « ecclésiastiques », etc., en les appliquant au petit groupe que l'on appelle maintenant l'état ecclésiastique. La seule distinction que reconnaisse la Sainte Écriture se marque à ce qu'elle appelle les savants ou les chrétiens consacrés « *ministri* », « *servi* », « *œconomi* », c'est-à-dire « serviteurs », « esclaves », « intendants », parce qu'ils doivent prêcher aux autres le Christ, la foi et la liberté chrétienne. Car, bien que nous soyons prêtres, nous ne pouvons pas tous officier ou assurer le service divin et prêcher. Ainsi le dit Saint

Paul (I Cor. 4 [1]) : « Nous ne voulons plus être considérés que comme les serviteurs du Christ et comme les intendants de l'Évangile. » Mais maintenant de cet office d'intendant est issue une domination et puissance temporelle et extérieure si pompeuse et si redoutable que le véritable pouvoir temporel ne peut nullement lui être comparé, tout comme si les laïcs étaient autre chose que des Chrétiens ; ainsi, a disparu toute intelligence de la grâce, de la liberté, de la foi chrétiennes et de tout ce que nous devons au Christ, et du Christ lui-même ; en échange de quoi nous avons adopté en foule les lois et les œuvres des hommes et nous sommes devenus entièrement les esclaves des gens les plus vils que la terre ait jamais portés.

Dix-huitièmement. Tout ceci nous apprend qu'on ne prêche pas de façon suffisante quand, dans son prêche, on se contente de narrer la vie et les œuvres du Christ, superficiellement, comme on raconterait une anecdote tirée de l'histoire ou des chroniques, pour ne pas parler de ceux qui le passent tout à fait sous silence et prêchent sur le droit canon ou d'autres lois et doctrines humaines [9]. Il en est aussi beaucoup qui, dans leur prédication ou leur enseignement, se bornent à manifester leur compassion pour le Christ, à s'emporter contre les Juifs ou à se livrer à d'autres exercices aussi puérils [10]. Mais il est nécessaire et indispensable que la prédication affermisse et entretienne la foi en vous et en moi. Cette foi ne peut être affermie et entretenue que si l'on me dit pourquoi le Christ est venu, quel usage et profit on peut tirer de lui, ce qu'il m'a apporté et donné. Ce résultat est obtenu si l'on explique bien ce qu'est la liberté chrétienne que nous tenons de lui, et comment nous sommes prêtres et rois, maîtres de toutes choses et que tout ce que nous faisons est agréable aux yeux de Dieu et obtient sa faveur, comme je l'ai dit précédemment. Alors quand un cœur entend ainsi le Christ, il doit se réjouir au plus profond de lui-même, il accueille cette consolation, il est pris de tendresse pour le Christ et veut payer en retour l'amour du Christ. Jamais la loi ou les œuvres ne peuvent mener à pareil résultat, car qui causera quelque dommage ou quelque frayeur à un cœur ainsi préparé ? Que le péché ou la mort viennent à surgir, et ce cœur croira que la justice du Christ est sienne, et que son péché n'est nullement sien, mais appartient au Christ, ainsi le péché doit-il disparaître devant la justice du Christ dans la communion de la foi, comme il a été dit plus haut, et il apprend avec l'Apôtre à braver la mort et le péché, et à dire [I Cor. 15, 55 ss.] : « O mort, où est ta victoire ? O mort, où est ton aiguillon ? Ton aiguillon est le péché. Mais grâces en soient rendues à Dieu qui nous a donné la victoire par Jésus-Christ notre seigneur. Et la mort a été engloutie dans sa victoire, etc. »

Dix-neuvièmement. Contentons-nous de ce que nous venons de dire sur l'homme intérieur, sa liberté, l'état premier du juste à qui aucune loi ni aucune bonne œuvre ne sont nécessaires, elles sont même dommageables à qui aurait la prétention de se justifier grâce à elles [11]. Arrivons-en maintenant à la seconde partie, à l'homme extérieur. Nous allons répondre ici à tous ceux qui se scandalisent de ce que nous avons exposé jusqu'à présent et qui ont accoutumé de dire : « Eh bien, puisque la foi est tout, et qu'elle possède à elle seule une valeur suffisante pour nous justifier, pourquoi les bonnes œuvres sont-elles aussi prescrites ? Réjouissons-nous et ne faisons rien. » Mais non, mon cher, ce n'est pas cela ! Il en serait bien ainsi, au cas où tu serais exclusivement un homme intérieur, où tu serais devenu entièrement intérieur et spirituel, ce qui n'arrivera pas jusqu'au jour du jugement. Il n'y a et il n'y aura sur terre qu'une naissance et qu'une croissance, l'achèvement appartenant à l'autre monde. Aussi est-il question chez l'Apôtre des « *primitiae spiritus* », c'est-à-dire les « premiers fruits de l'esprit » [Rom. 8, 23], c'est le moment de rappeler ce qui a été dit plus haut : « Un Chrétien est un serf corvéable et soumis à tous » ce qui revient à dire : « où il est libre, il n'a besoin de rien faire ; où il est serf, il doit accomplir toutes sortes de besognes. » Comment cela se produit-il ? C'est ce que nous allons voir.

Vingtièmement. Bien qu'à l'intérieur de lui-même et pour ce qui est de son âme, l'homme soit suffisamment justifié par la foi, bien qu'il ait tout ce qu'il doit avoir, si ce n'est qu'il doit sans cesse développer en lui la foi et la satisfaction jusque dans l'autre vie, néanmoins l'homme demeure encore sur terre pendant cette vie corporelle, et il faut qu'il gouverne son propre corps et entretienne des rapports avec les hommes [12]. C'est là que commencent les œuvres, dès lors il lui est impossible de rester oisif, certes, il faut maintenant que le corps recourre, pour s'entraîner et s'exercer, aux jeûnes et aux veilles et à toutes les disciplines modératrices, afin qu'il obéisse à l'homme intérieur et à la foi, qu'il se façonne à leur image et qu'il n'empêche ni n'entrave leur activité, comme il fait naturellement, s'il n'est pas rompu à la discipline, car l'homme intérieur vit en harmonie avec Dieu, il est gai et joyeux par amour du Christ qui a tant fait pour lui et son seul souci est en retour de servir aussi Dieu gratuitement par un acte de libre amour ; alors il découvre dans sa chair une volonté rebelle qui veut servir le monde et cherche à satisfaire ses appétits. C'est ce que la foi ne peut supporter, elle se jette à sa gorge pour la maîtriser et la mater. Comme le dit Saint Paul (Rom. 7 [22 s.]) : « Je prends plaisir à la loi de Dieu selon l'homme intérieur, mais je vois dans ma chair une autre loi qui veut me rendre captif du péché », de même [I Cor., 9, 27] : « Je traite durement mon corps et je le tiens en servitude, de peur que moi qui dois prêcher aux autres, je ne sois moi-même réprouvé. » De même Gal. 5 [24] : « Tous ceux qui sont au Christ crucifient la chair avec ses passions et ses convoitises. »

Vingt et unièmement. Mais ces mêmes œuvres, il ne faut pas que l'homme les accomplisse dans la conviction qu'il se justifiera par là devant Dieu, — car la foi ne peut supporter une fausse conviction, la foi est seule, et seule, elle doit constituer la justice devant Dieu — mais seulement dans la conviction qu'il faut rendre le corps obéissant et le purifier de ses bas appétits et qu'il ne faut tourner ses regards sur ses bas appétits que pour les chasser. Car, comme par la foi l'âme est devenue pure et qu'elle aime Dieu, elle voudrait bien que toutes choses aussi soient également pures, et en tout premier lieu son corps, et que tout le monde aime et loue Dieu avec elle. Ainsi advient-il qu'à cause de son corps l'homme ne puisse s'abandonner à l'oisiveté et doive pour cette raison accomplir beaucoup de bonnes œuvres pour maîtriser son corps ; néanmoins les œuvres ne sont pas le véritable bien qui le rend droit et juste devant Dieu, il faut qu'il les accomplisse par un acte de libre amour, gratuitement pour plaire à Dieu, sans y faire entrer aucune intention ou considération autre que de se conformer au bon plaisir de Dieu pour l'amour de qui il donnerait volontiers le meilleur de lui-même. En conséquence, chacun peut penser dans quelle mesure et dans quelles conditions il faut mortifier son corps ; en effet il jeûnera, veillera, travaillera dans la mesure où il verra que c'est nécessaire à son corps, pour dominer sa concupiscence. Mais les autres, ceux qui croient se justifier par les œuvres, n'attachent aucune importance à la mortification ; ils ne prêtent attention qu'aux œuvres et ils croient que, quand ils ont accompli beaucoup d'œuvres et de considérables, ils ont lieu d'être contents et ils se sont rendus justes et ils vont parfois jusqu'à se briser la tête, à abîmer leur corps : c'est commettre une grande folie et se méprendre sur la vie et la foi chrétiennes que de vouloir se justifier et gagner la félicité sans la foi, par les œuvres.

Vingt-deuxièmement. Donnons à ce sujet quelques comparaisons : il faut se représenter que les œuvres d'un Chrétien qui, par sa foi et par la seule grâce de Dieu, gratuitement est devenu juste et a pu parvenir à la félicité, ne sont pas différentes des travaux qu'Adam et Ève ont accomplis au Paradis au sujet desquels il est écrit (Gen. 2 [15]) que Dieu plaça l'homme qu'il avait créé dans le Paradis pour qu'il le cultivât et le gardât. Or Adam avait été créé par Dieu dans l'état de justice et sans péché, si bien qu'il n'avait pas besoin d'acquérir la justice en cultivant et en gardant le Paradis ; pourtant afin qu'il échappât à l'oisiveté, Dieu lui donna comme occupation de planter, de cultiver et d'entretenir le jardin, tout ceci n'étant que de libres travaux qu'aucune raison ne l'obligeait à accomplir, si ce n'est uniquement pour plaire à Dieu, et non pas pour acquérir la justice, car il l'avait auparavant tout comme elle aurait aussi été naturellement innée en chacun de nous. Il en est de même aussi de l'œuvre du croyant : par sa foi, celui-ci qui a été replacé dans le Pardis et recréé, n'a besoin d'aucune œuvre pour se justifier, mais pour qu'il échappe à l'oisiveté et qu'il entretienne et préserve son corps, il lui est recommandé d'accomplir ces œuvres libres dans le seul but de plaire à Dieu.

Ou encore, il en est comme d'un Évêque consacré : quand celui-ci consacre une église, confirme ou accomplit quelqu'une des œuvres propres à sa fonction, ce ne sont par ces œuvres qui font de lui un Évêque, et même s'il n'avait pas précédemment été consacré Évêque, aucune de ces œuvres n'aurait de valeur, ce ne seraient que pures bouffonneries : de même un Chrétien qui, consacré par la foi, accomplit de bonnes œuvres, n'est pas rendu meilleur par ces œuvres ni davantage consacré Chrétien (car seul l'accroissement de la foi produirait un tel résultat) et même, si précédemment il n'avait pas été croyant et chrétien, toutes ces œuvres n'auraient eu aucune valeur mais n'auraient été que péchés extravagants, répréhensibles et condamnables.

Vingt-troisièmement. C'est pourquoi les deux formules sont vraies : « Des œuvres bonnes et justes ne font jamais un homme bon et juste, mais un homme bon et juste fait de bonnes œuvres. — Des œuvres mauvaises ne font pas un homme mauvais, mais un homme mauvais fait de mauvaises œuvres » en sorte que la personne doit toujours être bonne et juste préalablement, avant que d'accomplir toute bonne œuvre et les bonnes œuvres suivent et elles proviennent d'une personne juste et bonne. Il en est comme dit le Christ [Math. 7, 18] : « Un mauvais arbre ne porte pas de bons fruits. Un bon arbre ne porte pas de mauvais fruits. » Or il est évident que ce ne sont pas les fruits qui portent l'arbre et les arbres ne poussent pas non plus sur les fruits, mais au contraire, ce sont les arbres qui portent les fruits et les fruits poussent sur les arbres. Or de même que les arbres doivent exister avant les fruits et que les fruits ne font pas les arbres, ni les bons ni les mauvais, mais que les arbres font les fruits, de même l'homme, en tant que personne, doit auparavant être bon ou mauvais, avant de faire des œuvres bonnes ou mauvaises. Et ce ne sont pas ses œuvres qui le rendent bon ou mauvais, mais c'est lui qui fait de bonnes ou de mauvaises œuvres. Nous voyons la même chose dans tous les métiers. Une bonne ou une mauvaise maison ne fait pas un bon ou un mauvais charpentier, mais un bon ou un mauvais charpentier fait une mauvaise ou une bonne maison, ce n'est pas l'œuvre qui fait le maître, telle qu'elle est elle-même, mais au contraire, tel est le maître, telle est aussi l'œuvre. Il en est de même des œuvres humaines : aussi selon que l'homme vit dans la foi ou dans l'incrédulité, ses œuvres seront bonnes ou mauvaises, et non pas inversement, selon ce que seront ses œuvres, dans la même mesure il sera juste ou croyant ; les œuvres, de même qu'elles ne donnent pas la foi, de même elles ne justifient pas ; mais la foi, de même qu'elle justifie, de même elle fait les bonnes œuvres. Comme les œuvres ne justifient personne et que l'homme doit être juste avant d'accomplir les œuvres, il est évident que c'est la foi seule qui, par une pure faveur, grâce au Christ et à sa parole, suffit à justifier la personne, à assurer son salut et qu'aucune œuvre, aucun commandement n'est nécessaire au Chrétien pour son salut, mais qu'il est libéré de tous les commandements et qu'il fait tout gratuitement, par un acte de pure liberté, sans rechercher nullement par là son intérêt ou sa félicité — car il a atteint un degré de félicité suffisant de par sa foi et la grâce de Dieu — mais à seule fin de complaire ainsi à Dieu.

24°. — Par contre, celui qui n'a pas la foi ne peut tirer profit d'aucune bonne œuvre pour se justifier et assurer son salut. Par contre, ce n'est aucune de ses œuvres mauvaises qui le rend mauvais ni le damné, mais son manque de foi qui rend la personne et l'arbre mauvais et qui fait les œuvres mauvaises et maudites. Aussi pour devenir juste ou mauvais, on ne commence pas par les œuvres, mais par la foi. Selon la parole du Sage [Sirach, 10, 14 s.] : « L'infidélité à Dieu et le manque de foi sont le commencement de tout péché. » Telle est aussi la doctrine du Christ qui enseigne qu'il ne faut pas commencer par les œuvres mais par la foi et qui déclare [Math. 12, 33] : « Ou bien faites que l'arbre soit bon et ses fruits seront bons, ou bien faites que l'arbre soit mauvais et ses fruits seront mauvais », ce qui revient à dire : celui qui veut avoir de bons fruits doit commencer d'abord par l'arbre et le mettre en bon état : ainsi qui veut faire de bonnes œuvres ne doit pas commencer par les œuvres mais par la personne qui doit faire les œuvres. Mais rien ne rendra bonne la personne, si ce n'est seulement la foi ; et rien ne la rendra mauvaise, si ce n'est seulement le manque de foi. Cela est bien vrai : les œuvres rendent un homme juste ou mauvais aux yeux des hommes, c'est-à-dire qu'elles marquent extérieurement qui est juste et qui est mauvais, comme dit le Christ (Math. 7 [20]) : « C'est à leurs fruits que vous les reconnaîtrez. » Mais tout ceci n'est qu'aspect extérieur, toutefois cette apparence induit en erreur beaucoup de gens qui écrivent et enseignent qu'il faut accomplir de bonnes œuvres pour se justifier, sans jamais faire mention de la foi : ils vont leur chemin, un aveugle entraînant toujours l'autre, ils se tourmentent avec une foule de bonnes œuvres, sans jamais réussir à devenir vraiment justes : c'est d'eux que Saint Paul dit (2 Tim. 3 [5]) : « Ils ont les apparences de la piété sans en avoir la réalité et ils étudient sans cesse, jamais pourtant ils ne parviennent à connaître la vraie piété. » Quiconque ne veut pas errer avec ces aveugles doit voir plus loin que les œuvres, les commandements ou la doctrine des œuvres. Il devra avant tout considérer la personne et voir comment elle peut se justifier. Elle ne se justifiera et ne se sauvera pas par les commandements et les œuvres, mais par la parole de Dieu (c'est-à-dire par la promesse de sa grâce) et par la foi, afin que l'honneur de Dieu soit intact et qu'il ne nous sauve pas par nos œuvres, mais gratuitement par la grâce de sa parole et par un acte de pure miséricorde.

25°. — Tout ceci permettra de comprendre facilement dans quelle mesure les bonnes œuvres sont à rejeter et ne sont pas à rejeter, comment il faut interpréter les doctrines qui traitent des bonnes œuvres ; en effet, quand elles contiennent cette clause erronée et expriment l'illusoire conviction que par les œuvres nous nous justifierons et nous sauverons, de ce fait elles ne sont pas bonnes mais tout à fait condamnables, car elles ne sont pas libres et blasphèment la grâce de Dieu qui, seule, par la foi justifie et sauve, ce dont les œuvres sont incapables ; et pourtant elles ont la prétention de le faire, intervenant ainsi dans le domaine de la grâce et portant ombrage à son honneur. Ainsi rejetons-nous les bonnes œuvres non pas à cause d'elles-mêmes, mais à cause de cette clause mauvaise et de cette conviction illusoire et fausse qui fait qu'elles ne sont bonnes qu'en apparence, sans être vraiment bonnes ; elles se trompent et trompent en même temps chacun de nous, comme les loups ravisseurs cachés sous les dépouilles des brebis. Mais cette mauvaise clause et cette intention erronée que l'on met dans les œuvres sont des obstacles insurmontables, tant que la foi fait défaut. Elles doivent demeurer dans le saint selon les œuvres jusqu'à ce que la foi apparaisse et les détruise, car la nature ne parvient pas par elle-même à les chasser ni même à les juger, elle les prend au contraire pour de précieux instruments de salut, aussi est-ce là une cause de séduction pour un grand nombre. C'est pourquoi, bien qu'il soit bon d'écrire et de prêcher sur la pénitence, la confession et la satisfaction, si l'on ne continue pas en enseignant la foi, on aboutit sans nul doute à une doctrine tout à fait diabolique et chargée de séductions. Il ne faut pas prêcher seulement un seul mais les deux Testaments de la parole divine. Il faut prêcher les commandements pour effrayer les pécheurs, leur révéler leurs péchés, les inciter à se repentir et les amener à se convertir. Mais il ne faut pas s'arrêter là, on doit aussi prêcher l'autre parole, la promesse de la grâce pour enseigner la foi sans laquelle les commandements, la pénitence et tout le reste sont sans aucune valeur. Il est bien encore resté des prédicateurs pour prêcher la pénitence et la grâce, mais ils ne soulignent pas l'importance des commandements et de la promesse divine pour que l'on apprenne d'où viennent et ce que sont la pénitence et la grâce. Car la pénitence découle des commandements, la foi de la promesse divine, et ainsi l'homme est justifié et exalté par la foi en la parole divine, alors que la crainte inspirée par les commandements de Dieu l'a humilié et lui a fait prendre conscience de lui-même.

26°. — En voici assez au sujet des œuvres en général et de celles qu'un Chrétien doit pratiquer dans son propre corps. Parlons maintenant davantage des œuvres qu'il doit pratiquer dans ses rapports avec les autres hommes. Car l'homme ne vit pas seulement à l'intérieur de son corps, mais il vit aussi parmi les autres hommes sur la terre. Aussi ne peut-il se passer des œuvres dans ses rapports avec eux, il est toujours amené à leur parler, il a affaire à eux, encore qu'il n'ait besoin d'aucune de ces œuvres pour se justifier et faire son salut. Aussi doit-il avoir l'esprit tout à fait libre à l'égard des œuvres et ne viser qu'à obliger autrui et à lui rendre service grâce à elles, il ne doit rien se proposer d'autre que de satisfaire aux besoins d'autrui ; c'est là mener une vie vraiment chrétienne, alors on se met à l'œuvre avec une foi et une charité ardente comme Saint Paul l'enseigne aux Galates

[Gal. 2, 20]. Car après avoir exposé aux Philippiens que de par leur foi dans le Christ ils possédaient la grâce en suffisance, l'Apôtre poursuit son enseignement et leur dit : [Phil. 2, 1] : « Je vous exhorte, au nom de toute la consolation que vous trouvez dans le Christ et de toute la consolation que vous apporte notre amour pour vous, au nom de la communauté d'esprit qui vous unit à tous les Chrétiens pieux et spirituels, rendez parfaite la joie de mon cœur ; ayez désormais une même pensée, manifestez le même amour les uns envers les autres, rendez-vous mutuellement service, ne prenez pas garde à vous-mêmes et à vos intérêts, mais aux autres et à leurs besoins. » Voyez comme Paul a clairement représenté la vie chrétienne où toutes les œuvres doivent avoir pour but le bien du prochain, puisque la foi suffit à chacun pour lui-même et que toutes les autres œuvres et toute sa vie lui restent pour qu'il les mette au service de son prochain par un acte de libre amour. Il cite alors le Christ en exemple et dit [Phil. 2, 5] : « Ayez en vous-mêmes les sentiments que vous voyez dans le Christ » qui, bien qu'il fût dans la condition de Dieu et se suffit à lui-même, et qu'il n'eût pas besoin de sa vie, de son action et de sa passion pour se justifier et faire son salut, s'était néanmoins dépouillé de tout cela, avait pris l'apparence d'un esclave, accompli toutes sortes d'actions et supporté toutes sortes de souffrances, sans prendre égard à rien qu'à notre intérêt et qui bien qu'il fût libre, s'était néanmoins fait esclave par amour pour nous.

27°. — Ainsi un Chrétien doit, comme le Christ, son chef, se satisfaire pleinement et entièrement de sa foi, l'accroître sans cesse, car elle est sa vie, elle assure sa justification et son salut, elle lui donne tout ce qu'a le Christ et Dieu, comme il a été dit plus haut, et Saint Paul dit (Gal. 1 [2, 20]) : « Ce que je vis maintenant dans la chair, je le vis dans la foi du Christ, fils de Dieu », et bien qu'il soit complètement libre, le Chrétien doit volontairement redevenir esclave pour aider son prochain, agir et procéder, comme Dieu a agi avec lui par l'intermédiaire du Christ et le tout gratuitement, sans chercher par là autre chose qu'à être agréable à Dieu, il pensera alors : Ainsi mon Dieu m'a donné à moi, homme indigne, condamné, dépourvu de tout mérite, de par le Christ et en sa personne, gratuitement et par pure faveur et miséricorde, cette pleine richesse de justification et de salut, si bien que désormais je n'ai plus besoin de rien, si ce n'est de croire qu'il en est ainsi. Eh bien ! pour un tel père qui m'a ainsi comblé de ses dons surabondants, je veux faire en retour librement, joyeusement et gratuitement, tout ce qui lui est agréable. Et à l'égard de mon prochain, je veux devenir un Christ comme le Christ a été pour moi et ne rien faire d'autre que ce que je vois lui faire besoin, être utile pour lui et profitable à son salut, puisque par ma foi j'ai de toutes choses ma suffisance dans le Christ. Voici qu'alors jaillissent de la foi l'amour et la joie en Dieu et de l'amour une existence libre, spontanée, joyeuse, qui se voue gratuitement au service du prochain. Car de même que notre prochain est dans la misère et qu'il a besoin de notre superflu, de même nous avons été dans la misère devant Dieu et nous avons eu besoin de sa grâce. C'est pourquoi tout comme Dieu nous a aidé gratuitement par l'entremise du Christ, de même, par l'entremise de notre corps et de ses œuvres, nous devons tout pareillement aider notre prochain. Ainsi nous voyons quelle vie d'une sublime noblesse est la vie chrétienne, mais malheureusement non seulement elle ne se rencontre maintenant nulle part dans tous ce bas monde, mais elle n'y est plus ni connue ni prêchée.

28°. — Ainsi nous lisons en Luc (2 [22 s.]) que la Vierge Marie se rendit à l'église au bout de six semaines et se fit purifier selon la loi, comme toutes les autres femmes, bien qu'elle ne fût pas impure comme elles et qu'elle ne fût pas astreinte à cette purification dont elle n'avait d'ailleurs pas besoin non plus. Mais elle le fit par un acte de libre amour, pour ne pas mépriser les autres femmes et ne pas se séparer d'elles. Ainsi nous lisons que Saint Paul fit circoncire Saint Thimothée [Act. 16, 3], non que ce fût nécessaire, mais pour ne pas scandaliser les Juifs dont la foi était faible ; par contre, il ne voulut pas laisser circoncire Tite, bien qu'on insistât auprès de lui pour qu'il fût circoncis, en lui faisant valoir que c'était nécessaire à son salut [Gal. 2, 3]. Et aussi le Christ (Math. 17 [24]) : comme le denier de l'impôt était exigé de ses disciples, il discutait avec Saint Pierre pour savoir si les enfants des rois n'étaient pas dispensés de l'obligation de payer l'impôt, et Saint Pierre lui répondit que si, il lui donna l'ordre de se rendre au bord de la mer et dit : « Pour ne pas les scandaliser, va à la mer, tire le premier poisson que tu pêcheras, prends-le et dans sa bouche tu trouveras un denier que tu donneras pour moi et pour toi. » C'est un bel exemple pour illustrer cet enseignement que donne le Christ en se nommant et en nommant les siens des fils de rois qui n'ont besoin de rien et néanmoins il se soumet volontairement, il est prêt à servir et à payer l'impôt. Or, dans la même mesure où cette œuvre était nécessaire au Christ et où elle contribue à le justifier et à le sauver, dans la même mesure toutes ses œuvres et toutes celles de ses Chrétiens leur sont nécessaires pour leur salut, elles sont toutes au contraire des services librement rendus par amour et pour l'édification d'autrui. Telles devraient être aussi les œuvres qu'accomplissent tous les prêtres, toutes les communautés et tous les chapitres, chacun devrait y accomplir les œuvres de son état et de son ordre uniquement pour faire le bonheur d'autrui et dominer son corps, donner l'exemple à autrui et agir comme ceux qui ont aussi besoin de maîtriser leur corps mais qui se gardent toujours de croire présomptueusement que par des œuvres ils se justifient et assurent leurs salut, ce que la foi seule est capable de faire. De la même manière Saint Paul prescrit (Rom. 13 [1] et Tit. 3 [1]) de se soumettre au pouvoir séculier et d'être dociles, non qu'on doive par là se justifier, mais pour servir ainsi librement autrui et l'autorité et accomplir leurs désirs par un acte spontané de charité [13]. Celui qui aurait compris ces choses pourrait facilement s'accommoder des lois et des commandements innombrables du Pape, des Évêques, des monastères, des chapitres, des princes et des seigneurs dont certains prélats insensés exagèrent l'importance au point de faire croire qu'ils sont nécessaires au salut et que ces prélats les nomment, quoique à tort, commandements de l'Église. Car un libre Chrétien parle ainsi : « Je jeûnerai, je prierai, j'accomplirai telle et telle action prescrite, non que j'en aie besoin et que je veuille par là assurer ma justification ou mon salut, mais je le ferai et le supporterai pour marquer mon amour, donner l'exemple et rendre service au Pape, à l'Évêque, à la communauté, à mes frères et à mes supérieurs et pour souffrir comme le Christ a accompli et souffert par amour pour moi des choses bien plus pénibles, alors qu'il en avait beaucoup moins besoin que moi, et, bien que les tyrans aient tort de se montrer aussi exigeants, je n'en souffre aucun dommage, tant que ces prescriptions ne sont pas contraires à la volonté de Dieu. »

29°. — Ceci permet à chacun de se faire une opinion sûre, d'établir des différences entre toutes ces œuvres et tous ces commandements et aussi de distinguer entre les prélats aveugles et fous et ceux dont les intentions sont droites. Car toute œuvre qui n'a pas pour seul but de servir autrui et de nous soumettre à sa volonté (dans la mesure où elle ne nous oblige pas à agir contre la volonté divine) n'est pas une œuvre bonne et chrétienne. Par suite bien peu de fondations, j'en ai peur, bien peu d'églises, de monastères, d'autels, de messes, de testaments sont chrétiens, à quoi s'ajoutent encore les jeûnes et oraisons que l'on fait en particulier en l'honneur de quelques saints. Car je crains que dans toutes ces œuvres chacun ne cherche que son intérêt et pense expier ainsi ses péchés et assurer son salut ; tout ceci provient de ce qu'on ignore la foi et la liberté chrétienne et certains prélats aveugles encouragent les gens dans ces agissements, ils louent ces pratiques et les enrichissent d'indulgences et n'enseignent plus la foi. Mais je vous donne ce conseil : si vous voulez faire une fondation, prier, jeûner, n'agissez pas dans l'intention d'agir pour votre propre avantage, mais donnez librement afin qu'autrui puisse en profiter et faites-le pour son bien, alors vous serez un vrai Chrétien. A quoi vous serviront vos biens et vos bonnes actions qui vous sont superflus pour l'entretien et la discipline de votre corps, puisqu'il vous suffit de la foi en quoi Dieu vous a donné toute chose ? Voici comment les biens de Dieu doivent passer de l'un dans l'autre et doivent être mis en commun, afin que chacun se charge de son prochain comme si c'était lui-même. Du Christ, ils passent en nous, puisqu'il s'est chargé de nous durant sa vie, comme s'il avait été ce que nous sommes, de nous ils doivent passer en ceux qui en ont besoin. Il faut même que j'engage encore devant Dieu ma foi et ma justice pour servir mon prochain, pour couvrir ses péchés, les prendre sur moi et faire tout comme s'ils étaient les miens propres, exactement comme le Christ a fait pour nous tous. Voici quelle est la nature de la charité quand elle est sincère. Mais elle est sincère quand la foi est sincère. C'est pourquoi le saint Apôtre décerne à la charité cet éloge (I Cor. 13 [5]) qu'elle ne cherche pas son intérêt, mais celui du prochain.

30°. — De tout ceci il résulte en conclusion qu'un Chrétien ne vit pas en lui-même, mais dans le Christ et dans son prochain, dans le Christ par la foi, dans son prochain par la charité ; par la foi, il s'est élevé au-dessus de lui-même en Dieu, de Dieu il descend au-dessous de lui-même par la charité, tout en demeurant en Dieu et dans l'amour de Dieu. Comme le dit le Christ (Jean I [51]) : « Vous verrez désormais le ciel ouvert et les anges montant et descendant sur le Fils de l'Homme. » Voilà quelle est la véritable liberté spirituelle et chrétienne qui libère le cœur de tous les péchés, de toutes les lois et de tous les commandements, qui plane au-dessus de toutes les libertés, comme le ciel plane au-dessus de la terre. Que Dieu nous accorde de bien le comprendre et de le retenir.

AMEN

NOTES

A LA NOBLESSE CHRÉTIENNE DE LA NATION ALLEMANDE

1. Luther entend par *christlicher Stand* l'ensemble des chrétiens, laïcs et ecclésiastiques, il proteste donc déjà dans son titre contre la distinction alors universellement admise entre *der Laienstand*, l'état laïque et *der geistliche Stand*, l'état ecclésiastique.

2. *Nicolas d'Amsdorf*, né en 1488, fut toute sa vie fidèle à l'amitié qui l'unissait à Luther. Il exerça quelque temps les fonctions de professeur à l'Université de Wittenberg, puis celles de surintendant à Magdeburg (1524-42). Luther le sacra évêque de Naumburg (1542). Il mourut en 1561 à Eisenach où il avait été nommé surintendant.

3. *begeben* = der sich der Welt begeben hat, qui a renoncé au monde. Ce terme s'emploie pour désigner les moines.

4. L'attitude de Luther qui, à ce moment grave, se cache sous les apparences d'un fou de cour peut surprendre. Le Réformateur ne prétend pas s'arroger l'entière liberté de parole qui était l'apanage des bouffons royaux, il veut seulement montrer que la sagesse de Dieu peut se manifester dans les déclarations de l'être le plus méprisé et le plus humble. On trouvera des textes de Luther exprimant la même idée dans A. E. Berger, *Luther i. k. D.*, II, 2, 661.

D'ailleurs, on pourra rapprocher ce texte de plusieurs œuvres contemporaines dans lesquelles l'artifice de la mascarade ou le costume du fou permettent à divers auteurs de présenter des critiques hardies : Brant *(La nef des fous)* et Geiler de Kaisersberg sont à l'origine d'une tradition qui aboutit à Murner (*La conjuration des fous*, 1512). Ce dernier accepte volontiers d'être traité de fou par ses adversaires et tire un usage avantageux de cette métamorphose dans son *Grand Fou Luthérien* (1522).

5. Le bonnet du fou est collant (voir par exemple les gravures du *Grand Fou Luthérien*), il faut donc couper *(bescheren)* les cheveux longs qui tombent dans le cou. Puisque Luther proclame lui-même qu'il parle comme un fou, des adversaires éventuels n'auront pas à le dénoncer comme tel au moment où il fera entendre à ses contemporains des vérités désagréables, il les prive à l'avance de ce plaisir et de cet avantage.

6. Knaake rapproche ce proverbe de la formule latine « Monachus semper praesens » (W. VI, 404, n. 1). Voir aussi Thiele, n° 392.56 et Wander article *Mönch* n°s 1330-250.

7. L'élection de Charles Quint à la dignité impériale avait réveillé de grands espoirs parmi les Allemands qui souhaitaient des réformes. Voir en particulier, outre les écrits des chevaliers Hutten et Cronenberg, le premier des *Quinze Alliés* d'Éberlin de Günzburg (Braun, *Neudrucke*, n° 137). Ces espoirs devaient, on le sait, être cruellement déçus. Cf. Gr., pp. 136 et s.

8. Le pape Jules II s'était d'abord allié avec la France, l'Allemagne et l'Espagne contre Venise (1508) pour recourir ensuite à l'aide de Venise, de l'Espagne, de l'Allemagne et de l'Angleterre (ligue de Cambrai, 1511) et chasser les Français d'Italie. Jules II, le pontife guerrier, était de la part de l'humaniste et soldat Hutten l'objet d'une haine féroce, cf. les épigrammes à Crotus *De statu romano* et les *Épigrammes à Maximilien* (tome I de l'édition Böcking), ainsi que le pamphlet anonyme contemporain *De obitu Julii pontificis maximi* que Luther reconnaît avoir lu (W. VI, 393). Luther semble subir ici l'influence de la propagande antipapale des humanistes.

9. *Romanisten* : ce terme, courant dans la littérature polémique contemporaine et utilisé en particulier par les auteurs de *Epistolae obscurorum virorum*, désigne les partisans et les agents de la cour romaine.

10. L'image des trois murs est inspirée d'une description de l'*Enéide* (VI, 249). Voir la parodie de ce motif dans le *Grand Fou Luthérien* de Murner, v. 3180 et s., et la gravure reproduite Gr., p. 69.

11. *ölgötzen* : ce terme qui désigne primitivement les statues des saints, ointes d'huile ou peintes à l'huile, était

employé symboliquement pour évoquer une fausse doctrine. Luther l'utilisa ensuite dans le sens de « faux prêtres », faisant allusion à l'onction que reçoivent les prêtres. C'est le sens que prend ici ce mot. En d'autres contextes, et en particulier dans la deuxième proposition de réforme du manifeste, le mot veut dire « statue muette, être vivant réduit à l'impuissance ». Cf. Berger, p. 318.

12. Saint Augustin, évêque d'Hippone (354-430), Saint Ambroise, évêque de Milan (340-397), Saint Cyprien, évêque de Carthage et martyr (mort en 258).

13. *Caractères indélébiles.* Le prêtre est revêtu, lors de son ordination, d'un caractère, signe spirituel qui ne le quitte plus, selon la croyance catholique, jusqu'à sa mort et l'accompagne même au-delà de la mort. Un mauvais prêtre continue donc à porter cette marque.

14. *ym sack vorkeuffen*, expression proverbiale, Thiele n° 465. Remarquer combien est audacieuse cette insertion d'une tournure populaire dans une citation biblique !

15. *Interdict* : interdit, interdiction d'accomplir des actes cultuels. L'interdit peut s'attacher soit à une personne, soit à un territoire.

16. Voir introduction, p. 52 et s.

17. On retrouvera ce thème dans la parodie du Credo, mise dans la bouche d'un papiste, *Eine Strafrede*, Schade. I, 177 et ss.

18. Ce n'est pas Luther qui a découvert l'idée d'opposer le Christ au Pape. Wiclif en particulier l'avait eue avant lui. Mais Luther l'a développée non seulement dans cet écrit mais dans la suite de gravures *Passional Christi und Antichristi* qu'il a inspirée (et qui doit d'ailleurs beaucoup au texte du manifeste). Cf. W. XI, hors texte, Gr. pp. 114, 266, 294-5. Elle a été également illustrée par plusieurs dramaturges suisses, cf. Gr. p. 176 et s.

19. Voir *Vadiscus*, éd. Böcking, IV, 183.

Dans sa *Germania*, éd. de 1515, Æneas Silvius écrit : « Quod si videres aut celebrantem Romanum pontificem aut divina audientem, fateris profecto non esse ordinem, non esse splendorem ac magnificentiam nisi apud Romanum praesulem. »

20. Æneas Silvius écrit dans sa *Germania* : « Sed dices : Quid opus est tot viris [cardinalibus, etc.] ? Respondemus : Opus est si volumus iudicare mundum », cité par W. VI, 416.

On remarquera le détour dont use ici Luther pour suggérer que le pape doit être assimilé à l'Antéchrist, sans être obligé de l'affirmer directement et catégoriquement.

21. En un seul jour, Léon X nomma trente et un cardinaux et la vente des chapeaux lui aurait rapporté 300 000 ducats, W. VI, 417. Cf. *Vadiscus*, Böcking, IV, 188.

22. *Annates* : taxe perçue par le Saint-Siège sur les évêques et prélats confirmés, fixée d'après l'estimation des revenus annuels, d'où le nom. Cette taxe existait depuis le XIIe siècle. Devenues caduques après le concile de Constance, les annates proprement dites furent remplacées par une série de taxes diverses perçues sur les titulaires de prébendes. Elles subsistent partiellement encore aujourd'hui.

Rien n'unit en principe la notion d'annates à l'idée de la guerre contre les Turcs, tout au moins en ce qui concerne les annates du type primitif. Ce qui est certain, c'est qu'à l'époque de Luther les deux idées semblaient inséparables, sans que l'on puisse dire avec une très grande précision quand la Curie a pris l'engagement d'employer à la lutte contre les Turcs le revenu des annates. La Diète d'Augsbourg (1518) exprime sur ce point une opinion analogue à celle de Luther.

Voir l'article *Annaten* dans *Die Religion in Geschichte und Gegenwart*, W. VI, 418, n. 1 et 419, n. 1, Benrath, p. 88, n. 19, Köhler, op. cit., p. 151.

23. On entend par *dignités* les charges ecclésiastiques avec pouvoir administratif et juridique.

24. Luther fait ici allusion à la bulle « Ad regimen » publiée par Benoît XII.

25. Albert de Brandebourg, archevêque de Magdebourg et de Mayence, administrateur de Halberstadt, avait été élevé au cardinalat en 1518.

26. *Pallium* : bande circulaire de laine blanche que l'on porte autour du cou et munie de deux autres bandes dont l'une pend sur la poitrine et l'autre dans le dos. Le pallium est orné de six croix. Le pallium est porté par le pape, les archevêques et certains évêques. Il est conféré par le pape à titre strictement personnel.

27. Luther a écrit dans *Vom Papstum zu Rom*, W. VI, 288 : « Mainzer Bistum hat bei Menschen-Gedenken fast acht Bischofmäntel aus Rom gekauft, deren ein jeglicher bei 30 000 Gulden gesteht. » Voir aussi le *Vadiscus* dont les données concordent entièrement ici avec celles de Luther,

Böcking, IV, 192 s. Knaake qui ne veut à aucun prix admettre une influence de Hutten sur Luther suggère que la ressemblance s'explique, car tous deux ont dû lire les *Gravamina* rédigés par Wimpfeling (W. VI, 421, n. 4).

28. *Cifern* = Ziffern, des numéros.

29. Luther fait ici allusion aux courageuses et vaines tentatives que fit l'évêque Guillaume de Honstein (1506-41) pour introduire des réformes dans son diocèse de Strasbourg.

30. Remarquer ici encore la tournure prudente et hypothétique dont use Luther pour assimiler le pape à l'Antéchrist.

31. *Commenden* : Certaines charges étaient confiées depuis très longtemps dans l'Église — l'usage remonte à l'époque de Saint Ambroise — *in commendam*, c'est-à-dire sous un régime de possession provisoire, par opposition à la détention de la charge *in titulum*. Au Moyen Age le pape donnait des charges en commende à des étudiants, à des diplomates et à d'autres personnages qui lui avaient rendu service. Actuellement encore les cardinaux reçoivent la charge *in commendam* de certaines églises de Rome (Cf. article *in commendam* dans *The catholic Encyclopedia*). Remarquer que le régime des commendes a subsisté en France jusqu'à la Révolution.

32. *Glossen* : explication des propositions juridiques et de leurs applications. Sur le terme d'*incorporatio*, emprunté au vocabulaire de l'ancien droit civil romain, cf. l'article *incorporation* dans *The cath. Encyclopedia.*

33. *Administrator* : personne qui administre des affaires publiques et particulièrement ecclésiastiques, pour une période plus ou moins longue, non en vertu de la juridiction attachée à une certaine charge, mais au nom et par l'autorité d'un supérieur qui en a délégué les pouvoirs. Rome nomme encore actuellement des administrateurs apostoliques *sede impedita* ou *sede vacante.* Notons qu'au temps de Luther ce titre permettait de rendre moins choquants les abus du cumul : Albert de Brandebourg était archevêque de Magdebourg et de Mayence, administrateur de Halberstadt.

34. Le péché de simonie consiste à vouloir acquérir ou à conférer des charges ou des grâces spirituelles moyennant finances. Simon avait offert aux Apôtres de l'argent afin de recevoir le Saint Esprit et pouvoir à son tour le transmettre. Saint Pierre refusa avec indignation et l'incita à se repentir (Act. 8, 18-24).

35. *pectoralis reservatio* : Par la *reservatio pectoralis* ou *pectoris* qui subsiste encore aujourd'hui, le pape se réserve de revenir sur une décision qui n'a pas encore été rendue effective et qui demeure une promesse conditionnelle en ce sens que le pape promet, mais qu'il est bien entendu que, si la situation changeait ou si quelque difficulté nouvelle surgissait ou était découverte, le pape ne se considérerait pas comme lié d'une façon absolue.

motus proprius : nom donné à certains rescrits pontificaux (on dit plus généralement *motu proprio*) à cause de cette formule qui figure sur le document. Il s'agit en l'espèce d'une décision que le pape prend non après consultation d'un cardinal, mais d'après son avis personnel. Ce document a la forme d'un décret, il ressemble plus à un bref qu'à une bulle. Le premier *motu proprio* a été publié par Innocent VIII en 1484.

36. *Datarius* : employé de la *Dataria apostolica*, administration qui est chargée du soin d'accorder les faveurs et les dispenses, elle doit son nom à la mention qui figure sous la signature : *datum Romae apud S. Petrum.*

37. *compositiones* : droits à verser pour obtenir une dispense.

38. *confusiones* : confusion, trouble jeté dans les esprits.

39. *Valete* : formule latine signifiant adieu = ici conclusion, fin.

40. *Focker* = Fugger. Les Fugger étaient d'illustres banquiers d'Augsbourg. Leur nom était devenu comme le synonyme de banquier (v. plus loin : « den F. soll man einen Zaun ins Maul legen »). Ils avaient comme le monopole des relations financières avec le Saint-Siège. Cf. Alois Schulte, *Die Fugger in Rom. 1495-1523,* 1904.

41. *confessionalibus* : lettres de confession qui libéraient de certaines prescriptions émanant de Rome, telle que l'obligation de jeûner.

42. Le *Campo di fiore* et le *Belvidere* étaient une place très fréquentée de la Rome du XVIe siècle et un palais du pape devenus le théâtre de grandes fêtes publiques à Rome. Cf. H. Böhmer : *Luthers Romfahrt*, 1914.

43. D'autres écrivains ont développé après Luther cette idée qu'il fallait mettre les « Romanistes » au premier rang des brigands qui ravageaient l'Allemagne et que les voleurs de grands chemins n'accomplissaient que les méfaits minimes, tandis que les représentants de la fiscalité romaine et les moines mendiants ruinaient littéralement le pays. Cf.

les dialogues *Praedones* (1521) de Hutten (Böcking, t. IV) et d'Eberlin de Günzburg : *Mich wundert das kein gelt im Landt ist* (1524), Berger, *Sturmruppen der Ref.*, pp. 242-70.

44. Dans la seconde partie du décret, cap. 16, quaest. 7 can. 31 « Filiis vel nepotibus » que Luther appelle par erreur « de filiis », il est stipulé que les héritiers de celui qui a fait une fondation ecclésiastique doivent avoir le droit de requérir la protection du pouvoir temporel, si le legs n'est pas utilisé aux fins prévues par le donataire. Cf. Berger, p. 320.

45. *Gratiae expectativae* : promesse d'obtenir un bénéfice encore non vacant, sans tenir compte des droits des tiers.

46. Il s'agit du pouvoir ordinaire des évêques, celui d'administrer leur diocèse. Sauf exception, toutes les institutions religieuses d'un diocèse dépendent de l'Ordinaire du lieu.

47. *Curtisan* : terme utilisé par le polémique du temps dans le même sens que *Romanist.* Voir p. e. Wurm von Geyderstein : *Der Curtisan oder Pfründenfresser* (1521), Schade III, 59-73.

48. *Exemption* : affranchissement des réguliers à l'égard des autorités hiérarchiques diocésaines.

49. On trouvera dans l'édition Knaake (W. VI, 430, n. 1) un intéressant rapprochement avec un passage de la réplique que Wimpfeling adressa à Æneas Silvius à propos de la *Germania* de ce dernier.

50. *official* : représentant de la juridiction spirituelle, juge ecclésiastique.

51. Luther renoue ici une très ancienne tradition qui remonte jusqu'au XIIe siècle, époque des grands conciles réformateurs, et qui cherche à affranchir dans une large mesure l'église germanique de la tutelle romaine. De leur côté, les jeunes humanistes allemands avaient manifesté des tendances analogues, cf. Köhler, p. 163 et Berger, p. 321.

52. *auditores* : ce terme désigne certains officiers de la cour romaine dont la tâche consiste à écouter et à examiner les causes soumises au pape, par exemple il existe des *auditores papae, camerae, Rotae.*

53. *signaturas gratiae und iustitiae* : nom porté par deux organismes pontificaux chargés des grâces et des affaires juridiques.

54. *casus reservati* : On entend par *reservatio* les restrictions apportées dans certains cas par un supérieur à la juridiction ordinaire exercée par un inférieur. Les *casus reservati* sont une application de la *reservatio* au domaine de la

confession. Le pape se réservait d'absoudre lui-même ou de faire absoudre par un de ses représentants certains péchés dont la liste paraissait chaque année le Jeudi-Saint, dans la bulle « In coena Domini » (Luther trouvera son nom dans la liste des hérétiques condamnés et il publiera la bulle avec des gloses en 1521 [W. VIII, 688 et ss.]). La discipline des cas réservés a beaucoup varié au cours des siècles et varie selon les lieux.

55. Il s'agit ici du Ve concile du Latran (1512-1517). Luther s'est toujours montré hostile à une anthropologie inspirée de l'antique, dissociant de façon exagérée le corps de l'âme, considérant cette dernière comme le *forma* et *causa formalis* de l'âme et l'âme comme l'élément essentiel de l'homme. Selon cette conception, l'homme doit à l'âme sa fonction divine et la qualité d'essence éternelle. Luther insiste tout particulièrement sur l'idée que Dieu est le créateur du corps aussi bien que de l'âme, et que le corps n'est pas le seul siège du péché : tandis que les damnés et réprouvés périssent corps et âme, après la mort, l'état des chrétiens justifiés n'est qu'un sommeil dont le Jugement dernier marquera la fin. Autrement dit, l'âme n'est pas immortelle par elle-même, elle le devient par la justification. Cf. Carl Stange : *Studien zur Theologie Luthers*, B. I, 171 et ss., 287 et ss. Fritz Blanke : *Die Bedeutung von Tod, Auferstehung und Unsterblichkeit bei Luther* (Vierteljahr schr. der Lutherges. 1925, pp. 49 ss.) résumés par Berger, p. 312.

56. Décrétales de Grégoire IV, livre I, titre 6, chap. 4 au sujet du serment d'obéissance prêté par les évêques.

57. *Ibid.*, I, 33, 6.

58. Cf. *Resolutio lutherana super propositiones XIII de potestate papae* (1520), W. II, 217 ss.

59. On voit comment Luther amène progressivement son lecteur à admettre que le pape doit être assimilié à l'Antéchrist. On sent ici nettement que l'assimilation n'est nullement personnelle, c'est la fonction pontificale qui fait du pape — quel qu'il puisse être personnellement — un Antéchrist, ou tout au moins un proche précurseur de l'Antéchrist. Cf. Intr. p. 48 et s.

60. *Widderchrist* : transcription allemande du terme latin *Antichristus*, adversaire du Christ et non pas seulement, comme en français, *Antéchrist*, précurseur du Christ. On trouve aussi chez Luther la forme populaire *Endchrist*, le Christ de la fin.

61. Ce texte appartient aux décrétales de Clément V, II, 11, 2.

62. Sur cet écrit de Laurent Valla (1440) réédité par Hutten en 1520, cf. Intr., p. 46 n. 18.

63. L'antithèse du pape qui se fait baiser le pied et du Christ qui lave les pieds de ses disciples provient des *Antithèses du Christ et de l'Antéchrist* et du traité de Wiclif *De Christo et suo adversario Antichristo.* Elle a été illustrée par Cranach dans le *Passional Christi und Antichristi.* Cf. Gr., p. 113. Voir aussi à ce sujet le *Vadiscus*, Böcking, IV, 183 et 248.

64. Les trois paragraphes qui suivent (jusqu'à « untersteht zu sein ») ont été ajoutés dans la seconde édition. Le thème que Luther y développe provient aussi des *Antithèses* et de Wiclif, il a également inspiré Cranach pour le *Passional.*

65. Ces deux proverbes étaient fort répandus à l'époque, on les retrouve dans les pamphlets contemporains, voir Cl. IV, 308-336, et Berger, p. 322.

66. Ici Luther ramène le lecteur à ce qui fait le propos essentiel de son ouvrage, illustrer par des exemples précis la thèse qu'une fausse conception de la religion et de la morale amène l'homme à se livrer à nombre de pratiques absurdes et nuisibles. On agit mal quand on pense mal, pas de réformes concrètes sans la Réforme qui, elle, doit se faire essentiellement dans les cœurs. En particulier, sous prétexte d'accomplir des œuvres gratuites, spontanément consenties *eigenwillig* dans le langage des mystiques allemands (cf. plus loin *eigenwillig wallen*), on néglige les devoirs essentiels auxquels nul ne doit se soustraire. Ainsi les conseils ou les lois des hommes se substituent aux préceptes de Dieu et les font oublier, l'essentiel est négligé au profit de l'accessoire, le sens véritable de la religion et de la morale est méconnu.

67. *gulden jaren* : années jubilaires de l'Église, de plus en plus nombreuses à partir de 1300. Le pape promettait des indulgences plénières, il attirait ainsi vers Rome de grandes foules. La critique de Luther contre les années jubilaires est reprise par certains pamphlets, voir en particulier le libelle *Von dem Jubeljahre* (1525), Schade, I, 38-43.

68. Faut-il penser qu'en émettant des doutes sur la valeur des vœux prononcés à l'heure du danger, Luther se souvient avec regret et amertume des circonstances dans lesquelles lui-même il s'engagea à entrer au monastère ?

69. Nous avons rétabli à sa place la plus vraisemblable le n° du 13e paragraphe. Dans le texte de l'édition A reproduit par W. et par Berger, on passe du n° 12 au n° 14.

70. Les pamphlets contemporains nous fournissent sur le clergé régulier une documentation extrêmement abondante, sinon très objective. Luther lui-même reviendra à plusieurs reprises sur le problème de la vie monastique et des vœux. Mais c'est Eberlin de Gürnzburg qui consacrera au sort de ses anciens compagnons d'existence le plus grand nombre d'opuscules. Cf. Gr., pp. 118-120, 267-8.

71. Saint Augustin est ici considéré, à tort sans doute, comme le fondateur de l'ordre des augustins. Sur le culte idolâtrique voué aux fondateurs d'ordres, voir le pamphlet attribué (sans nulle raison valable d'ailleurs) à Vadian *Vom alten und neuen Glauben*, Cf. Gr., p. 167.

72. Sur la rivalité des curés et des moines et sur les avantages que ces derniers savaient tirer de la confession et de la prédication, voir l'amusant dialogue *Ein schöner dialogus von den vier grössten Beschwernissen eines jeglichen Pfarrers*, attribué à Johannes Römer, 1521, Cl. III, 49-91 résumé dans Gr., p. 172.

73. De nombreux ordres étaient divisés par des querelles intérieures entre conventuels et observantins. Luther a été mêlé aux dissensions qui s'étaient produites au sein de son ordre. Son voyage à Rome n'est pas sans rapports avec ces querelles.

74. Faut-il chercher ici une allusion à Staupitz qui avait apporté à Luther un appui si réconfortant ? Un prélat vraiment sage était capable de faire autant de bien que les mauvais bergers pouvaient causer de dommage.

75. Si le prélat qui préside aux destinées du monastère est un parfait saint-selon-les-œuvres *(Werkheiliger)*, son exemple, son apparente sainteté exerceront une séduction d'autant plus grande sur les âmes qui lui seront soumises et elles auront d'autant moins de chances de chercher la voie véritable du salut qui est celle de la foi.

76. La règle des augustins obligeait les membres de l'ordre sous peine de péché, ainsi jouait-elle, selon M. Strohl, dans la vie religieuse d'un augustin un rôle presque aussi important que les commandements de Dieu. Voir Strohl, *L'évolution religieuse de Luther jusqu'en 1515*, Strasbourg, 1922, p. 82.

77. Ici, pour la première fois, Luther prend position publiquement sur la question du célibat ecclésiastique. Il y

reviendra dans plusieurs ouvrages ultérieurs, cf. W., VI, 550, VIII, 564. La plupart des écrivains satiriques du Moyen Age et du début du XVIe siècle avaient abondamment exploité les déboires « conjugaux » des clercs. Tout récemment (1519), Hutten venait de broder d'ingénieuses arabesques sur ce thème déjà usé (*Febris prima, Febris secunda*, Böcking, t. IV).

78. Saint Jérôme dans ses *Épîtres* (69, 3) et dans le *Commentaire de l'Épître à Tite*, Patrologie de Migne, XXVI, 562.

79. Voir les premières applications de ces préceptes, telles qu'elles sont présentées dans les libelles *Ein kurtzer Begriff.* (An. 1523), Cl. I, 227-46) et Agricola Boïus : *Ein Bedenken* (1523, Cl. 251-272 et Gr. p. 78 et 253, n. 6).

80. Cf. Hutten : *Vadiscus*, Böcking, IV, 199.

81. Luther ne songe-t-il pas aussi aux usages de l'Église grecque auxquels il se référait tout à l'heure ? Au sein de l'Église grecque en effet, les évêques et les moines vivent dans le célibat, tandis que les prêtres séculiers se marient.

82. *dans la mesure où le permet la fragilité humaine.*

83. *négativement, c'est-à-dire je ne m'engage pas à la chasteté, car la fragilité humaine ne permet pas de vivre chastement, mais seules le permettent une force angélique et une céleste vertu.*

84. *impedimenta* : empêchements canoniques.

85. *irregulares* : étaient considérés comme tels les clercs qui, pour une raison ou pour une autre, ne pouvaient satisfaire cette exigence de leurs supérieurs et qui par suite ne se trouvaient plus d'accord avec leur règle.

86. Il existe à ce sujet une assez abondante littérature. Voir en particulier le 7e des *Quinze Alliés* d'Eberlin.

87. *vigiliae* : il s'agit ici de l'« office des morts », matines et laudes qui se récitaient ordinairement et, en bien des lieux, se récitent encore pour les funérailles, les anniversaires et en tout temps si on le désire : souvent on les récite l'après-midi ou le soir du jour où se célèbre la messe, d'où le nom de *vigiliae* qui d'habitude s'applique pourtant à l'office de nuit.

88. *interdict* : cf. plus haut n. 15.

89. Luther fait ici allusion à son *Sermon von dem Bann*, W. VI, 63.

90. Cf. Gr., p. 272, n. 137.

91. *Confessionalia* = ici privilège de confesser, *butterbriefe* : billet de dispense pour les jeûnes du Carême.

92. On désignait sous le nom *wilde Kappellen* les sanctuaires qui servaient de but à un pèlerinage, sans être en même temps l'égise d'une paroisse déterminée. Wilsnack se

trouve dans la Priegnitz, Sternberg dans le Mecklembourg était connu pour ses hosties sanglantes, à Trêves on vénère encore aujourd'hui le manteau du Christ, de nombreuses guérisons s'étaient produites à Grimmental et la chapelle de Ratisbonne s'appelait « Kapelle der schönen Maria » (Berger, p. 323). Sur le Grimmental, voir en particulier *Ein Gespräch zwischen vier Personen, wie sie ein Gezank haben vom Grimmental, was für Unrat daraus entstanden sei* (An. 1523 ou 24 ? Cl. I, 131-7). Sur le pèlerinage de Ratisbonne, d'origine alors toute récente (1519) et dont la vogue était très grande, voir W. VI, p. 447, n. 1.

93. Luther protesta plus tard à propos de la canonisation de Saint Benno, 1523, obtenue par son adversaire Emser pour la plus grande satisfaction de son maître, le duc Georges de Saxe. Sur la polémique qui s'ensuivit, cf. Gr. p. 273, n. 137.

94. *Antoninus von Florenz* : Vicaire général des dominicains, archevêque de Florence, mort en 1459. Sa cause était alors en cours d'instruction, il fut canonisé en 1523 par Adrien VI. L'exemple d'Antonin de Florence est également cité dans le *Vadiscus*, Böcking, IV, 232.

95. *indulta* : décret par lequel le pape accorde certaines faveurs.

96. *botschaften* : il s'agit ici de certains clercs itinérants, stationnaires, marchands de saintes images. Cf. W. VI, 451, n. 1.

97. Luther fait ici allusion à sa conception de la messe-testament qui est radicalement différente de la conception catholique de la messe-sacrifice. Cf. *Ein Sermon von dem neuen Testament, das ist von der heiligen Messe* (1520, W. VI, 349 et ss.).

98. *thumen* = domen, domstiften, chapitre d'une cathédrale.

M. A. E. Berger fait remarquer que Luther fut sans doute déçu dans les espoirs qu'il avait fondés sur la noblesse qu'il ménage ici visiblement. En effet, si d'une part la noblesse avait avantage à appuyer la Réforme qui s'accompagnait de la sécularisation des possessions de l'Église, d'autre part l'Église constituait aux yeux des familles nobles un refuge assuré pour ses cadets, c'est le rôle que jouaient précisément les chapitres nobles auxquels Luther fait ici allusion.

99. *ablassbrief* : voir le *Sermon von dem hochwürdigen Sacrament des heiligen, wahren Leichnams Christi und von den Bruderschaften* (1519, W. II, pp. 738, spéc. à partir de 754).

Wittenberg, ville de 2 000 habitants, ne comptait pas moins de 21 confréries. Quand elles célébraient leurs fêtes, elles allaient d'abord à l'église, bannière en tête, mais la journée se terminait par des agapes et d'extraordinaires beuveries. Luther reproche à ces confréries de ne songer qu'à obtenir des grâces que pour leurs membres et à pratiquer un véritable « égoïsme collectif » (Strohl, p. 339). Il flétrit davantage encore l'usage qui voulait que les fêtes des confréries tournassent régulièrement à l'orgie et il ajoute : « Une truie refuserait l'honneur de patronner une confrérie pareille. » W. II, 754.

100. *die bepstlichen botschaften mit yhren faculteten* : légats et commissaires pontificaux munis de pleins pouvoirs pour accorder des dispenses.

101. Remarquer ici encore la forme prudente et hypothétique que Luther emploie pour assimiler le pape à l'Antéchrist.

102. *decretalen* : décisions pontificales concernant les points litigieux de la discipline ecclésiastique. Ces décisions faisaient jurisprudence, elles avaient une valeur canonique. (Cf. Article *Decretal* dans le *Lexicon für Theologie und Kirche*).

103. Vladislas III, mort à la bataille de Varna le 10 novembre 1444.

104. Luther était entré en relations avec les partisans de Huss après la dispute de Leipzig. Il avait, dans son sermon du Saint-Sacrement (cf. n. 27), défendu la cause des utraquistes, ou partisans de la communion sous les deux espèces et soutenu qu'ils devaient être considérés comme des schismatiques et non comme des hérétiques. Par contre à cette époque, il regardait encore la doctrine de la consubstantiation des frères bohémiens (qu'il appelle plus loin Beghards à cause de leur fondateur, le Liégois Lambert le Bèghe) comme fausse et hérétique. Il devait plus tard modifier son attitude et faire sienne cette doctrine qu'il défendra contre tous ses adversaires. Par contre il est deux points sur lesquels son opinion ne varie pas : 1. il admettra toujours que les hérétiques doivent être combattus uniquement avec des armes spirituelles ; 2. il ne cessera jamais de réprouver l'attitude qu'adoptèrent les représentants de l'empereur et du pape dans l'affaire du sauf-conduit accordé à Jean Huss (Cf. Berger, pp. 323-4).

105. Cf. Gr. p. 124 et 271, n. 123-5.

106. *gymnases des éphèbes et de la gloire grecque.* Luther veut dire par là que les Universités sont de véritables forteresses païennes au milieu de la Chrétienté.

107. Le dominicain saint Thomas d'Aquin (mort en 1274) et le franciscain Duns Scot (mort en 1308) étaient les deux maîtres de la philosophie scolastique.

108. *Scrinium pectoris* : c'est Boniface VIII qui emploie pour la première fois cette expression.

109. *Doctor decretorum* : docteur en droit canon.

110. *sententias* : les sentences étaient les principes dogmatiques et leurs commentaires par les scolastiques. Voir les articles *Lombard* du R. P. de Ghellinck (*Dict. theol. Cath.* de Vacant-Mangenot, XII, 2) et *sentences (commentaires sur les)* de l'abbé Glorieux (*Ibid.*, T. XIV, 2).

111. Il s'agit ici de la barette, insigne du grade de docteur.

112. La *Germania* d'Æneas Silvius contient en effet ces phrases : « Duo et quidem maxima et singularissima sunt beneficia, quae vobis, o Germani, Romana sedes contulit : alterum, quia vobis Christum praedicavit, verum et singularem deum, alterum, quia Romanum imperium ex Graecis ad vos transtulit. » Voir aussi les Décrétales Grégoriennes, 1, 6, 34. — Et W. VI, 462, n. 1 et 397.

113. *Getas* : Luther veut parler des Gots qui ont été assez souvent confondus avec les Gètes.

114. *deutschen teuschen* : jeu de mots ou à peu près, intraduisible en français et qui perd même de sa valeur en allemand moderne.

115. *stul* : Lemme suppose qu'il s'agit du Beichtstuhl (confessional). L'explication est peut-être un peu cherchée, Luther pouvait-il songer à ce meuble moderne au temps de Théodose ? Ne pense-t-il pas tout simplement au trône épiscopal ?

116. Saint Ambroise a obligé Théodose à faire publiquement pénitence après le bain de sang de Thessalonique.

117. Le paragraphe 26 tout entier a été ajouté lors de la seconde édition. C'est pourquoi notre texte qui reproduit l'édition A donne en tête du dernier paragraphe le n° 26, alors que dans l'édition B il portait le n° 27.

118. Cf. Gr., pp. 127 et ss., 276 et ss.

119. Même affirmation autarcique chez Eberlin (*Mich wundert...* dans Berger, *Sturmtruppen der Reformation*, p. 61, texte traduit dans Gr., p. 143).

120. Voir plus haut, n. 43.

121. Cf. *Von Kaufshandlung und Wucher*, W. XV, 279 et ss.

122. Cf. plus haut n. 40. Les Fugger sont ici considérés comme les représentants du gros capitalisme et non plus blâmés comme les complices du pape.

123. Quand la religion ou la morale ne sont pas directement en question, Luther préfère en appeler directement aux experts laïques. En tant que théologien toutefois, Luther condamne nettement le commerce de l'argent qu'il considère comme une forme de l'usure.

124. *ausbuben* = austoben, jeter sa gourme, sorte de jeu de mots intraduisible sur *ausbuben* et *hineinbuben*.

125. Sur ce proverbe, cf. Denifle, *Luther und Luthertum*, II, p. 35 et Berger, p. 326.

126. Le *Sermon des bonnes œuvres* (voir intr. à *La Liberté du chrétien*) se trouve dans W. VI, 156.

127. Ce n'est pas l'avis de Murner qui dans sa réponse *An den Grossmechtigen Adel* proteste véhémentement contre la partialité de Luther : pourquoi celui-ci ne dénonce-t-il que les abus dont les clercs se rendent coupables et ne dit-il rien des fautes plus graves encore que commettent les membres de la noblesse ou les roturiers ?

128. Ce paragraphe a été ajouté dans la seconde édition.

129. Luther fait ici prévoir la publication de *De captivitate Babylonica ecclesiae praeludium.* W. VI, 497.

LA LIBERTÉ DU CHRÉTIEN

1. Ce titre de *fürsichtiger und weysser herr* était donné habituellement aux conseillers et aux magistrats municipaux. Cf. Dietz, art. *fürsichtig*, p. 756. Voir par exemple l'apostrophe au début de *An die Ratherrn...* W. XV, 9 : « ... Fürsichtigen ; weysen, lieben herrn ! »

2. Hermann *Mühlpfort*, bailli de Zwickau, devint plus tard bourgmestre de cette même ville, il mourut en 1534. Luther lui attribue à tort le prénom de Jérôme.

3. Le prédicateur de Zwickau Johannes *Egranus* avait rendu visite à Luther au début de novembre 1520 et lui avait fait l'éloge de Mühlpfort comme d'un homme solidement attaché aux convictions évangéliques. Cf. Enders II, 505-511.

4. Il n'y a pas lieu de s'étonner de cette double désignation *traité et sermon* : Luther ne donne pas obligatoirement le nom de sermon à un discours qui doit être prononcé en chaire. Beaucoup des libelles qu'il a composés et qui portent ce titre sont en fait issus de sermons qui furent réellement prêchés mais qui ensuite subirent des transformations plus ou moins importantes. Mais certains écrits religieux de Luther et de prédicants contemporains portent ce nom, alors qu'ils étaient simplement et directement destinés à être imprimés. (Cf. Gr. p. 164.) Rien n'indique que le présent ouvrage ait été composé en vue de la prédication. Tout ce que nous savons sur les circonstances de sa publication nous donne à penser le contraire.

5. *Von dem Papstum zu Rom, wider den hochberühmten Romanisten zu Leipzig* (juin 1520, W. VI, 285 et ss.). Cet ouvrage, que Luther composa pour répondre à un libelle du franciscain Alfeld, expose les raisons qu'a Luther de croire que le primat du pape n'est pas d'origine divine. Luther proteste en particulier avec véhémence contre l'assertion selon laquelle on ne peut être chrétien qu'au sein de l'Église romaine.

6. Le mot *frum* traduit ordinairement dans la Bible allemande de Luther les adjectifs latin *justus* et grec δικαιος (Dietz, art. *frum*, p. 710). Il a le même sens dans le traité comme on pourra s'en convaincre en se reportant au texte latin. Je ne l'ai traduit par *pieux* que dans les rares cas (en particulier dans une citation de Saint Paul) où, dans le texte latin, on trouvait à sa place l'adjectif *pius*. De même le terme de *frumkeyt* (lat. *justitia*) sera rendu par *justice*, pris dans le sens religieux d'« état du juste, rectitude du juste ».

7. Voici le texte latin correspondant : « Nec solum pro nobis orat et interpellat, sed et intus in spiritu nos docet vivis doctrinis spiritus sui, quae duo sunt proprie offitia sacerdotis, quod in carnalibus sacerdotibus figuratur precibus et contionibus visibilibus ». W. VIII, 56.

8. Il s'agit d'une fable d'Ésope que Luther a lui-même traduite dans son recueil *Etliche Fabeln aus Esopo* (1530). Nous donnons la version de Luther d'après Berger, p. 262.

Vom Hunde im Wasser

Es lieff ein Hund durch einen Wasserstrom und hatte ein stück Fleisch im Maule. Als er aber den Schemen vom Fleisch im Wasser sihet, wehnet er, es were auch Fleisch und schnappet girig darnach. Da er aber das Maul aufthet, empfiel im das stück Fleisch, und des Wasser fürets weg. Also verlor er beide, das Fleisch und schemen.

Lere

Man sol sich begnügen lassen an dem, das Gott gibt. Wem das wenige verschmah et, dem wird das Grösser nicht. Wer zu viel haben will, der behelt zu letzt nichts. Mancher verleuret das gewisse uber dem ungewissen.

9. Luther s'est plaint à maintes reprises de la manière dont les prédicateurs de son temps accomplissaient leur tâche. Les pamphlétaires contemporains lui ont fait écho. Cf. Gr. pp. 122 s. et 269, n. 109 et 110.

10. Luther a critiqué cette façon « enfantine » de considérer la passion du Christ et de manifester sa colère contre les Juifs dans son *Sermon von der Betrachtung des heiligen Leidens Christi* (1519, W. II, 136. Cf. Berger, p. 327).

11. Voici le texte latin correspondant : « Haec dicta sint de interiore homine, de eius libertate et de principe iustitia fidei, quae neo legibus nec operibus bonis indiget, quin noxia ei sunt, si quis per ea praesumat justificari. » (W. VII, 509).

12. « Quamquam homo (ut dixi) intus secundum spiritum per fidem abunde satis justificetur, habens quicquid habere debet, nisi quod hanc ipsam fidem et opulentiam oportet de die in diem augescere usque in futuram vitam, tamen manet in hac vita mortali super terram, in qua necesse est, ut corpus proprium regat et cum hominibus conversetur. » (*Ibid.*, 59-60).

13. Luther a beaucoup plus amplement développé cette idée dans son texte latin, W. VIII, 69-73. Des publicistes contemporains, Hans Sachs et Eberlin en particulier, ont à leur tour insisté sur la nécessité où se trouve le partisan de l'Évangile de respecter les convictions de ses frères plus timides et faciles à scandaliser et de rester soumis à la discipline sociale. Qui ne se conformerait pas à ces préceptes manquerait de charité et prouverait qu'il n'a pas compris le sens véritable de l'expression « liberté chrétienne ». Cf. Intr., p. 86.

BIBLIOGRAPHIE

Les livres qui ont été consacrés à Luther et aux grands écrits réformateurs sont si nombreux qu'à eux seuls ils suffiraient à garnir une bibliothèque. Nous renvoyons aux bibliographies critiques qu'ont rédigées en tête de leurs œuvres mentionnées ci-dessous M. l'abbé CRISTIANI (1911), MM. STROHL (1922), FEBVRE (1928), BRANDI (1930) et LORTZ (1940). On trouvera une bibliographie critique (d'une sévérité souvent excessive) des ouvrages français traitant de Luther dans l'ouvrage de Hans LEUBE : *Deutschlandbild und Lutherauffassung in Frankreich*, Stuttgart-Berlin, 1941.

Nous renvoyons les lecteurs à qui ces exposés paraîtraient insuffisants ou qui souhaiteraient élucider tel ou tel point de détail, à la grande *Bibliographie zur deutschen Geschichte im Zeitalter der Glaubensspaltung*, hsg. von Karl SCHOTTENLOHER, 6 vol. in-4°, Leipzig, 1933-40. La liste des ouvrages consacrés à la personne et à l'œuvre de Luther se trouve au t. I, pp. 458-629, les études concernant les deux écrits reproduits dans le présent volume sont mentionnées pp. 495-6 et 528-9.

Pour les ouvrages publiés entre 1940 et 1950, consulter l'abondante bibliographie de W. STAMMLER : *Von der Mystik zum Barock*, 2e éd. complétée, Stuttgart 1950, pp. 63 et ss.

I. — ÉDITIONS ET TRADUCTIONS

a. — ÉDITIONS GÉNÉRALES.

Ne citons que pour mémoire l'édition d'Erlangen, 67 vol. (1826-57) ; toutefois on trouve souvent des références à l'édition de la correspondance due à ENDERS : *D. M. Luthers Briefwechsel*, bearbeitet und mit Erlauterungen versehen von E. L. Enders, 18 vol., 1884-1923 (abréviation dans les notes de ce volume : Enders).

La grande édition classique qui fait encore autorité est l'édition de Weimar (abr. W.) :

D. M. Luthers Werke, kritische Gesamtausgabe, Weimar à partir de 1883. La publication de cette œuvre énorme est en voie d'achèvement, mais non encore terminée. Il n'existe pas d'index ni de table générale.

An den christlichen Adel se trouve au t. VI (1888) pp. 404-69, introduction historique et littéraire de KNAAKE.

Von der Freiheit eines Christenmenschen est contenu dans le t. VII (1897), pp. 20-38, texte allemand et pp. 49-73, texte latin. Brève introduction de KNAAKE.

b. — ÉDITIONS PARTIELLES.

Œuvres choisies de Luther, éditées par O. CLEMEN (1912-13), A. E. BERGER (1917), H. H. BORCHERDT (à partir de 1923) contenant toutes les deux les écrits réformateurs avec d'intéressantes introductions dues à la plume de ces bons spécialistes. On peut consulter aussi les éditions plus anciennes de ces deux œuvres dans les *Neudrucke* de Braun, Halle a. S. 1879-97, hsg von BRAUN u. KNAAKE, et l'édition annotée de BENRATH : *Schriften des Vereins für Reformationsgeschichte*, n° 4, Halle a. S. 1884.

Une bonne édition récente est celle de M.A.E. BERGER : *Grundzüge evangelischer Lebensformung nach ausgewählten Schriften Martin Luthers*, Deutsche Literatur, Reihe Reformation, B. I. Leipzig 1930, avec une excellente étude sur la littérature au temps de la Réforme, de brèves introductions aux écrits réformateurs et surtout des notes extrêmement précises auxquelles nous avons dû faire de fréquents emprunts (abr. Berger).

c. — TRADUCTIONS FRANÇAISES.

Traité très excellent de la liberté chrétienne, composé par Martin Luther, s. l., 1561.

A la noblesse très chrétienne, par le Docteur Martin LUTHER, traduit par F. KUHN. Paris, 1881.

Le Livre de la liberté du chrétien du Docteur Martin Luther, traduit par F. KUHN. Paris, 1883.

De la liberté du chrétien, traduction française avec introduction et notes de l'abbé L. CRISTIANI. Collection Science et Religion, Paris, 1914.

Maurice GOGUEL : *Luther*, Collection des Cent chefs-d'œuvre de la Renaissance du Livre, Paris, 1925.

II. — OUVRAGES GÉNÉRAUX

Voir, pour l'histoire de la Réforme, J. LORTZ : *Die Reformation in Deutschland*, 2 volumes (1939-40) (d'inspiration catholique) avec abondantes indications bibliographiques ; et K. BRANDI : *Deutsche Reformation und Gegenreformation* 2 vol. (1927-30).

a. — BIOGRAPHIES DE LUTHER.

En français la meilleure initiation est sans doute fournie par :

L. FEBVRE : *Un destin, Martin Luther*, Collection Christianisme, Paris, 1928. On consultera aussi avec profit la biographie récente de

H. SROHL : *Luther*, Collection La Cause, Neuilly, 1934.

et pour connaître le point de vue catholique, les ouvrages de DENIFLE adapté par l'abbé PAQUIER et du R. P. GRISAR, traduit par l'abbé MAZOYER (1931).

En allemand on se reportera toujours avec profit au grand ouvrage de A. E. BERGER : *Luther in kulturgeschichtlicher Darstellung*, Berlin, 1895-1921. La biographie la plus récente (Martin Luther : *Vom Katholizismus zur Reformation*), celle de O. SCHEEL, est inachevée (t. II, 1930).

Voir aussi : H. BÖHMER : *Der junge Luther*, 1925.

W. KÖHLER : *Luther und das Luthertum in ihrer weltgeschichtlichen Auswirkung* (1933).

R. THIEL : *Luther*, 2 vol. (1933-35).

b. — LA THÉOLOGIE DE LUTHER.

En français les ouvrages fondamentaux sont ceux de :

H. STROHL : *L'Évolution religieuse de Luther jusqu'en 1515.* Strasbourg, 1922.

H. STROHL : *L'Épanouissement de la pensée religieuse de Luther de 1515 à 1520,* Strasbourg, 1924 (abr. Strohl).

Le point de vue catholique est représenté par :

L. CRISTIANI : *Du luthéranisme au protestantisme,* Paris, 1911, et par les articles *Luther* (Abbé PAQUIER) et *Protestantisme* (Abbé L. CRISTIANI) dans le *Dictionnaire de Théologie catholique* de VACANT-MANGENOT.

En allemand, l'ouvrage essentiel est un recueil d'articles du théologien luthérien :

K. HOLL : *Gesammelte Aufsätze zur Kirchengeschichte : I. Luther,* 6e éd., Tubingue 1932 (abr. Holl.).

Sur les points de détail on trouvera dans les ouvrages de STROHL et de HOLL des renseignements abondants et des références précises.

On pourra consulter également :

W. ELERT : *Morphologie des Luthertums,* 2 vol. Munich, 1931-33, et le travail déjà ancien de Th. HARNACK : *Luthers Theologie,* réédité et complété par W. F. SCHMIDT (1926-7) et E. SEEBERG : *Luthers Theologie, Studien und Forschungen,* à partir de 1928 (t. II, 1929-37). Du même, *Grundzüge der Theologie Luthers* (1940).

III. — L'APPEL *A LA NOBLESSE ALLEMANDE*

W. KÖHLER : Luthers Schrift « An den christlichen Adel » im Spiegel der Kultur = und Zeitgeschichte, Halle, 1895.

E. KOHLMEYER : *Die Entstehung des Schrift Luthers « An den christlichen Adel »,* Leipzig, 1922.

Sur les rapports entre le manifeste de Luther et la littérature polémique contemporaine, voir :

P. KALKOFF : *Ulrich von Hutten und die Reformation,* Leipzig, 1920.

M. GRAVIER : *Luther et l'opinion publique,* Essai sur la littérature satirique et polémique pendant les années décisives de la Réforme (1520-30). Paris, 1942. (Abr. Gr.).

On se reportera aux recueils :

Satiren und Pasquille der Reformationszeit, hsg. von SCHADE, 3 vol. Hanovre, 1855-8 (Abr. Schade).

Flugschriften der ersten Jahre der Reformationszeit, hsg., von CLEMEN, Halle a. S., 1906-13 (Abr. Cl.). Voir encore :

BERGER : *Die Sturmtruppen der Reformation* (Deutsche Literatur, Reihe Reformation), Leipzig, 1931 ;

et l'édition de Böcking : *Hutteni opera quae exstant omnia*, Leipzig, 1852-56, 5 vol. (Abr. Böcking).

Sur l'assimilation du Pape à l'Antéchrist, voir l'ouvrage classique de :

H. Preusz : *Die Vorstellungen vom Antichrist im späteren Mittelalter bei Luther und in der konfessionnellen Polemik*, Leipzig, 1906.

IV. — LA LIBERTÉ DU CHRÉTIEN

R. Will : *La Liberté chrétienne*, étude sur le principe de la piété chez Luther, Strasbourg, 1922.

Cet ouvrage élucide les principaux problèmes soulevés par le traité et ouvre d'intéressantes perspectives sur les abords du sujet. Il contient d'excellents renseignements bibliographiques.

Voir aussi H. Bornkamm, *Aeusserer und innerer Mensch bei Luther und den Spiritualisten, G. Krüger-Festschrift* (1932) et F. Th. Ruhland, *Luther und die Brautmystik, nach Luthers Schriftum bis 1521* (1938).

V. — LE STYLE ET LA LANGUE

On consultera avec profit les histoires de la langue allemande de Kluge, de H. Naumann et de M. E. Tonnelat (3e édition, 1941, pp. 127-37), et en outre :

G. Roethe : *Martin Luthers Bedeutung für die deutsche Literatur*, Leipzig, 1918.

A. E. Berger : *Luther i. k. D.*, 2, pp. 624 et ss.

L'étude consciencieuse de :

C. Francke : *Grundzüge der Schriftsprache Luthers*, 3 vol., Halle a. S., 1913-22.

est purement descriptive. On consultera avec plus de profit :

K. Bach : *Laut und Formenlehre der Sprache Luthers*, Copenhague, 1934.

Ce savant prépare, d'ailleurs, une étude d'ensemble sur la langue de Luther.

On se reportera pour l'étude du texte aux ouvrages suivants :

E. Thiele : *Luthers Sprichwörtersammlung*, nach seiner Handschrift zum ersten Male hsg. von E. Thiele, Weimar, 1900 (abr. Thiele).

K. F. W. WANDER : *Deutsches Sprichwörterlexicon*, 5 vol., Leipzig, 1867-80 (abr. Wander).

Ph. DIETZ : *Wörterbuch zu Dr. Martin Luthers deutschen Schriften*, Leipzig, 1870, malheureusement inachevé, s'arrête à *Hals* (abr. Dietz).

SUPPLÉMENT BIBLIOGRAPHIQUE

Denis CROUZET, *Les Guerriers de Dieu*, Champvallon, 1990, 2 vol., 1 500 p.

Marc LIENHARD, *Martin Luther, un temps, une vie, un message*, Le Centurion, Labor et Fides, 1983, 471 p., *L'Évangile et l'Église de Luther*, Le Cerf, 1989, 287 p., *Au cœur de la Foi de Luther : Jésus-Christ*, Desclée, 1991, 358 p.

Henri STROHL, *Luther jusqu'en 1520*, P.U.F., 1962, 386 p.

Pierre CHAUNU, *Le Temps des Réformes*, Fayard, 1978 et Complexe. *L'Aventure de la Réforme*, Complexe, 1991.

(Pierre Chaunu)

CHRONOLOGIE

10 novembre 1483 : Naissance à Eisleben, en Thuringe.

1501-1505 : Étudiant à l'université d'Erfurt, dont il sort maître ès arts. Il s'inscrit à la Faculté de droit.

17 juillet 1505 : Luther entre chez les Ermites de Saint-Augustin, à Erfurt.

Pâques 1507 : Ordination sacerdotale.

1507-1510 : Études théologiques.

1510-1511 : Voyage à Rome.

19 octobre 1512 : Luther est reçu docteur en théologie.

1513-1518 : A Wittenberg (Saxe), il commente successivement le Psautier et les épîtres de saint Paul aux Romains, aux Galates et aux Hébreux.

31 octobre 1517 : Les 95 thèses sur les indulgences déclenchent la « Réforme ».

Octobre 1518 : Luther comparaît devant le dominicain Cajetan, légat du pape, à Augsbourg. Il refuse de se rétracter sans débat. Son souverain, l'électeur Frédéric de Saxe, refuse de le livrer.

1519 : A Leipzig, Luther prend publiquement position contre l'infaillibilité du pape et des conciles.

1520 : Année de la rupture entre Rome et Luther. Dans ses cours, ses sermons, ses écrits, Luther ne cesse de développer sa doctrine sur l'autorité souveraine de l'Écriture et la justification par la foi.

15 juin 1520 : Bulle *Exsurge, Domine*, contre les erreurs de Luther.

Août-novembre 1520 : Les trois « grands écrits réformateurs » : *Appel à la noblesse chrétienne de la nation allemande touchant la réforme de la chrétienté. — De la captivité babylonienne de l'Église. — La liberté du chrétien.*

10 décembre 1520 : Luther jette publiquement au feu, en un geste symbolique, un exemplaire de la bulle *Exsurge, Domine* et quelques livres de théologie et de droit canonique.

3 janvier 1521 : Il est excommunié.

18 avril 1521 : Il comparaît à Worms devant l'empereur Charles Quint et les autorités de l'Empire. Il refuse une nouvelle fois de se rétracter purement et simplement.

4 mai 1521 : Luther est conduit secrètement au château de la Wartbourg, où il réside incognito jusqu'en mars 1522. Il met ce temps à profit pour terminer son commentaire du Magnificat, rédiger son ouvrage sur les vœux monastiques et traduire en allemand le Nouveau Testament.

25 mai : Luther est mis au ban de l'Empire. Il ne pourra plus se déplacer que dans les limites du territoire soumis à l'autorité de l'électeur de Saxe.

1525 : Luther désavoue publiquement les paysans qui se sont soulevés en se réclamant de ses doctrines. Après leur écrasement à Frankenhausen, il se marie (13 juin) avec une religieuse en rupture de vœux, Catherine de Bora, dont il aura plusieurs enfants.

Décembre 1525 : *Traité du Serf-arbitre*, contre Érasme.

1526-1546 : Cette dernière période de la vie de Luther est marquée par l'essor du protestantisme (*Confession d'Augsbourg*, Ligue de Smalkalde, Zwingle, Calvin, Schisme anglican). Entravé dans ses mouvements par l'Édit de Worms, Luther lui-même est contraint à un certain effacement, sans cesser pour autant de rester l'âme du mouvement « protestant ». Il s'occupe de la pastorale des communautés qui dépendent de lui, compose à leur intention des règlements liturgiques ou autres, des cantiques et deux *Catéchismes.* Il poursuit son enseignement et mène à bonne fin la traduction intégrale de la Bible en allemand.

Les essais de conciliation entre catholiques et évangéliques échouent les uns après les autres. Le climat politique et la polémique aggravent les divergences doctrinales, qui sont déjà en elles-mêmes considérables.

Fin 1545 s'ouvre le Concile de Trente, qui permettra un renouveau du catholicisme mais consommera la rupture avec les protestants.

18 février 1546 : Luther meurt à Eisleben, après avoir risqué sa vie pour réconcilier deux frères depuis longtemps ennemis. Ses dernières paroles sont pour confesser la foi qu'il avait enseignée.

TABLE

PUBLICATIONS NOUVELLES

GF – TEXTE INTÉGRAL – GF

91/11/M0207 – Impr MAURY Eurolivres SA, 45330 Manchecourt.
N° d'édition 13634. – mars 1992. – Printed in France.